NOUVEAU GUIDE USUEL

DU

PROPRIÉTAIRE

ET

DU LOCATAIRE OU FERMIER

C.

Imprimerie de P.-A. BOURDIER et Cᵉ, 30, rue Mazarine..

NOUVEAU GUIDE

USUEL

DU PROPRIÉTAIRE

ET

DU LOCATAIRE

OU FERMIER

CONTENANT

Les Règles et les Formules des Baux à loyer,
à ferme et à cheptel

LA LOI SUR L'EXPROPRIATION POUR CAUSE D'UTILITÉ PUBLIQUE

Et la solution de toutes les difficultés qui peuvent survenir entre
les propriétaires et les locataires ou fermiers

PAR

A. BOURGUIGNON

PARIS

GARNIER FRÈRES, LIBRAIRES-ÉDITEURS

6, RUE DES SAINTS-PÈRES, ET PALAIS-ROYAL, 215

1860

PRÉFACE.

Le contrat de louage est l'un de ceux qui engendrent le plus de contestations ; il est aussi l'un des plus usités, puisque tout le monde, presque sans exception, y figure comme partie. C'est donc rendre un service réel aux personnes peu familiarisées avec la science du droit que de leur offrir un exposé clair et simple des principes qui régissent la matière, et tel est le but que nous nous sommes proposé dans cet ouvrage.

Toutes les règles qui concernent les baux des maisons et des meubles, les baux des biens ru-

raux et les baux à cheptel, y sont exposés avec
des détails suffisants pour en faire le guide sûr
et complet des propriétaires et des locataires ou
fermiers. On y trouvera aussi les formules des
différents baux et des actes qui s'y rattachent,
tels que : congés, états de lieux, cautionnements
de baux, etc., la *loi sur l'expropriation pour
cause d'utilité publique,* qui est aujourd'hui d'un
intérêt si général, et enfin diverses lois ou ordonnances dont la connaissance est d'une grande
utilité pratique, notamment la loi du 13 avril
1850 *sur l'assainissement des logements insalubres.*

Les difficultés survenues depuis quelques années, surtout à Paris, entre les propriétaires et
les locataires nous paraissent donner à cette
publication un véritable à propos. En effet,
les exigences arbitraires et les prétentions exa-
gérées des uns et des autres ne naissent pas
toujours d'un esprit de chicane, de cupidité ou
de mauvaise foi ; elles sont dues le plus souvent
à une fausse idée des obligations contractées par le fait du louage ou à des rédactions

d'actes peu précises, que chacun interprète à sa manière.

L'ouvrage est terminé par deux tables : l'une par ordre de matières, l'autre par ordre alphabétique, qui facilitent les recherches en indiquant tous les points traités.

NOUVEAU GUIDE USUEL

DU

PROPRIÉTAIRE

ET DU LOCATAIRE OU FERMIER

CHAPITRE PREMIER.

RÈGLES COMMUNES AUX BAUX A LOYER ET AUX BAUX A FERME.

SECTION I.—DÉFINITIONS PRÉLIMINAIRES.

Le *louage des choses* est un contrat par lequel l'une des parties s'oblige à faire jouir l'autre d'une chose, pendant un certain temps, et moyennant un certain prix; ce contrat prend aussi le nom de *bail*.

On appelle :

Bail à loyer, le louage des maisons et celui des meubles;

Bail à ferme, le louage des immeubles ruraux;

Bail à cheptel, le louage des animaux dont le produit se partage entre le propriétaire et celui à qui il les confie.

Dans ces diverses espèces de baux, la partie qui procure à l'autre la jouissance de la chose louée se nomme *propriétaire* ou *bailleur*, et la partie qui paye le prix se nomme *preneur*. Le preneur se nomme encore *locataire*, dans le louage des mai-

1

sons et des meubles ; *fermier*, dans le louage des immeubles ruraux, quand le prix consiste en argent, ou dans une quantité fixe de grains ou de denrées ; *colon, colon partiaire*, quand le prix consiste dans une certaine quotité des fruits de l'immeuble loué.

Dans le chapitre 1, nous exposerons les règles communes aux baux à loyer et aux baux à ferme ; dans le chapitre II, les règles particulières aux baux à loyer ; dans le chapitre III, les règles particulières aux baux à ferme ; le chapitre IV traitera du bail à cheptel ; le chapitre V, du cautionnement des baux ; le chapitre VI, de l'enregistrement des baux ; le chapitre VII sera consacré aux formules des baux et autres actes sous seing privé qui s'y rattachent ; le chapitre VIII traitera de la compétence des juges de paix et des tribunaux civils, en ce qui touche les contestations entre les propriétaires et les locataires ou fermiers ; le chapitre IX traitera de l'expropriation pour cause d'utilité publique ; le chapitre X, sous le titre de : *Notions diverses*, renfermera diverses lois ou ordonnances, également utiles à connaître pour les propriétaires et les locataires ; enfin, sous forme d'appendice, nous dirons quelques mots du louage d'ouvrage et d'industrie.

SECTION 2. — CHOSES QUI PEUVENT ÊTRE L'OBJET D'UN BAIL.

On peut louer toutes sortes de biens meubles ou immeubles, dit l'article 1713 du code Napoléon. Mais à ce principe général il y a des exceptions :

1° On ne peut louer les choses qui se consomment par l'usage, comme le vin, le grain, par la raison que le preneur ne pourrait les rendre au propriétaire ; ces sortes d'objets peuvent être vendus ou prêtés, mais non *loués*.

2° On ne peut louer un droit de servitude, par exemple, un droit de passage, séparément de l'immeuble pour l'utilité duquel ce droit a été établi.

3° On ne peut louer un droit d'usage ou d'habitation, ces droits étant purement personnels ; mais on peut louer un droit d'usufruit.

4° On ne peut louer les objets destinés à des usages publics, qu'autant que le louage est compatible avec la destination de la chose. Ainsi, on ne peut louer une église, mais on peut y louer des chaises ou des bancs.

Les biens dotaux, ceux qui composent un majorat, peuvent être loués, quoiqu'ils ne puissent être aliénés.

Le droit de chasse, le droit d'exploiter une mine ou une carrière, peuvent aussi être loués ; il en est de même des bois, lorsqu'ils ont été mis en coupe réglée.

Le louage d'une maison pour y établir une maison de prostitution forme-t-il un contrat licite, quand la destination est bien connue des parties et mentionnée dans l'acte ? En général, le contrat de louage est annulable quand l'usage de la chose qu'on veut louer est contraire aux bonnes mœurs; mais dans le cas particulier dont nous parlons, ce contrat peut être considéré comme licite, parce que les maisons de prostitution sont *tolérées* par les lois.

SECTION 3. — ENTRE QUELLES PERSONNES PEUT INTERVENIR UN BAIL.

§ 1. Quelles personnes peuvent donner à bail.

Pour pouvoir donner à bail, il faut être capable de contracter; mais il n'est pas nécessaire d'être propriétaire de la chose, ou d'avoir la faculté de l'aliéner; il suffit d'avoir l'administration de cette chose.

Sous le régime de la communauté, le mari ayant l'administration des biens personnels de la femme, celle-ci ne peut pas *seule* les louer.

Les baux de ces biens sont complétement obligatoires pour le mari et la femme, et pour tout le temps stipulé, s'ils ont été consentis par le mari et la femme. S'ils ont été consentis par le mari seul, ils sont complétement obligatoires, tant que dure la communauté; mais si le bail dure encore à la dissolution de la communauté, une distinction est nécessaire : si le bail ne dépasse pas neuf ans, il est complétement obligatoire; s'il dépasse neuf ans, il n'est obligatoire vis-à-vis de la femme ou de ses héritiers que pour le temps qui reste à courir, soit de la première période de neuf ans, si les parties s'y trouvent encore, soit de la seconde, et ainsi de suite, de manière que le fermier n'ait que le droit d'achever la jouissance de la période de neuf ans où il se trouve. Comme cette limitation de bail est dans l'intérêt de la femme, il est clair qu'en ratifiant le bail fait par son mari, elle obligerait le preneur pour tout le temps primitivement stipulé. — Il n'est pas prudent d'attendre qu'un bail soit expiré pour le renouveler; d'un autre côté, si le mari pouvait renouveler un bail, après quelque temps seulement d'existence, il aurait par là même la faculté de le prolonger indéfiniment, et rendrait inutiles les précautions que le législateur a prises dans l'intérêt de la femme. Ces considérations ont fait admettre la règle suivante. Si un bail est renouvelé ou passé par le mari, dans les trois années qui précèdent la cessation du premier, quand il s'agit de biens ruraux, et dans les deux ans qui précèdent, quand il s'agit de maisons, ce bail est obligatoire, vis-à-vis de la femme ou de ses héritiers, pour la période de neuf ans où se trouvent les parties à la dissolution de la communauté, et cela, que le bail ait reçu ou non un commencement d'exécution. Si, au contraire, un bail est passé ou renouvelé par le mari plus de trois ans avant l'expiration du bail courant, quand il s'agit de biens ruraux, et plus de deux ans auparavant, quand il s'agit de maisons, ce bail n'est obligatoire vis-à-vis de la femme ou de ses héritiers, qu'autant qu'il aura reçu un commencement d'exécution avant la dissolution de la communauté, et, dans ce cas, il est obligatoire pour la période de neuf ans où se trouvent les parties.

Dans le régime de l'exclusion de communauté, le mari ayant l'administration des biens personnels de la femme, les baux de ces biens sont soumis aux mêmes règles que sous le régime de la communauté.

Sous le régime de la séparation de biens, la femme, ayant l'administration et la jouissance de ses biens, peut en passer des baux sans l'autorisation du mari, mais non pas pour plus de neuf ans, parce que, hors de cette limite, le bail ne serait plus un acte d'administration ordinaire. — Il en est de même en cas de séparation judiciaire. — De même encore, sous le régime dotal, pour les biens paraphernaux. (Sous le régime dotal, on appelle *paraphernaux* les biens dont la femme conserve la propriété et la jouissance.)

Les règles données ci-dessus pour la durée et le renouvellement des baux passés par le mari pour les biens des femmes mariées sous le régime de la communauté s'appliquent aux baux passés par les tuteurs pour les mineurs et les interdits. Sous les mêmes conditions encore, les baux passés par l'usufruitier sont obligatoires pour le propriétaire, en cas d'extinction de l'usufruit.

Les mineurs et les interdits ne peuvent, sans l'assistance de leur tuteur, donner à bail aucun bien; toutefois le mineur émancipé peut, sans l'assistance de son curateur, passer des baux pour une durée n'excédant pas neuf ans; dans cette même limite de neuf ans, l'individu pourvu d'un conseil judiciaire peut donner à bail sans l'assistance de ce conseil.

§ 2. Quelles personnes peuvent prendre à bail.

A quelles personnes appartient le droit de prendre à bail? En général, comme le droit de donner à bail, aux personnes capables de contracter. Ainsi les incapables, comme le mineur, l'interdit, ne peuvent prendre à bail. En ce qui concerne la femme mariée, elle peut, si elle est séparée de biens, prendre à bail sans autorisation, mais non pas pour un temps excessif; si elle n'est pas séparée de biens, elle ne peut prendre à bail sans autorisation; toutefois, même dans ce cas, elle pourrait, en l'absence du mari, louer un logement pour la famille, parce qu'elle est présumée avoir reçu du mari cette autorisation.

SECTION 4. — FORME ET PREUVE DU BAIL.
§ 1. Du consentement des parties.

La seule chose nécessaire pour la validité du contrat de louage, c'est le consentement des parties; ce consentement doit, comme dans toute espèce de convention, n'avoir été ni surpris par dol, ni donné par erreur; par exemple, si je crois prendre à bail telle maison, et que vous croyiez me donner à bail telle autre maison, cette erreur serait une cause de nullité du bail.

Pourvu que le consentement des parties existe,

le contrat de louage peut être fait sous telle forme qu'on voudra, par acte authentique, par acte sous seing privé, ou verbalement.

§ 2. Du bail authentique.

L'acte *authentique* est celui qui a été reçu par un officier public, ayant le droit d'instrumenter dans le lieu où l'acte a été rédigé, et avec les solennités requises. Le bail passé par acte devant notaire est un acte authentique.

L'acte authentique fait foi des faits et des conventions qui y sont énoncés ; il est toujours réputé sincère ; on ne peut en soutenir la fausseté qu'en l'attaquant au moyen d'une procédure compliquée, appelée *inscription en faux*.

L'acte authentique est exécutoire par lui-même ; ainsi, sans qu'il soit besoin de jugement ou de formalité quelconque, les officiers de justice et les agents de l'autorité doivent prêter main-forte à l'exécution de l'acte, sur le vu de la formule exécutoire qui est mise en tête de cet acte.

Il y a des actes qui, pour être valables, doivent être rédigés dans la forme authentique, telles sont les constitutions d'hypothèques.

Il résulte de ces explications que le bail par acte notarié présente, comme tout acte authentique, l'avantage : 1° de faire foi des faits et conventions qu'il renferme ; 2° d'être exécutoire par lui-même ; 3° de faire acquérir au bailleur qui le désire une hypothèque sur les biens du preneur.

De plus, le bail par acte notarié étant rédigé en

minute, c'est-à-dire l'original de l'acte restant chez le notaire, on n'a pas à craindre de le perdre, puisqu'on pourra toujours s'en faire délivrer une expédition.

§ 3. Du bail sous seing privé.

On appelle en général acte sous seing privé un acte souscrit sous la seule signature des parties.

Nous avons dit plus haut que l'acte authentique fait foi par lui-même sans aucune vérification préalable; au contraire, c'est à celui qui invoque un acte sous seing privé à en prouver la sincérité, si la signature est déniée par l'auteur de l'acte où nonre connue par ses ayants cause; dans ce cas, le porteur d'un acte sous seing privé est admis à en prouver la sincérité par toutes sortes de moyens. L'acte sous seing privé n'est pas, comme l'acte authentique, exécutoire par lui-même; lorsque celui qui l'a souscrit ne l'exécute pas, l'exécution doit en être ordonnée par jugement.

On peut en général rédiger sous seing privé tous les actes et contrats; parmi les actes qui par exception ne peuvent être rédigés sous seing privé se trouvent les constitutions d'hypothèques.

Il résulte de ces applications : 1° que le bail sous seing privé ne fait pas foi par lui-même des faits et conventions qu'il renferme, si une signature est déniée par son auteur ou non reconnue par ses ayants cause; 2° que le bail sous seing privé n'est pas exécutoire par lui-même, et 3° qu'il ne peut emporter hypothèque.

1.

Les actes sous seing privé n'ont de date certaine contre les tiers que du jour où ils ont été enregistrés, du jour de la mort de celui ou de ceux qui les ont souscrits, ou du jour où leur substance est relatée dans des actes authentiques, tels que procès-verbaux de scellé ou d'inventaire. Ainsi, à l'égard des parties contractantes et de leurs ayants cause, un bail sous seing privé a la date que les parties lui ont donnée; à l'égard des tiers, il a la date que l'une des trois circonstances ci-dessus lui a fait acquérir.

Au reste, le bail sous seing privé a entre ceux qui l'ont souscrit et leurs héritiers ou ayants cause la même foi que le bail authentique.

Le bail sous seing privé, comme tout acte sous seing privé renfermant des conventions synallagmatiques[1], doit être rédigé en autant d'originaux qu'il y a de parties ayant un intérêt distinct; il suffit d'un seul original pour des personnes ayant le même intérêt, par exemple pour le preneur et sa caution solidaire. — Chaque original doit contenir la mention du nombre d'originaux qui en ont été faits. Néanmoins le défaut de mention que ces originaux ont été faits doubles, triples, etc., ne peut être opposé par celui qui a exécuté de sa part la convention portée dans l'acte. — C'est un usage assez général que la partie qui n'a pas écrit l'acte fasse précéder sa signature des mots : *Approuvé l'é-*

---

[1] C'est-à-dire des conventions qui obligent plusieurs personnes les unes envers les autres.

criture ci-dessus; cette approbation d'écriture, quoique non exigée par la loi pour les actes synallagmatiques, et par conséquent pour les baux, a son utilité; en ce que le signataire pourra difficilement alléguer que sa signature lui a été surprise, ou qu'il a été commis un abus de blanc seing. — On fera bien aussi d'exprimer en lettres plutôt qu'en chiffres les dates et les sommes, non que l'emploi des chiffres soit prohibé, mais parce que l'altération des chiffres est beaucoup plus difficile à constater que celle des lettres.

§ 4. Du bail verbal et de sa preuve.

Le bail fait verbalement est une convention parfaitement valable; mais, dans le cas où son existence est déniée par l'une des parties, il ne peut se prouver par témoins, s'il n'a encore reçu aucune exécution, quelque modique qu'en soit le prix et quoiqu'on allègue qu'il y a eu des arrhes données.

Cette disposition est extrêmement remarquable; c'est une exception aux règles ordinaires du droit touchant l'admissibilité de la preuve testimoniale. Cette preuve est recevable pour toute autre convention que le bail, quand il s'agit d'une somme qui n'excède pas 150 fr.; mais, en matière de louage, le texte de la loi est formel, on ne peut recourir à la preuve par témoins, quelque modique que soit le prix du bail, quand celui-ci n'a reçu aucune exécution.

Après avoir posé cette règle exceptionnelle, le

code Napoléon ajoute : « Le serment peut seulement être déféré à celui qui nie le bail. » De ce que
le serment peut être déféré à celui qui nie le bail
verbal n'ayant encore reçu aucune exécution, beaucoup d'auteurs ont conclu que la partie qui invoque le bail peut faire interroger sur faits et articles la partie qui nie le bail. Ces auteurs se fondent
sur ce qu'aux termes de l'article 324 du code de
procédure, les parties peuvent *en toutes matières* se
faire interroger respectivement sur faits et articles.
M. Troplong, au contraire, n'admet pas que les parties aient le droit de se faire interroger sur faits et
articles, et il pense que la délation de serment est
absolument le seul mode de preuve admissible. Le
savant jurisconsulte se fonde : 1º sur les termes
de la loi : « Le serment peut *seulement* être déféré ; »
2º sur l'esprit même de la loi, qui a eu pour but,
en rejetant tout mode de preuve autre que la délation de serment, de diminuer les causes de procès.
Il y a, dans le sens de l'opinion de M. Troplong,
un arrêt de la cour de Rennes.

En présence des termes absolus de la loi : « Si
le bail fait sans écrit n'a encore reçu aucune exécution, la preuve ne peut être reçue par témoins, »
la jurisprudence admet que la preuve par témoins
ne serait pas même admissible, s'il y avait un commencement de preuve par écrit : tel est aussi le
sentiment de M. Troplong; toutefois l'opinion contraire est défendue par quelques auteurs.

Si le commencement d'exécution du bail est
affirmé par l'une des parties et nié par l'autre, ce

commencement d'exécution peut-il être prouvé
par témoins? Suivant les uns, le commencement
d'exécution ne peut jamais être prouvé par témoins,
quelque modique que soit le prix du bail; seulement le propriétaire pourrait être reçu à prouver
par témoins l'occupation qui a été faite de sa maison et obtenir une indemnité; mais la preuve de
ce fait devrait être considérée en dehors de toute
idée de bail. Suivant une deuxième opinion, le
commencement d'exécution d'un bail peut être
prouvé par témoins, quel que soit le prix de ce bail.
Suivant une troisième opinion, le commencement
d'exécution d'un bail peut être prouvé par témoins, quand le prix de ce bail n'excède pas 150 fr.;
si le prix du bail excède 150 fr., le commencement d'exécution ne peut se prouver par témoins;
mais le propriétaire est reçu à prouver les faits de
possession et de jouissance de sa chose, pour en réclamer le prix, et cela en dehors de toute idée
de bail. La jurisprudence, sans être bien fixée, paraît incliner vers cette troisième opinion. — Observons que pour savoir si le prix d'un bail est
supérieur ou inférieur à 150 fr., il faut prendre le
prix cumulé de toutes les années du bail.

Lorsque l'exécution d'un bail verbal est reconnue avoir commencé, ou que l'existence de ce bail
est constante par suite de l'aveu des parties ou de
toute autre manière, mais que la contestation porte
sur le prix, et qu'il n'existe point de quittances, le
propriétaire en est cru sur son serment, si mieux
n'aime le locataire demander l'estimation par

experts, auquel cas les frais de l'expertise restent à sa charge, si l'estimation excède le prix qu'il a déclaré. — Cette règle est applicable, que le prix du bail excède ou non 150 fr.

Lorsqu'il y a contestation, non pas sur l'existence ou le prix du bail, mais sur la durée ou les autres conditions de ce bail, la preuve testimoniale est-elle admissible? On admet assez généralement qu'elle n'est pas admissible si le prix du bail dépasse 150 fr.; mais si le prix du bail n'excède pas 150 fr., les uns pensent que la preuve testimoniale est toujours admissible; d'autres soutiennent que, même dans ce cas, elle n'est admissible qu'autant que la contestation porte sur des conditions qui ne sont pas clairement réglées par les usages locaux.

En résumé, le bail verbal est une convention valable; mais la preuve de l'existence du prix, de la durée et des autres conditions de ce bail, ne peut se faire que très-difficilement, à cause de l'inadmissibilité de la preuve testimoniale dans la plupart des cas. Il est donc prudent, quand il s'agit de location un peu importante, de faire un bail écrit.

§ 5. Des arrhes et du denier à Dieu.

Nous avons déjà vu que le bail verbal ne peut pas se prouver par témoins, s'il n'a encore reçu aucune exécution, *quoiqu'on allègue qu'il y a eu des arrhes données.*

Tant que le bail n'a reçu aucun commencement d'exécution, et si, d'ailleurs, l'existence de ce bail

n'est pas contestée, chacune des parties a le droit
de se désister, celui qui a donné les arrhes en les
perdant, et celui qui les a reçues en restituant le
double. Si aucune des parties ne se dédit avant
que le bail n'ait reçu un commencement d'exécution, les arrhes sont un à-compte sur le prix.

A Paris, il est d'usage que la location verbale
d'un appartement s'opère par la remise d'une
pièce de monnaie donnée par le locataire au concierge : c'est ce qu'on nomme le *denier à Dieu*.

Les parties peuvent se désister dans les vingt-
quatre heures, en rendant ou en reprenant le denier à Dieu ; passé ce délai, le bail est définitif. Le
denier à Dieu ne doit pas être confondu avec les
arrhes ; il n'est jamais regardé comme un à-compte
sur le prix ; c'est un don fait au concierge.

§ 6. De la promesse de bail.

La promesse de bail faite par l'une des parties à
l'autre, et non acceptée par celle-ci, n'est qu'une
proposition qui n'engage aucune des deux parties.

La promesse de bail faite par l'une des parties
à l'autre, et acceptée par celle-ci, même sans obligation réciproque de sa part, est un contrat qui
engage le souscripteur de la promesse ; celui-ci ne
pourrait se dispenser d'exécuter le contrat, même
en offrant des dommages et intérêts.

Si dans la promesse de bail les deux parties
s'engagent mutuellement, l'une à donner et l'autre
à prendre à bail, cette promesse de bail est un véritable bail qui engage les deux parties ; aucune

ne peut se désister, même en payant des dommages et intérêts.

La promesse de bail, quant au mode de preuve, est soumise aux mêmes règles que le bail. — Ce que nous avons dit des arrhes et du denier à Dieu est également applicable à la promesse de bail.

SECTION 5. — DURÉE DU BAIL.

§ 1. Que la durée du bail dépend en général de la volonté des parties.

La durée du bail dépend uniquement de la volonté des parties, à condition que celles-ci soient capables de contracter.

Les femmes mariées, les mineurs, les interdits, les usufruitiers, ne peuvent prendre ou donner à bail aucun bien, que dans les limites de durée et sous les conditions expliquées à la section 3 du présent chapitre.

§ 2. Durée ordinaire du bail.

Elle est ordinairement de trois ans, de six ans, ou de neuf ans, et souvent on stipule que le bail durera trois, six ou neuf ans, à la volonté du bailleur seul, ou du preneur seul, ou de l'un et de l'autre à la fois. — A défaut de convention, l'usage des lieux détermine la durée du bail.

§ 3. Bail à vie.

Un bail ne pourrait être fait à perpétuité; car le louage des choses est, d'après l'article 1709 du

code Napoléon, « un contrat par lequel l'une des
parties s'oblige à faire jouir l'autre d'une chose
pendant un certain temps. »

Mais le bail pourrait être fait pendant toute la
vie du preneur ; c'est ce qu'on nomme le *bail à
vie :* il est fort peu en usage aujourd'hui. Le bail
pourrait même être fait sur plusieurs têtes, pourvu
qu'elles ne dépassent pas le nombre de trois.

§ 4. Bail emphytéotique.

Mentionnons ici une espèce particulière de bail
nommé *emphytéose* ou *bail emphytéotique ;* c'est un
contrat qui opère l'aliénation *à temps* d'un immeuble, moyennant une redevance annuelle. Le
preneur peut vendre, céder, échanger ou hypo-
théquer cet immeuble, mais seulement pour le
temps du bail ; ce temps expiré, le bailleur rentre
dans sa propriété.

Par l'effet de l'emphytéose, et pendant sa durée,
la propriété se trouve comme divisée en deux parties : l'une, appelée *domaine direct*, est retenue par
le bailleur ; l'autre, appelée *domaine utile*, ou *quasi-
domaine*, appartient au preneur.

L'emphytéose ne peut être faite pour plus de
quatre-vingt-dix-neuf ans. Si elle dépassait ce
terme, la stipulation ne serait pas nulle, mais la
redevance serait essentiellement rachetable par le
preneur.

Il ne suffirait pas qu'un bail fût à longues années pour être emphytéotique, s'il ne présentait pas
le caractère essentiel de l'emphytéose, à savoir, la

cession du domaine utile, ou l'aliénation temporaire de la propriété.

SECTION 6. — PRIX DU BAIL.

En ce qui touche les contestations sur le prix du bail verbal, voyez section 4, § 4, *Du bail verbal et de sa preuve,*

En ce qui touche le mode de payement, voyez section 9, § 3, *De l'obligation de payer le prix.*

Le prix stipulé doit être sérieux. Il peut être beaucoup au-dessous de la valeur de la jouissance, et néanmoins être sérieux; mais il ne serait pas sérieux s'il était d'une modicité extrême par rapport à cette valeur ; par exemple, si on louait un immeuble important pour 1 franc; il ne serait pas non plus sérieux si le bailleur n'avait pas l'intention de l'exiger réellement. — Si le prix, pour une de ces causes, n'est pas sérieux, le contrat n'est plus un louage, mais un prêt à usage.

En matière de vente, si le vendeur a été lésé de plus des sept douzièmes dans le prix d'un immeuble, il a le droit de demander la résiliation de la vente; mais, en matière de louage, il n'y a jamais lieu à résiliation pour cause de lésion.

Le prix d'un bail doit être certain et déterminé ; cependant il peut être laissé à l'arbitrage d'un tiers.

Il peut consister en numéraire ou en denrées. Ainsi les biens ruraux sont loués, ou moyennant une certaine somme d'argent, ou moyennant une quantité fixe de grains ou de denrées, par exemple, tant d'hectolitres de blé par an, ou moyennant une certaine portion des fruits produits, par exemple, le tiers du blé qui sera récolté chaque année. Ainsi que nous l'avons déjà dit, section 1, quand le prix consiste en argent ou en quantité fixe de grains ou de denrées, le preneur d'un bien rural se nomme *fermier*; quand le prix consiste dans une certaine portion des fruits de l'immeuble, le preneur prend le nom de *colon* ou *colon partiaire*.

SECTION 7. — DES SOUS-LOCATIONS ET CESSIONS DE BAUX.

§ 1. En quoi diffèrent la sous-location et la cession de bail.

Sous-louer, c'est *louer* à un autre, en tout ou en partie, la chose louée ; *céder son bail*, c'est *vendre* à un autre, en tout ou en partie, ses droits sur la chose louée. — La sous-location est une nouvelle location consentie par le preneur, qui devient bailleur vis-à-vis du sous-locataire ; la cession de bail est un transport-cession, en vertu duquel le cessionnaire possède, aux mêmes conditions que le cédant, la jouissance de la chose.

Le locataire qui sous-loue se nomme *principal locataire*.

§ 2. Droit du preneur de sous-louer et de céder son bail.

Le preneur a le droit de sous-louer, et même de céder son bail à un autre, si cette faculté ne lui a pas été interdite. — Elle peut être interdite pour le tout ou partie. — Le cessionnaire et le sous-locataire ou sous-fermier peuvent eux-mêmes céder ou sous-louer, si la faculté ne leur en a pas été interdite.

La défense de sous-louer emporte bien certainement la défense de céder son bail, puisque céder son bail est une chose plus grave que sous-louer. — A l'inverse, la défense de céder son bail emporte-t-elle la défense de sous-louer? Oui, d'après M. Duvergier et M Troplong ; mais la question a été diversement résolue, et il y a des arrêts pour et contre. — La défense de céder son bail *en tout ou en partie*, sans mention de l'autorisation de sous-louer, emporterait évidemment la défense de sous-louer, car l'intention des contractants serait manifeste. — Au reste, c'est toujours cette intention qu'il faut rechercher pour savoir ce qui a été permis ou prohibé par le bailleur. — Rien n'est plus facile que d'éviter toute contestation à cet égard, en adoptant dans les baux une rédaction précise, par exemple :

Le preneur ne pourra ni céder en tout ou en partie son droit au bail, ni sous-louer en tout ou en partie, sans l'autorisation expresse et par écrit du bailleur ; ou bien :

Le preneur ne pourra faire aucune cession de son droit au bail, ni sous-louer en totalité ; mais il pourra sous-louer en partie.

La clause par laquelle il est interdit de céder son bail ou de sous-louer est toujours de rigueur. Si, nonobstant l'interdiction contenue dans le bail, le preneur a cédé ou sous-loué, le bailleur est autorisé à demander en justice la résiliation du bail ; mais cette résiliation ne s'opérerait pas de plein droit par le fait seul de l'infraction, sans être prononcée par le juge. Il n'y a pas lieu à résiliation, si la cession ou sous-location consentie par le preneur n'a pas été exécutée, ou si, avant la demande en résiliation, la sous-location a cessé, soit par l'expiration de son terme, soit par l'expulsion du sous-locataire, soit autrement.

Si la sous-location existe encore quand le bailleur forme en justice sa demande en résiliation, le preneur qui offre d'expulser le sous-locataire peut-il être maintenu dans son bail ? Décidé affirmativement par deux arrêts de la cour de Lyon, et négativement par un arrêt de la cour de Bruxelles.

S'il avait été expressément convenu dans le bail que l'infraction à la défense de sous-louer entraînerait par elle-même et de plein droit la résiliation du bail, cette résiliation n'en devrait pas moins être demandée en justice ; mais le juge ne pourrait pour aucun motif se refuser à la prononcer, même dans les cas cités ci-dessus comme ne donnant pas lieu à la résiliation, car les conventions légalement faites sont obligatoires pour les parties et pour les tribunaux.

Il avait été jugé par la cour de Bourges que la défense de sous-amodier tout ou partie d'un héritage affermé au fermier qui contient plusieurs domaines, un moulin, une tuilerie, etc., n'empêchait pas le fermier de sous-amodier en partie, lorsque celui-ci ne pouvait faire valoir ces différents domaines par lui-même. — Mais cet arrêt a été cassé par la cour suprême, et avec raison, car c'était au fermier à examiner les conditions à lui imposées, et à ne pas les accepter s'il jugeait ne pas pouvoir les remplir.

Quand il est dit au bail que le preneur ne pourra céder ou sous-louer sans le consentement écrit du bailleur, si néanmoins le preneur prouve par les voies ordinaires qu'il a obtenu un consentement verbal, ce consentement est suffisant.

Le preneur à qui il n'a pas été interdit de céder le bail ou de sous-louer ne pourrait, sans autorisation, céder ou sous-louer à des personnes qui exerceraient une profession incommode, comme celle de forgeron, ou qui changeraient la destination des lieux, ou qui auraient l'intention concertée entre elles et le preneur de détruire l'achalandage y attaché, ou qui y établiraient une maison de jeu ou de débauche, ou enfin qui, d'une manière quelconque, pourraient préjudicier au bailleur; car celui-ci, en permettant de céder le bail ou de sous-louer, a dû présumer que le preneur userait de cette autorisation sans nuire à ses légitimes intérêts.

§ 3. Situation du preneur qui a sous-loué ou cédé son bail vis-à-vis du bailleur.

Le preneur qui cède son bail ou qui sous-loue n'en est pas moins tenu envers le bailleur des obligations contractées envers lui, à moins que le bailleur n'ait formellement consenti à le dégager de toute responsabilité.

§ 4. Situation du sous-preneur ou du cessionnaire du bail vis-à-vis du bailleur.

Le cessionnaire du preneur a vis-à-vis du bailleur primitif les mêmes droits et obligations qu'avait le cédant ; spécialement, c'est au bailleur qu'il doit payer, et le bailleur a envers lui les mêmes priviléges et les mêmes droits de poursuite qu'envers le preneur primitif.

Le sous-locataire ou sous-fermier n'a, en général, vis-à-vis du bailleur primitif aucun droit ni aucune obligation.

Toutefois, au moment de la saisie pratiquée par le bailleur pour obtenir payement, le sous-locataire ou sous-fermier est tenu envers le bailleur jusqu'à concurrence du prix de sa sous-location, dont il peut être débiteur. Jusqu'à concurrence de ce prix, les meubles du sous-locataire ou du sous-fermier et les fruits des terres qu'il sous-loue peuvent être saisis pour les loyers et fermages dus par le locataire ou fermier de qui il tient. — Le sous-locataire ou sous-fermier ne peut opposer des payements faits par anticipation. Ne sont pas réputés faits par anticipation les payements faits, soit en vertu d'une stipulation portée au bail, soit en vertu de l'usage des lieux. — Quant aux payements non anticipés, ils doivent être faits sans fraude ; comme la fraude ne se présume pas, ce serait au propriétaire à prouver la mauvaise foi.

— La preuve des payements résulte suffisamment de quittances délivrées au sous-locataire ou sous-fermier par le locataire ou fermier, encore que ces quittances soient sous signature privée et non enregistrées.

Tant que le bailleur ne pratique pas la saisie-gagerie des meubles, effets ou fruits qui se trouvent dans la maison ou sur les terres du preneur, le sous-locataire ou sous-fermier non-seulement se libère valablement en payant au preneur, mais encore le preneur est en droit d'exiger que le payement se fasse entre ses mains. Cependant, si le preneur ne paye pas le bailleur, celui-ci peut, sans pratiquer la saisie-gagerie des effets du preneur, saisir-arrêter entre les mains du sous-preneur les loyers ou fermages dus au preneur; mais, en ce cas, il n'agit pas en vertu du privilége spécial accordé au bailleur, mais en vertu du droit qu'a tout créancier de saisir-arrêter entre les mains d'un tiers les sommes et effets appartenant à son débiteur.

§ 5. Situation du sous-preneur ou du cessionnaire vis-à-vis du preneur.

Le cessionnaire doit prendre la chose dans l'état où elle se trouve. Le sous-preneur a le droit d'exiger que le preneur lui délivre la chose en bon état de réparations de toute espèce, et y fasse pendant toute la durée du sous-bail les réparations nécessaires autres que les locatives; car le preneur a ce droit vis-à-vis du bailleur, et le preneur est bailleur à l'égard du sous-preneur.

Encore par la raison que le preneur est bailleur à l'égard du sous-preneur, le preneur a un privilége sur les meubles, effets ou fruits de la maison ou de la ferme, pour le prix du sous-bail. — Ce privilége n'appartient pas au cédant pour le prix de la cession.

Si le bail d'un bien rural est fait pour plusieurs années, et que, pendant la durée du bail, la totalité ou la moitié d'une récolte au moins soit enlevée par des cas fortuits, le fermier peut demander une remise du prix de location, à moins qu'il ne soit indemnisé par les récoltes précédentes. Ce droit appartient également au sous-fermier vis-à-vis du fermier ; car, encore une fois, le fermier est bailleur à l'égard du sous-fermier. — Au contraire, le cessionnaire n'a rien à réclamer au cédant pour les pertes de récoltes par cas fortuit ; mais, en vertu des droits qu'il tient du cédant, il peut demander directement une remise au bailleur.

En général, tout ce que nous dirons dans le cours de cet ouvrage des rapports de propriétaire à locataire ou fermier est également applicable aux rapports de locataire à sous-locataire ou de fermier à sous-fermier ; il est essentiel de ne pas perdre de vue cette observation.

§ 6. Effet de la résiliation du bail sur les sous-baux.

La résiliation du bail prononcée judiciairement pour défaut de payement ou tout autre motif entraîne avec elle la résolution des sous-baux, parce que le droit de sous-preneur étant subordonné à l'existence du bail, cesse avec lui; mais alors le sous-preneur a un recours en dommages–intérêts contre le preneur. — Si la résiliation du bail a été volontaire, le propriétaire est présumé avoir eu l'intention d'entretenir les sous-baux consentis par le preneur, à condition, bien entendu, qu'il ait eu connaissance de ces sous-baux: dès lors, les sous-preneurs doivent continuer paisiblement leur jouissance, pendant toute la durée de leur sous-bail, aux conditions arrêtées avec le preneur primitif. Telle est du moins la doctrine qui nous paraît à la fois la plus rationnelle et la plus conforme à la jurisprudence; mais, sur ce point, les opinions sont partagées.

SECTION 8. — DES OBLIGATIONS DU BAILLEUR.

Le bailleur est obligé, par la nature du contrat, et sans qu'il soit besoin d'aucune stipulation particulière :

1° De délivrer au preneur la chose louée;

2° D'entretenir la chose louée;

3° De ne pas en changer la forme ;

4° De garantir le preneur de tous les vices de la chose louée qui en empêchent l'usage;

5° De garantir le preneur de tout trouble provenant des tiers ou du bailleur lui-même.

Nous allons examiner successivement ces obligations.

§ I. Obligation de délivrer au preneur la chose louée.

Le bailleur doit délivrer la chose louée avec ses accessoires : par exemple, si c'est une maison, le bailleur doit en remettre les clefs au preneur, et lui délivrer les dépendances de cette maison, telles que la cour, le bûcher, etc. ; si c'est une ferme, la délivrer avec les pailles, les engrais et les autres choses déterminées par l'usage des lieux ; si c'est une usine, un atelier, une fabrique, il doit les délivrer avec les cuves, chaudières, machines, outils et ustensiles nécessaires pour son exploitation.

Le bailleur doit délivrer la chose en bon état de réparations *de toute espèce,* c'est-à-dire même des réparations dites locatives, à moins de convention contraire : ainsi, si c'est une maison d'habitation, les portes et fenêtres doivent bien fermer ; si c'est une grange, l'aire doit être en bon état, etc. Nous disons, à moins de convention contraire, car il faut une convention formelle pour soustraire le bailleur à cette obligation ; ajoutons que dans l'usage, cette convention se forme presque toujours. Dans ce cas, le preneur doit déclarer qu'il prend la chose dans l'état où elle se trouve, sans exiger aucune réparation ; s'il occupe les lieux sans demander que le propriétaire fasse préalablement les réparations nécessaires, il est censé avoir renoncé au bénéfice de cette demande.

Si le bailleur refuse de délivrer la chose louée, le preneur peut évidemment réclamer des dommages-intérêts; suivant l'opinion la plus générale, il aurait même le droit de faire condamner le bailleur à lui délivrer la chose, et celui-ci pourrait y être contraint par l'emploi de la force publique, sans préjudice des dommages et intérêts dus pour le retard apporté à la délivrance. — Si le bailleur, sans se refuser à délivrer la chose, apporte du retard dans la délivrance, le preneur, après l'avoir mis en demeure d'exécuter ses obligations, peut demander des dommages-intérêts pour le tort à lui causé par le retard; il peut aussi demander la résiliation du bail, si, par suite de ce retard, la chose louée lui est devenue inutile au moment de la délivrance, et cela sans préjudice des dommages-intérêts qui peuvent lui être dus.

Si le défaut de délivrance ou le retard apporté provenait de causes non imputables au bailleur, par exemple si la chose avait péri, ou si elle avait été détruite par ordre de l'autorité publique, ou si, par un cas fortuit, elle avait cessé de pouvoir servir à l'usage pour lequel elle était destinée, le bailleur ne pourrait être condamné à aucuns dommages-intérêts, mais le preneur aurait le droit de demander la résiliation du bail.

Tant que le preneur n'est pas mis en possession des lieux, c'est au bailleur, et non à lui, à faire cesser l'obstacle qui s'oppose à la mise en possession, alors même que cet obstacle proviendrait du fait d'un tiers qui ne prétendrait aucun droit sur la chose. Il en est autrement une fois que le preneur a été mis en possession de la chose; alors, c'est à lui, et non au bailleur, à faire cesser les troubles apportés à la jouissance, quand ils proviennent du fait d'un tiers qui ne prétend aucun droit sur la chose. (Voyez plus loin, § 4.)

§ 2. Obligation d'entretenir la chose louée; réparations.

La seconde obligation imposée au propriétaire, c'est d'entretenir la chose en état de servir à l'usage pour lequel elle a été louée. Pour entretenir la chose en cet état, il doit y faire, pendant toute la durée du bail, toutes les réparations nécessaires, autres que les locatives, soit que les dégradations existent dès le temps du contrat, soit qu'elles surviennent dans la durée du bail. Il y a trois espèces de réparations : les *grosses réparations*, les *réparations de gros entretien*, et les *réparations de menu entretien;* ce sont ces dernières réparations qu'on nomme *locatives;* nous en parlerons au chapitre II, section 2, et au chapitre III, section 3. En général, elles sont à la charge du preneur, à moins qu'elles ne soient occasionnées par vétusté, ou par force majeure, ou par le vice de la matière, ou par un défaut de construction : dans ces cas, c'est au preneur à prouver que les dégradations proviennent d'une des causes qui l'exemptent des réparations locatives; cette preuve faite, les réparations locatives sont à la charge du propriétaire.

Toutes les réparations autres que les réparations *locatives*, ou de menu entretien, sont à la charge du propriétaire.

2.

Au reste, voici suivant Desgodets et Goupi, *Lois des Bâtiments*, quelles sont, d'après ces principes et d'après l'usage, les réparations à la charge du propriétaire ; ce sont celles à faire :

1° Aux voûtes, aux murs de refend, aux poutres, aux poutrelles, aux lambourdes, aux planchers, aux pans de bois de refend portant planchers, aux escaliers, aux toits et couvertures, aux murs de clôture : — ceci s'applique aussi bien à tous les bâtiments d'une ferme qu'à l'habitation du preneur ;

2° Aux manteaux et souches de cheminée, aux murs, voûtes et planchers des fourneaux potagers, aux murs, voûtes de dessous et tuyaux de four appartenant à la maison ;

3° Aux aires de plâtre des appartements et des escaliers qui ne sont point carrelés ;

4° Aux marches de pierre cassées par le tassement ou le fléchissement des murs qui les portent ;

5° Aux plates-bandes de pierre, au pourtour des murs, cassés par les charges de plâtre qu'on a mises dessus en enduisant les murs contre lesquels elles sont posées, ou par les lambris posés dessus à force ;

6° Aux pavés des grandes cours et écuries ;

7° Aux portes, fenêtres, fermetures, volets (des appartements), châssis, panneaux de menuiserie, lambris, parquets, vitres (cassées par la grêle ou autres accidents de force majeure), pavés, carreaux, tuyaux de fer, de plomb ou de grès, et généralement à tous les objets de maçonnerie, menuiserie, serrurerie, *qui ont été brisés, détériorés, endommagés par vétusté, ou par cas fortuit, ou par force majeure.*

Le curement des puits et celui des fosses d'aisances sont à la charge du bailleur, s'il n'y a clause contraire.

Lorsque le bailleur ne consent pas à faire les réparations qui sont à sa charge, le juge ordonne une visite des lieux. S'il résulte de cette visite qu'il y a réellement des réparations à faire à la charge du bailleur, le juge ordonne que celui-ci les fera dans un délai déterminé, faute de quoi le preneur sera autorisé à les faire lui-même aux frais du propriétaire, et même à en retenir le prix sur ses loyers ou fermages, s'il en doit déjà. — Si les réparations à faire sont très-considérables, que le propriétaire ne se mette pas en devoir de les exécuter, et que le preneur ne veuille pas faire l'avance des frais, il peut obtenir la résiliation du bail, et même des dommages-intérêts. — Si le propriétaire fait la réparation trop tardivement, et que, par son retard depuis qu'il a été mis en demeure, il cause au preneur quelque préjudice, celui-ci peut demander des dommages-intérêts.

Dans ce que nous venons de dire, nous supposons que les réparations sont demandées par le preneur; mais il peut arriver que ce soit le propriétaire qui veuille les faire : le preneur est-il alors obligé de les souffrir? Deux cas sont à distinguer, suivant que les réparations sont ou ne sont pas *urgentes.*

Si les réparations, quoique nécessaires, ne sont pas urgentes, c'est-à-dire si elles peuvent être différées jusqu'à la fin du bail, le preneur a le droit de les exiger, mais il n'est pas obligé de les subir contre son gré. Ainsi, quand il apparaît que le propriétaire ne se hâte de les faire pendant le bail que pour éviter l'incommodité qu'elles lui causeraient à lui-même si elles se faisaient lorsque, après l'expiration du bail, il sera rentré dans sa maison, et pour faire tomber sur son locataire cette incommodité, le locataire peut empêcher le propriétaire de les exécuter.

Si les réparations sont urgentes, c'est-à-dire si elles ne peuvent être différées jusqu'à la fin du bail, le preneur doit les souffrir, quelque incommodité qu'elles lui causent, et quoiqu'il soit privé, pendant qu'elles se font, d'une partie de la chose louée ; le preneur doit même les souffrir sans aucune indemnité si elles ne durent pas plus de quarante jours ; c'était une chose prévue au moment du bail qu'il pourrait survenir des réparations à faire, et le locataire est censé s'être soumis à en supporter l'incommodité. — Mais si les réparations durent plus de quarante jours, le prix du bail doit être diminué à proportion du temps et de la partie de chose louée dont le preneur a été privé. Pour calculer cette diminution de prix, on doit, suivant l'opinion la plus générale, compter le temps écoulé depuis le commencement des travaux, M. Troplong est d'avis contraire, et pense qu'on doit seulement compter le temps écoulé depuis l'expiration des quarante jours de grâce.

Si les réparations urgentes sont de telle nature qu'elles rendent inhabitable ce qui est nécessaire au logement du preneur et de sa famille, celui-ci peut faire résilier le bail, soit que les réparations durent plus ou moins de quarante jours. — Il en serait de même si les réparations entraînaient une privation totale de jouissance de la chose louée, quand même il ne s'agirait pas d'une maison d'habitation, par exemple si les réparations entraînaient une privation totale de jouissance d'un bien rural ou d'une manufacture ; toutefois le texte de la loi ne se réfère rigoureusement qu'au *logement* du preneur et de sa famille.

§ 3. Obligation de ne pas changer la forme de la chose louée.

Le bailleur ne peut, pendant la durée du bail, changer la forme de la chose louée. Ainsi il ne pourrait, sans le consentement du preneur, changer une prairie en terre labourable, ouvrir ou boucher des portes ou des fenêtres, nuire par des constructions nouvelles aux jours nécessaires pour l'exercice de la profession du preneur, ou même diminuer par ces constructions l'agrément de la vue, abattre ou construire des cheminées, exhausser la maison, établir sur la chose louée une servitude quelconque, ou y faire, sous prétexte de réparations, des changements qui en diminueraient la valeur, la commodité ou l'agrément.

Il est évident que le propriétaire pourrait faire à la chose louée toute espèce de changement avec le consentement du preneur; mais alors il serait prudent pour le propriétaire d'exiger un consentement écrit, en raison de l'inadmissibilité de la preuve testimoniale dans la plupart des cas.

§ 4. Obligation de garantir le preneur de tous les vices de la chose louée qui en empêchent l'usage.

Il est dû garantie au preneur pour tous les vices ou défauts de la chose louée qui en empêchent l'usage, quand même le bailleur ne les aurait pas connus au moment du bail. — Cette garantie existe non-seulement lorsque les vices existaient au moment de la location, mais encore lorsqu'ils sont survenus pendant la durée du bail.

Mais si les vices étaient apparents au moment du contrat, et que le preneur les ait connus ou ait pu facilement les connaître ou les prévoir, le preneur serait présumé avoir accepté la chose dans l'état où elle se trouvait; ainsi la garantie doit être restreinte aux vices *cachés*.

Les vices que le propriétaire est tenu de garantir sont ceux qui empêchent entièrement l'usage de la chose, ou qui, sans l'empêcher entièrement, le diminuent d'une manière très-grave; mais non pas ceux qui rendent seulement incommode l'usage de la chose.

Par exemple, si dans la maison louée il y avait une écurie infectée de la morve où les chevaux périssent, une cave qui fût submergée dans les grosses eaux ou toutes les fois qu'il pleut, un puits qui manquât d'eau dans certains moments de l'année, ou dont l'eau fût corrompue; ou s'il manquait de lieux d'aisances; ou si dansl a prairie louée pour y faire paître des bestiaux, il y croissait des herbes qui empoisonnassent les bestiaux et les fissent mourir, ce seraient là des vices qui empêcheraient entièrement l'usage de la chose louée ou au moins le diminueraient d'une manière très-grave.

En matière de meubles, si le bailleur avait loué des vaisseaux ou des tonneaux pour y mettre le vin à la vendange, et que ces vaisseaux ou tonneaux fussent d'un bois poreux qui ne pût contenir le vin, ou des cuves infectes qui fissent gâter le vin, ce seraient des vices qui en empêcheraient entièrement l'usage.

L'incommodité du soleil, celle du vent dans certains temps, une odeur désagréable, un bruit provenant d'un établissement voisin, la fumée d'une ou de plusieurs cheminées ne donneraient point lieu à la garantie.

L'effet de la garantie de la chose louée est d'autoriser le preneur à demander soit la résiliation du bail, soit la diminution de prix, suivant la gravité du défaut allégué, gravité qui rentre dans l'appréciation souveraine du juge; en outre, si avant la résiliation du bail ou la réduction de prix, il a résulté du vice de la chose louée quelque perte pour le preneur, le bailleur est tenu de l'indemniser.

§ 5. Obligation de garantir le preneur de tout trouble provenant des tiers ou du bailleur lui-même.

TROUBLES PROVENANT DU BAILLEUR. — Il est clair que le bailleur ne doit apporter lui-même aucun trouble à la jouissance du preneur. Il doit être considéré comme troublant cette jouissance :

1° Quand il change la forme de la chose louée, ce qui rentre dans ce qui a été dit plus haut, § 3 ;

2° Quand il établit, dans une partie de la maison louée, un bal public, un café, une auberge, une station de voitures publiques, un atelier insalubre, des professions incommodes, une maison de jeu ou une maison de prostitution ;

3° Quand, ayant loué à un commerçant en détail, il exerce pour son propre compte le même commerce dans une autre partie de la maison. (Arrêt de la cour de Paris. — Il s'agissait dans l'espèce d'une location faite à un marchand de vin.)

4° Quand il fait des réparations non urgentes. (Voyez plus haut § 2.)

Ne doit pas être considéré comme trouble de la part du propriétaire le fait d'entrer dans les lieux loués pour examiner s'il y a des réparations à faire, ou pour les louer avant l'expiration du bail.

TROUBLES PROVENANT DES TIERS. — Trois cas sont ici à distinguer : des tiers peuvent apporter du trouble à la jouissance du preneur, ou par simple voie de fait, sans prétendre aucun droit sur la chose louée, ou en introduisant contre lui une action judiciaire, sans d'ailleurs commettre aucune voie de fait, ou enfin en commettant des voies de fait et en prétendant avoir des droits sur la chose louée. En d'autres termes, le trouble apporté par des tiers peut être de fait, de droit, ou à la fois de fait et de droit. Parcourons successivement ces trois cas.

1° Quand des tiers apportent par voie de fait un trouble quelconque à la jouissance du preneur, sans prétendre d'ailleurs aucun droit sur la chose louée, le bailleur n'est pas tenu de le garantir de ce trouble, sauf au preneur à en poursuivre les auteurs en son nom personnel. — Il y a voie de fait sans prétention d'aucun droit, par exemple, quand des voisins font paître leurs troupeaux dans les prés donnés à ferme, quand des voleurs s'introduisent chez le locataire, quand des actes de maraudage sont commis par un corps de troupes, lors de son passage.

2° Quand une action est intentée contre le preneur, sans qu'il y ait aucune voie de fait commise, soit que la demande en justice tende à obliger le preneur de délaisser tout ou partie de la chose louée, ou tende à revendiquer un droit d'usufruit, d'usage ou d'habitation, ou l'exercice de quelque servitude non déclarée par le bail, le propriétaire est tenu de garantir le preneur du trouble apporté à sa jouissance, pourvu que le preneur lui ait dénoncé ce trouble. — Le preneur, après avoir dénoncé au bailleur le trouble provenant de l'action intentée par un tiers, peut, s'il le veut, ou rester lui-même en cause, en appelant le bailleur en ga-

3

rantie, ou bien signifier au demandeur qu'il entend être mis hors de cause, en lui faisant connaître le propriétaire. Quel que soit celui de ces deux partis que choisisse le preneur, si le tiers succombe dans son action, il n'y a lieu à aucun dédommagement en faveur du preneur, puisque celui-ci n'éprouve aucun préjudice; si le bailleur succombe, le preneur peut demander, suivant les circonstances, ou une diminution de prix, ou la résiliation du bail, et même réclamer en outre des dommages et intérêts.

3° Quand un tiers trouble le preneur par des voies de fait, et que, sur la poursuite exercée par celui-ci, le tiers déclare ses prétentions à quelque droit sur la chose louée, le preneur, après avoir dénoncé au bailleur les prétentions du tiers, peut, comme dans le cas précédent, ou rester lui-même en cause, en appelant le bailleur en garantie, ou signifier au tiers qu'il entend être mis hors de cause, en lui faisant connaître le propriétaire. — Si le tiers auteur des voies de fait déclare, en les commettant et avant toute poursuite de la part du bailleur, avoir quelque droit sur la chose louée, le preneur doit dénoncer le trouble au bailleur; mais s'il intentait lui-même directement des poursuites contre l'auteur du trouble, il devrait être déclaré non recevable dans son action.

Dans le troisième cas que nous venons d'examiner, comme dans le second, le preneur pourra obtenir, suivant les circonstances, ou une diminution de prix, ou la résiliation du bail, et même réclamer en outre des dommages-intérêts.

SECTION 9. — DES OBLIGATIONS DU PRENEUR.

Le preneur est tenu de quatre obligations principales :

1° D'user de la chose suivant sa destination ;

2° D'user de la chose en bon père de famille ;

3° De payer le prix du bail ;

4° De rendre, à la fin du bail, la chose dans l'état où il l'a reçue.

Nous allons examiner successivement ces obligations.

§ 1. Obligation d'user de la chose suivant sa destination.

Le preneur doit user de la chose louée suivant la destination qui lui a été donnée par le bail, ou suivant celle présumée d'après les circonstances, à défaut de convention. — Les principales circonstances à consulter sont : la profession exercée par le preneur au moment du bail, la destination antérieure de la chose louée, et la disposition matérielle de cette chose.

Si le preneur emploie la chose louée à un autre usage que celui auquel elle a été destinée, quand même il n'en résulterait aucun préjudice pour le bailleur, le tribunal peut, suivant les circonstances, prononcer la résiliation du bail ; à plus forte raison le peut-il s'il résulte du changement un pré-

judice pour le bailleur; mais il pourrait aussi, encore suivant les circonstances, refuser la résiliation
du bail demandée par celui-ci, en ordonnant le rétablissement des lieux dans leur état primitif. L'appréciation des faits et des circonstances qui peuvent
ou non entraîner la résiliation du bail appartient à
la prudence des juges. Quoi qu'il en soit, il est clair
que le bailleur, s'il a souffert un préjudice, doit
obtenir des dommages et intérêts, qu'il y ait ou non
résiliation du bail.

Voici quelques cas dans lesquels il y a un changement de destination de la chose louée qui donne
au bailleur le droit de se plaindre :

Si le preneur transforme un rez-de-chaussée en
écurie, une maison bourgeoise en auberge [1], en

---

[1] Un arrêt de la cour de Bourges, confirmatif d'un jugement du tribunal de Nevers, a décidé que le fait d'avoir trans-
formé une maison bourgeoise en auberge ne donne pas lieu
à la résiliation du bail. — Espèce : Bail à loyer par la veuve
Germain à Leborgne d'une maison, jusque-là occupée bour-
geoisement ; cession de bail par Leborgne à Pissier, qui y
établit une auberge; action en résiliation de bail contre
Leborgne, fondée sur le changement de destination des
lieux.

Motifs du jugement du tribunal de Nevers, adoptés par la
cour de Bourges :

« Attendu que....; que si l'article 1728 impose au preneur
l'obligation d'user de la chose louée selon la destination exprimée au bail, et à défaut de convention, suivant celle présumée d'après les circonstances, et si l'article 1739, en cas
de changement de destination, ou lorsqu'il peut en résulter
un dommage pour le bailleur, autorise ce dernier, suivant
les circonstances, à faire résilier le bail, *il faut examiner ces*

usine, en manufacture ; si, ayant pris la qualité de négociant, il exerce la profession d'hôtelier et emploie la maison louée à loger des ouvriers ; s'il y établit une profession incommode, comme celle de serrurier, de forgeron ;

Si le preneur établit dans l'appartement loué une maison de jeu ou une maison de prostitution ;

Si un certain achalandage était attaché au local avant l'arrivée du preneur, et que celui-ci ferme l'établissement [1], de manière à détruire l'achalan-

circonstances, *et reconnaître si elles comportent un caractère suffisant de gravité pour faire admettre la résiliation ; que* tous les griefs de la veuve Germain se réduisent à la conversion d'une maison bourgeoise en auberge ; que les principes sur la matière sont qu'*une maison destinée à un genre particulier de commerce soit utilisée comme telle par le preneur à peine de résiliation ; qu'une maison bourgeoise ne puisse être convertie en ateliers de maréchaux, serruriers, charpentiers et autres ouvriers à marteau, par la raison que la solidité de la maison en est atteinte, et qu'il s'ensuit des dégradations importantes ; mais que la conversion en auberge n'offre aucun de ces inconvénients ;* que si le voisinage peut en être incommode, le bailleur pouvait prévoir cette chance, et en faire l'objet d'une clause spéciale ; que si l'affluence des voyageurs peut donner lieu à quelques dégradations, elles ne sont pas de nature à compromettre le corps du bâtiment, et rentrent seulement dans la catégorie de celles dont le preneur est tenu à sa sortie ; qu'enfin les destinations des bâtiments sont si variables en France, depuis que le commerce a pris de l'extension, qu'habituellement on voit les hôtels convertis en magasins. »

[1] Plusieurs arrêts ont décidé que le fait de fermer ainsi l'établissement avant l'expiration du bail donne lieu à la résiliation de ce bail.

dage, qui était une partie accessoire de la chose louée ;

Si le fermier détruit les étangs, convertit les vignes en terres labourables, les prés en terres ou les terres en prés, ensemence les jardins de cé=réales, etc.

Le changement de destination de la chose louée ne pourrait évidemment donner lieu à aucune plainte de la part du bailleur, s'il avait eu lieu avec son autorisation ; mais alors il est prudent, pour le preneur, de demander une autorisation écrite.

Ne sont pas considérés comme changements de destination les divers changements dans la distribution intérieure de la maison ou du bâtiment loué, par exemple des déplacements d'alcôves, de cloisons, etc., à la charge par le locataire de remettre les lieux dans leur état primitif à la fin du bail ; mais le preneur ne pourrait, sans le consentement du propriétaire, percer des planchers ou des murs, abattre des murs de refend, démolir des escaliers, couper des poutres, exhausser les constructions, ni, dans un jardin, abattre les berceaux, arracher les arbres, détruire les allées sablées, ou changer les distributions.

§ 2. Obligation de jouir en bon père de famille; dégradations.

Le preneur est tenu d'user de la chose louée en bon père de famille, c'est-à-dire d'apporter à la conservation de cette chose le même soin qu'apporterait un bon père de famille à la sienne propre.

Il doit faire ramoner les cheminées, pour prévenir les incendies, ce à quoi d'ailleurs l'obligent les ordonnances de police, ménager les meubles et les appartements, les ustensiles des manufactures ou usines.

Il doit bien façonner, provigner, fumer, et entretenir d'échalas les vignes, bien façonner les terres en saison convenable, sans les charger au préjudice du fonds, et veiller à la conservation des clôtures.

Il ne doit commettre, dans sa jouissance, aucun abus préjudiciable au bailleur, soit en portant atteinte au repos d'autres locataires par des tapages violents, soit en faisant des constructions dans les lieux loués, soit de toute autre manière.

Le preneur est tenu de dénoncer au bailleur tous les troubles apportés à sa jouissance par des tiers et les usurpations qui pourraient être commises. Faute de ce faire, il pourrait être passible de dommages-intérêts, si sa négligence laissait acquérir par la prescription un droit quelconque sur les biens du bailleur, ou seulement lui faisait perdre la possession annale, et, par suite, la faculté d'exercer les actions possessoires.

Le preneur répond des dégradations ou des pertes qui arrivent pendant la jouissance, à moins qu'il ne prouve qu'elles ont eu lieu sans sa faute. — Une conséquence de cette règle, c'est que, si les dégradations ou les pertes ont lieu par cas fortuit, par vétusté ou par force majeure, le preneur n'en est pas tenu, puisque alors elles ne proviennent pas de sa faute ; toutefois, si le cas fortuit a été précédé d'une faute sans laquelle le dommage n'aurait pas eu lieu, le preneur est responsable. Par exemple, des volets sont arrachés par une tempête, voilà une dégradation, une perte causée par cas fortuit ; mais si ces volets n'étaient pas attachés et assurés comme ils auraient dû l'être, le cas fortuit se trouvant précédé d'une faute, le preneur est responsable.

Le preneur répond également des dégradations ou des pertes qui arrivent par le fait de ses sous-locataires ou des cessionnaires de son bail, peu importe que la sous-location ou cession soit totale ou partielle : c'est la conséquence de ce que nous avons dit, section 7, § 3, *Situation du preneur qui a sous-loué ou cédé son bail vis-à-vis du bailleur.*

Le preneur répond encore des dégradations ou des pertes qui arrivent par le fait des *personnes de sa maison :* on doit entendre par là ses enfants, sa femme, ses domestiques, ses ouvriers, ses pensionnaires, ses hôtes, et même les voyageurs qui logent, en passant, dans une auberge.

Ce n'est généralement qu'à la fin du bail que le propriétaire demande la réparation des dégradations. Cependant, il peut l'exiger avant cette époque, si les dégradations sont de nature à amener dans la chose une notable détérioration, et même, dans des cas graves, faire résilier le bail.

Le preneur est-il tenu des dégradations commises par des tiers, quand il n'a à s'imputer aucune faute, aucune négligence; par exemple, si, par haine ou méchanceté, on a arraché les arbres des fonds loués, en dépit de sa vigilance? Pothier et Domat admettent cette responsabilité; mais leur doctrine ne semble pas devoir être adoptée.

§ 3. Obligation de payer le prix.

A QUI LE PAYEMENT DOIT ÊTRE FAIT. — Le payement doit être fait au bailleur, ou à quelqu'un ayant pouvoir de lui, ou qui soit autorisé par justice ou par la loi à recevoir pour lui; par exemple, au tuteur d'un mineur ou d'un interdit, au mari d'une femme mariée sous le régime de la communauté.

Le payement fait à celui qui n'aurait pas pouvoir de recevoir pour le bailleur est valable, si celui-ci le ratifie, ou s'il en a profité.

Tout créancier pouvant, en vertu de titres authentiques ou privés, saisir-arrêter entre les mains d'un tiers les sommes et effets appartenant à son débiteur, il en résulte que les créanciers du bailleur peuvent former opposition entre les mains du preneur. Dans ce cas, celui-ci ne peut payer au bailleur avant d'avoir obtenu une mainlevée de l'opposant, ou un jugement qui l'autorise à payer; autrement, les créanciers du bailleur pourraient contraindre le preneur à payer de nouveau, sauf le recours de celui-ci contre le bailleur.

Si le propriétaire était en faillite, le payement des loyers devrait être fait entre les mains des syndics, à partir du jugement déclaratif de la faillite. — Si le propriétaire était mort, le payement de-

3.

vrait être fait à ses héritiers, ou s'il y a lieu, au curateur à la succession vacante. — Si le propriétaire avait été déclaré *absent* par un jugement, le payement devrait être fait à l'administrateur des biens, ou aux envoyés en possession provisoire. — S'il avait vendu la propriété louée, le payement devrait être fait à l'acquéreur, si celui-ci s'était fait connaître; sinon le payement fait à l'ancien propriétaire serait valable.

Nous avons déjà dit, section 7, § 4, que le cessionnaire d'un bail doit payer entre les mains du bailleur primitif, et que le sous-preneur doit au contraire payer entre les mains du preneur.

.Comment le payement doit être fait. — Le payement doit être fait de la manière qui a été convenue entre les parties. Dans le louage des maisons, le payement se fait ordinairement en numéraire; dans le louage des biens ruraux, il se fait tantôt en argent, tantôt en denrées. Dans ce dernier cas, le fermier n'est pas tenu de les donner de la meilleure espèce, à moins de convention formelle, mais il ne pourrait les offrir de la plus mauvaise.

Quand le payement doit être fait. — Le payement doit être fait aux époques convenues entre les parties, ou, à défaut de stipulation sur ce point, aux époques déterminées par l'usage des lieux. (Voyez chapitre II, section 3, § 3, et chapitre III, section 2, § 8.)

Où le payement doit être fait. — A défaut de convention, le payement doit être fait au domicile du preneur, mais on stipule ordinairement qu'il

se fera au domicile du bailleur. Lorsque cette dernière clause existe, les fermages sont aux risques
et périls du preneur, jusqu'à ce qu'ils soient par-
venus à leur destination.

OFFRES RÉELLES ET CONSIGNATION. — Lorsque, par
suite de contestations ou pour un motif quelconque, le propriétaire refuse de recevoir le prix
des loyers ou fermages, le preneur peut faire au
propriétaire, par le ministère d'un huissier, des
offres réelles de la somme due, et sur son refus
d'accepter les offres, consigner la somme. Les offres
réelles, suivies d'une consignation libèrent le débiteur; elles tiennent lieu à son égard de payement,
lorsqu'elles sont valablement faites, et la chose
ainsi consignée demeure aux risques du créancier. Voici encore d'autres circonstances où il peut
être commode pour le preneur de consigner ses
loyers ou fermages : c'est lorsque le propriétaire
est absent et qu'il n'a laissé personne pour le représenter, ou bien lorsqu'il est décédé et que ses
héritiers ne sont point encore connus, ou lorsqu'il y a contestation entre eux sur leurs droits,
ou lorsque le preneur a des oppositions entre les
mains.

SI LES PAYEMENTS PAR ANTICIPATION SONT OPPOSABLES
AUX TIERS. — Les payements par anticipation que
le preneur a faits au bailleur sont certainement
opposables aux créanciers chirographaires (c'est-à-
dire aux créanciers en vertu d'actes n'emportant
pas hypothèque), que les payements soient ou non
effectués en vertu d'une clause du bail, à la seule

condition d'être faits sans fraude. La raison en est que les créanciers chirographaires n'ont sur la chose louée aucun droit réel. — Quant aux créanciers hypothécaires, ce n'est qu'à partir de l'inscription qu'ils ont acquis un droit réel sur la chose louée; par conséquent, les payements par anticipation, constatés par un acte ayant acquis date certaine avant l'inscription, leur sont opposables, aussi bien qu'aux créanciers chirographaires. —Mais que faut-il décider à l'égard des payements par anticipation constatés par un acte n'ayant pas acquis date certaine avant l'inscription? sont-ils opposables aux créanciers hypothécaires? Nous n'entrerons pas dans l'examen de cette question, qui est controversée. — Les paymeents par anticipation sont aussi opposables aux tiers acquéreurs, quand ils sont constatés par un acte ayant acquis date certaine avant l'aliénation.

Si les payements sans anticipation sont opposables aux tiers. —Les payements sans anticipation sont opposables aux créanciers chirographaires, aux créanciers hypothécaires et aux tiers acquéreurs, même sans avoir acquis date certaine, pourvu qu'ils ne soient entachés d'aucune espèce de fraude.

Quittances. — Les quittances données par le propriétaire, sans réserve des termes précédents, font présumer le payement de ces termes, surtout quand les quittances s'appliquent à plusieurs années : toutefois, ce n'est là qu'une présomption abandonnée aux lumières du juge. Si le bailleur élevait des réclamations sur le payement des années antérieures, le juge pourrait, à cause de cette présomption, l'obliger à les justifier ; mais il pourrait aussi, suivant les circonstances, les admettre comme fondées, sauf au preneur à faire la preuve du contraire ; en pratique, le juge prendra rarement ce dernier parti. — Les présomptions de payement en faveur du preneur seraient encore plus fortes s'il avait déménagé, principalement si le bail est verbal. — Quoi qu'il en soit, la quittance du prix en numéraire ou en denrées n'implique pas la libération des autres redevances ou charges imposées au preneur.

PRESCRIPTION. — Après cinq ans, il y a prescription pour les loyers ou fermages des maisons et des biens ruraux ; et il suffit au preneur d'invoquer cette prescription contre la demande en payement qui pourrait lui être faite après cinq ans. — Mais observons : 1° qu'une citation en justice, un commandement ou une saisie, interrompent les prescriptions ; 2° que la prescription est encore interrompue par la reconnaissance que le preneur peut avoir faite du droit du bailleur ; 3° que c'est au preneur à invoquer la prescription, et que le juge ne peut pas d'office suppléer le moyen qui en est tiré.

INTÉRÊTS DES LOYERS OU FERMAGES. — Les sommes dues pour loyers et fermages produisent des intérêts à compter du jour où la demande en est faite en justice.

DE LA RÉSILIATION DU BAIL PAR SUITE DU DÉFAUT DE

PAYEMENT. — Le défaut de payement du prix en-
traîne-t-il la résiliation du bail? S'il n'y a eu sur
ce point aucune convention entre les parties, le
défaut de payement n'entraîne pas nécessairement
la résiliation du bail, bien qu'aux termes de l'article 1741 du code Napoléon, « le contrat de louage
soit résolu par le défaut respectif du bailleur et
du preneur de remplir leurs engagements. » Et en
effet, ce principe doit se combiner avec celui
posé par l'article 1244 du même code, qui permet
d'accorder un délai au débiteur. « Les juges peuvent, en considération de la position du débiteur,
et en usant de ce pouvoir avec une grande réserve, accorder des délais modérés pour le payement, et surseoir l'exécution des poursuites, toutes
choses demeurant en état. » Le juge décidera donc,
d'après les circonstances particulières de la cause,
si la résiliation demandée par le bailleur pour
défaut de payement doit ou ne doit pas être prononcée. Dans l'ancienne jurisprudence, le défaut
de payement n'entraînait la résiliation du bail
qu'après deux termes échus, sans compter le terme
courant. Le code Napoléon n'ayant rien précisé à
cet égard, cette règle peut encore être équitable-
ment suivie aujourd'hui. — Il a été jugé par la
cour de Bourges que, dans tous les cas, le preneur peut éviter la résiliation en offrant de payer
avant le jugement définitif. Cette décision nous
paraît juste. Toutefois, il y a aussi des arrêts en
sens contraire. — Mais si le bailleur, dans l'inter-
valle du jugement et de la demande en résiliation,

reçoit un à-compte, cette circonstance n'est pas de nature à empêcher la résiliation. — S'il a été expressément stipulé dans le bail que le défaut de payement du prix au terme fixé entraînerait de plein droit la résiliation, que doit-on décider? D'abord il est nécessaire que le débiteur soit mis en demeure de payer par une sommation; mais, cette sommation faite, et le débiteur n'y satisfaisant pas, la résiliation du bail est-elle nécessairement encourue, ou le juge pourrait-il, même contrairement à la convention formelle des parties, accorder un délai pour le payement? La jurisprudence a beaucoup varié sur cette question, et il y a des arrêts pour et contre. D'un côté, on peut soutenir que la convention des parties, en vertu de laquelle le défaut de payement du prix entraîne de plein droit la résiliation, est une convention parfaitement licite et dès lors obligatoire pour les tribunaux; mais d'un autre côté, il ne faut pas perdre de vue l'article 1244 du code Napoléon, qui permet au juge d'accorder des délais pour le payement, en considération de la position du débiteur.

§ 4. Obligation de rendre à la fin du bail la chose en l'état où le preneur l'a reçue.

S'il a été fait un état des lieux entre le bailleur et le preneur, celui-ci doit rendre la chose telle qu'il l'a reçue suivant cet état, excepté ce qui a péri ou ce qui a été dégradé par vétusté ou par force majeure. — L'état des lieux se fait en double, afin que chaque partie en ait un exemplaire, et les frais en sont, à moins de convention contraire, à la charge du bailleur. — Quand le preneur prétend que les pertes ou les dégradations sont le résultat de la vétusté ou de la force majeure, c'est à lui à en faire la preuve. (Voyez au surplus ce qui a été dit des dégradations et des pertes au § 2.)

S'il n'a pas été fait état des lieux, le preneur est présumé les avoir reçus en bon état de réparations locatives, et doit les rendre tels, sauf la preuve contraire.—Cette preuve peut se faire par témoins. — Quant aux grosses réparations ou aux réparations de gros entretien, la présomption est au contraire contre le bailleur : si celui-ci réclame à la fin du bail la chose en bon état de grosses réparations et de réparations de gros entretien, c'est à lui à prouver qu'elle n'en avait pas besoin au moment du bail.

Lorsque la détérioration est de nature à pouvoir s'apercevoir d'abord, le bailleur à qui la chose louée a été rendue sans qu'il ait fait aucune protestation en la recevant n'est plus recevable à s'en plaindre, ou du moins sa plainte ne pourrait être accueillie par le juge que dans un délai très-court.

SECTION 10. — IMPENSES FAITES PAR LE PRENEUR.

Quand le preneur fait à la chose louée des réparations ou des travaux absolument nécessaires, et d'une telle nature que le bailleur eût été obligé de les faire lui - même ou d'éprouver un préjudice plus grand que la dépense occasionnée par ces travaux, celui-ci doit à la fin du bail rembourser au preneur ses impenses. — Il n'est pas besoin pour cela qu'un avertissement préalable ait été donné au bailleur, et la preuve des travaux exécutés peut se faire par témoins, lors même qu'il s'agit de sommes excédant 150 fr.

Si le preneur, sans l'adhésion du propriétaire, fait à l'immeuble loué des améliorations de pur agrément, ou même des changements utiles, mais n'ayant pas un caractère de nécessité absolue, il n'a droit à la fin du bail à aucune indemnité; dans ce cas il a la faculté d'enlever ce qui peut l'être, si les choses n'ont pas été attachées et incorporées au fonds à perpétuelle demeure, à la charge de rétablir la propriété dans son état primitif, et cela, sans que le bailleur puisse prétendre conserver les améliorations, en en payant la valeur : ainsi le preneur peut enlever les boiseries sculptées, tableaux, glaces, statues, vases, ouvrages de menuiserie par lui placés et autres scellés dans les gros murs avec du plâtre ou avec des pattes de fer, en rebouchant les trous et réparant les dégradations. Il en serait de même pour des arbres de pépinière. — De même encore pour une enseigne apportée dans un hôtel par le locataire : il peut l'enlever à la fin du bail, et la placer ailleurs, et même défendre au propriétaire d'en faire établir une semblable : la désignation exprimée par cette enseigne, par exemple : *Hôtel de Flandre*, est une véritable propriété.

Mais si les améliorations ou changements résultent de choses que le preneur avait attachées et incorporées au fonds à perpétuelle demeure, comme des arbres fruitiers, des clôtures, des constructions, le preneur ne peut les enlever, si le propriétaire consent à en payer la valeur.

Enfin, s'il s'agit de choses qu'on ne puisse emporter avec soi, comme des peintures de plafond ou de boiserie, ou des papiers collés sur les murs, le propriétaire a rigoureusement le droit de profiter de ces améliorations, sans payer aucune indemnité, et le preneur ne doit pas, avant de déménager, dégrader volontairement les peintures ou les papiers, attendu que ces choses, ne pouvant s'enlever, sont devenues par là parties intégrantes de la maison.

SECTION II.— DESTRUCTION TOTALE OU PARTIELLE DE LA CHOSE LOUÉE PAR CAS FORTUIT OU FORCE MAJEURE.

Si, pendant la durée du bail, la chose louée est détruite en totalité par cas fortuit ou force majeure, le bail est résilié de plein droit ; si elle n'est détruite qu'en partie, le preneur peut, suivant les circonstances, demander ou une diminution de prix, ou la résiliation du bail. — Dans l'un ou dans l'autre cas, il n'y a lieu à aucune indemnité.

En cas de destruction partielle, la résiliation du bail n'est prononcée qu'autant que la chose a subi une diminution telle qu'elle est devenue impropre à sa destination ; s'il s'agit d'une perte moins considérable, le preneur n'a droit qu'à une diminution de prix, et encore faut-il, pour obtenir cette diminution, que l'événement par cas fortuit ait une certaine importance. L'appréciation de ces circonstances appartient aux tribunaux. — Observons toutefois que dans le cas où la destruction partielle serait assez considérable pour autoriser le preneur à demander la résiliation, il dépend de lui de demander simplement une diminution de prix. — Est considéré comme cas fortuit ou force majeure l'expropriation pour cause d'utilité publique ; la reconstruction de la façade d'une maison sur un alignement rejeté plus en arrière, ordonnée par l'autorité municipale ; l'exécution de travaux ordonnés par l'autorité compétente, etc.

Si la force majeure, sans détruire la chose louée, en empêche la jouissance, l'effet de cette force majeure serait pour le preneur absolument le même que la destruction de la chose. Il aurait donc, suivant les circonstances, le droit de demander soit la résiliation du bail, soit une diminution de prix proportionnée à la privation de jouissance. — Citons pour exemple les faits de guerre par lesquels le fermier serait expulsé des lieux loués.

SECTION 12. — EFFETS DE L'ALIÉNATION DE L'IMMEUBLE LOUÉ.

Si le bailleur vend la chose louée, l'acquéreur ne peut expulser le fermier ou le locataire qui a un bail authentique, ou un bail sous seing privé dont la date est certaine, à moins qu'il ne se soit réservé ce droit par le contrat du bail.

Nous avons expliqué, section 4, § 2 et § 3, ce qu'on entend par actes authentiques et par actes sous seing privé, et comment ceux-ci acquièrent date certaine.

L'acquéreur, avons-nous dit, « ne peut expulser le fermier ou le locataire. » Tels sont les termes de la loi, et quelques personnes en ont conclu que dans le cas où le preneur n'est pas encore en possession de la chose louée, l'acquéreur peut se refuser à exécuter le bail, car on n'*expulse* que ceux qui détiennent ; mais cette interprétation ne nous paraît pas devoir être adoptée : que le preneur se trouve ou non en jouissance au moment de la vente, l'acquéreur doit exécuter le bail.

Ce que nous disons de l'acquéreur s'applique également au donataire, au légataire, à l'usufruitier, à l'échangiste.

Si le bail n'est pas fait par acte authentique ou n'a point de date certaine, l'acquéreur peut expulser le preneur, sans lui payer aucune indemnité, sauf le recours en dommages-intérêts du preneur évincé contre son bailleur. — Et toutefois l'acquéreur ne pourrait expulser le locataire ou le fermier immédiatement ; il est tenu d'avertir le locataire au temps d'avance usité dans le lieu pour les congés, et d'avertir le fermier des biens ruraux au moins un an d'avance.

S'il a été convenu, lors du bail, qu'en cas de vente, l'acquéreur pourrait expulser le fermier ou locataire, et qu'il n'ait été fait aucune stipulation sur les dommages et intérêts, le bailleur est tenu d'indemniser le fermier ou le locataire de la manière suivante :

S'il s'agit d'une maison, appartement ou boutique, le bailleur paye, à titre de dommages et intérêts, au locataire évincé, une somme égale au prix du loyer; pendant le temps qui, suivant l'usage des lieux, est accordé entre le congé et la sortie ;

S'il s'agit de biens ruraux, l'indemnité que le bailleur doit payer au fermier est du tiers du prix du bail pour tout le temps qui reste à courir ;

L'indemnité se réglera par experts, s'il s'agit de manufactures, usines ou autres établissements qui exigent de grandes avances.

Les fermiers ou locataires ne peuvent être expulsés, qu'ils ne soient payés par le bailleur, ou, à son défaut, par le nouvel acquéreur, des dommages et intérêts ci-dessus expliqués.

L'acquéreur à pacte de rachat ne peut user de la faculté d'expulser le preneur, jusqu'à ce que, par l'expiration du délai fixé pour le réméré, il devienne propriétaire incommutable.

SECTION 13. — DE L'INCENDIE.

Le preneur répond de l'incendie, à moins qu'il ne prouve que l'incendie est arrivé sans sa faute. — Ainsi la faute se présume contre le locataire, et c'est à lui à établir le contraire. — Cette présomption a lieu également contre le sous-locataire au profit du locataire. — D'un autre côté, le locataire répond de l'incendie causé par le sous-locataire, comme de toute autre dégradation. — Dès lors, en cas d'incendie arrivée par le fait du sous-locataire, le propriétaire peut agir directement contre ce sous-locataire, en exerçant les droits et actions du locataire principal, et aussi agir directement contre le locataire principal responsable envers lui.

La loi indique trois causes d'incendie, qui, une fois prouvées par le preneur, le font regarder comme exempt de faute et l'affranchissent de toute responsabilité. C'est : 1° quand l'incendie est arrivé par cas fortuit ou force majeure, par exemple, quand il a été allumé par le feu du ciel ou par la main d'un incendiaire ; 2° quand il est arrivé par vice de construction, par exemple, par une poutre ou solive qui traversait la cheminée ; 3° quand le feu a été communiqué par une maison voisine. — Mais dans ce dernier cas le locataire doit avoir pris toutes les précautions possibles pour empêcher la communication, sans quoi sa responsabilité ne serait pas à couvert.

Le cas fortuit ou la force majeure, le vice de construction et la communication par une maison voisine sont-ils les seuls moyens de droit à l'aide desquels le preneur puisse repousser la responsabilité de l'incendie ? La loi, en les énonçant, entend-elle rejeter tout autre mode de preuve fournie par le preneur, et tendant à démontrer que l'incendie est arrivé sans sa faute, ou au contraire suffit-il à celui-ci de prouver d'une manière quelconque que l'incendie ne peut être imputé à sa négligence? Cette dernière opinion a été consacrée par plusieurs arrêts, mais la question est controversée.

Dans le cas où le propriétaire habite la maison en même temps que le locataire, on doit distinguer plusieurs cas : 1° s'il est établi que le feu a pris naissance dans la partie de la maison occupée par le locataire, celui-ci est responsable, non-seulement pour la portion de bâtiment par lui louée, mais encore pour toutes les parties de la maison qui ont été endommagées par le feu; 2° si on ne sait pas dans quelle partie de la maison le feu s'est déclaré, la présomption légale établie contre le locataire cesse d'avoir lieu; 3° s'il est constant que l'incendie a commencé dans la partie de la maison habitée par le propriétaire, il est responsable envers le locataire, à condition que celui-ci prouve qu'il y a eu faute ou négligence de sa part. S'il ne peut fournir cette preuve, la responsabilité du propriétaire cesse, car la présomption de faute n'est établie qu'en faveur du propriétaire contre le locataire, et non en faveur du locataire contre le propriétaire.

Cette présomption doit être rigoureusement restreinte dans les limites assignées par la loi. Ainsi les propriétaires des maisons voisines endommagées par l'incendie ne peuvent invoquer la présomption dont il s'agit, ni contre le propriétaire qui habite la maison où l'incendie a pris naissance, ni contre le locataire de cette maison : dans ce cas, les tiers qui réclament une indemnité doivent prouver que l'incendie a été le résultat d'une faute. — Ainsi le feu se communique de la maison de Pierre à celle de Paul. Pour réclamer une indemnité, Paul doit prouver, non-seulement que l'incendie a pris naissance dans la maison de Pierre, mais encore qu'il est arrivé par la faute de celui-ci. Et encore, dans ce cas, Paul n'aurait droit à aucune indemnité de la part de Pierre ou du locataire de Pierre, si lui-même n'avait pas pris les précautions nécessaires pour empêcher la communication du feu.

Jusqu'à présent nous n'avons eu en vue que le cas où la maison est occupée par un seul locataire.

S'il y a plusieurs locataires, tous sont solidairement responsables de l'incendie, à moins qu'ils ne prouvent que l'incendie a commencé dans l'habitation de l'un d'eux, auquel cas celui-là seul en est tenu, ou que quelques-uns ne prouvent que l'incendie n'a pu commencer chez eux, auquel cas ceux-là n'en sont pas tenus. — Dès lors, chaque locataire peut être tenu de payer au propriétaire l'indemnité totale, sauf son recours contre les autres propriétaires. Ce recours se règle par tête de locataire et n'est pas proportionné au montant du loyer.

Quand il est établi que l'incendie s'est déclaré chez l'un des locataires, celui-ci n'est pas, par cela même, responsable envers les autres locataires, comme il l'est envers le propriétaire ; les autres locataires, de même que toutes autres personnes qui seraient lésées par le fait de l'incendie, ne peuvent exercer de recours contre le locataire chez qui le feu s'est déclaré qu'en prouvant que l'incendie est le résultat d'une faute ; car, ainsi que nous l'avons déjà dit, la présomption légale établie contre le locataire doit être rigoureusement restreinte dans les limites assignées par la loi.

Si le feu prenait chez un aubergiste par l'imprudence ou le fait d'un voyageur, l'aubergiste serait responsable de l'incendie, sauf à lui à retenir les effets du voyageur et à se faire payer du dégât qu'il aurait occasionné.

L'indemnité due par le locataire doit être suffisante pour faire rétablir la chose louée dans l'état où elle était avant l'incendie, et non pas seulement pour en payer la valeur vénale ; cependant, en calculant cette indemnité, on doit prendre en considération la plus-value des bâtiments reconstruits à neuf sur les bâtiments tels qu'ils existaient lors de l'incendie.

SECTION 14. — DU PAYEMENT DES IMPOTS.

§ 1. Contribution foncière.

La contribution foncière est due par le propriétaire. — Néanmoins, tous fermiers et locataires sont tenus (quand le percepteur leur en fait la demande) de payer, à l'acquit des propriétaires et usufruitiers, la contribution foncière des biens qu'ils tiennent à ferme ou à loyer, et peuvent être poursuivis comme les propriétaires eux-mêmes. Les propriétaires ou usufruitiers sont tenus de recevoir le montant des quittances de cette contribution

4

pour comptant sur le prix des fermages ou loyers, à moins que les fermiers ou locataires n'en soient chargés par leur bail. (Loi du 3 frimaire an VII.)

Afin de donner aux propriétaires le moyen de faire payer par leurs fermiers la contribution foncière des biens qu'ils tiennent à ferme, l'article 6 de la loi du 4 août 1844 dispose que tout propriétaire ou usufruitier ayant plusieurs fermiers dans la même commune, et qui voudra les charger de payer, à son acquit, la contribution foncière des biens qu'ils tiennent à ferme ou à loyer, devra remettre au percepteur une déclaration indiquant sommairement la division de son revenu imposable entre lui et ses fermiers. Cette déclaration est signée par le propriétaire et par les fermiers. — Si la déclaration ne contient pas au delà de trois divisions, le percepteur fera lui-même le partage de la contribution proportionnellement au revenu de chaque division.—Si la déclaration comprend plus de trois divisions, elle est transmise par le percepteur au directeur, qui calculera les cotisations et portera, dans un rôle auxiliaire, la somme à payer par chacun. Les frais de confection de ce rôle seront payés par les déclarants, à raison de 5 centimes par article. — Les déclarations, qui doivent être remises au percepteur dans le courant du mois de décembre au plus tard, sont faites, par commune, dans la forme du modèle donné plus loin.

Il est inutile de faire observer que cette déclaration est une simple mesure d'ordre, qui ne diminue en rien la responsabilité qui pèse sur les propriétaires relativement au payement de l'impôt.

§ 2. Contribution des portes et fenêtres.

La contribution des portes et fenêtres est exigible contre les propriétaires et usufruitiers, fermiers et locataires des maisons, bâtiments et usines, sauf leur recours contre les locataires particuliers pour le remboursement de la somme due, à raison des locaux par eux occupés (Loi du 4 frimaire an VII, art. 12). — Le propriétaire qui donne sa maison à loyer à plusieurs locataires leur retient la taxe des portes et fenêtres à raison de celles qui sont à l'usage de chacun d'eux; la porte d'entrée, les fenêtres de l'escalier, enfin les portes et fenêtres qui n'appartiennent pas plus à un locataire qu'à l'autre restent à la charge du propriétaire. S'il n'y a qu'un seul locataire occupant toute la maison, toutes les portes et fenêtres étant à son usage, le propriétaire lui retient toute la taxe. S'il y a un principal locataire, le propriétaire lui retient toute la taxe et le principal locataire retenant à chacun de ses sous-locataires sa portion contributive, prend à sa charge les portes et fenêtres d'un usage commun. (Instruction ministérielle du 12 frimaire an VII).

Les redevables sont contraints au payement de la taxe des portes et fenêtres par saisie et vente de leur mobilier. L'exécution peut porter sur les meubles et effets des locataires jusqu'à concurrence des sommes par eux dues. (Loi du 4 frimaire an VII.)

§ 3. Contribution personnelle et mobilière.

Les propriétaires, et, à leur place, les principaux locataires, doivent, un mois avant l'époque du déménagement de leurs locataires, se faire représenter par ces derniers les quittances de leur contribution personnelle et mobilière. Lorsque les locataires ne représentent pas ces quittances, les propriétaires ou principaux locataires sont tenus, sous leur responsabilité personnelle, de donner dans les trois jours avis du déménagement au percepteur. (Loi du 21 avril 1832, art. 22.)

Dans le cas de déménagement furtif, les propriétaires et, à leur place, les principaux locataires deviennent responsables des termes échus de la contribution de leurs locataires, s'ils n'ont pas fait constater dans les trois jours ce déménagement furtif par le maire de la commune, le juge de paix ou le commissaire de police (loi du 21 avril 1832, art. 23), et s'ils n'ont pas remis au percepteur une expédition du procès-verbal de ce déménagement furtif.

Dans tous les cas, et nonobstant toute déclaration de leur part, les propriétaires ou principaux locataires demeurent responsables de la contribution personnelle et mobilière des personnes logées par eux en garni. (Loi du 21 avril 1832.)

§ 4. Contribution des patentes.

Les propriétaires, et, à leur place, les principaux

locataires qui n'auraient pas, un mois avant le terme fixé par le bail ou par les conventions verbales, donné avis au percepteur du déménagement de leurs locataires, sont responsables des sommes dues par ces derniers.

Dans le cas de déménagement furtif, les propriétaires ou principaux locataires deviennent responsables des termes échus de la contribution de leurs locataires, s'ils n'ont pas, dans les trois jours, donné avis du déménagement au percepteur. La part de la contribution laissée à la charge des propriétaires ou principaux locataires par le présent paragraphe comprend seulement le dernier douzième échu et le douzième courant dus par le patentable (loi du 25 avril 1844, art. 25); quant aux douzièmes arriérés, ils resteraient à la charge du percepteur, si le recouvrement ne pouvait en être effectué. (Circulaire du 14 août 1844.)

§ 5. Réclamations.

Un locataire a qualité, à défaut du propriétaire, pour demander la décharge de la contribution des portes et fenêtres, mais il n'est pas admis, sans mandat régulier, à former une demande relativement à l'impôt foncier. — Un propriétaire n'a pas qualité pour réclamer la décharge de la taxe personnelle et mobilière de son fermier ou locataire.

4.

(MODÈLE.)

Département
de ....

DÉCLARATION FAITE PAR M· MATHIS LOUIS,

—

pour servir à la division de sa cote foncière.

Commune
de Ligny.

Article du rôle (18).   Revenu matriciel (ou cadastral) : 134 fr. 79 c.

NOMS, PRÉNOMS ET DEMEURES.	PARTAGE du REVENU.	OBSERVATIONS.
	fr. c.	
MATHIS Louis, à Paris.	60 25	Biens réservés par le propriétaire.
PERRIN Jules, à Ligny.	40 18	—
MATHIEU Constant, à Villemure. . .	8 98	—
LANTHIER Antoine, à Saint-Louis. .	15 23	—
LEJAY Pierre, à Ligny.	10 15	—
Somme pareille. . . .	134 79	

A Ligny, le 25 décembre 1859.

Le propriétaire,   *Les fermiers,*

SECTION 15.—EXTINCTION ET RÉSILIATION DES BAUX.

Le bail finit :

1° Par l'expiration du temps fixé, sans qu'il soit nécessaire de donner congé, lorsque la durée du bail a été déterminée et limitée, soit qu'il s'agisse de bail à loyer ou de bail à ferme, de bail écrit ou de bail verbal. (Voyez chapitre II, section 3, § 2, et chapitre III, section 5.)

2° Par la signification d'un congé, lorsque la durée du bail n'a pas été déterminée et limitée, et qu'il s'agit d'un bail à loyer. (Voyez chapitre II, section 3, § 2.)

3° Par l'expiration du temps nécessaire pour que le preneur recueille tous les fruits de l'héritage affermé, lorsque la durée du bail n'a pas été déterminée et limitée, et qu'il s'agit d'un bail à ferme. (Voyez chapitre III, section 5.)

4° Par le consentement mutuel des parties, et en ce cas, il est prudent de rédiger un acte constatant cette résiliation volontaire, attendu qu'elle ne pourrait se prouver par témoins : cet acte doit être rédigé en double.

5° Par l'événement d'une condition résolutoire. S'il a été convenu entre les parties que le louage serait résolu dans le cas où tel événement arriverait, par exemple, dans le cas où le bailleur viendrait à mourir, ou voudrait habiter lui-même la maison, il est clair que si l'événement prévu arrive, il entraîne, conformément à la convention des parties, la résiliation du bail. Pour éviter les contestations, celui qui désire faire résilier le bail fera bien de signifier l'avertissement par huissier.

6° Par la destruction totale de la chose louée. (Voyez ce qui a été dit sur ce point, section 11.)

7° Par le défaut de payement. (Voyez section 9, § 3.)

8° Par l'inexécution des conditions du bail. Mais toute infraction à ces conditions n'entraîne pas nécessairement la résolution du bail, quand bien même il aurait été expressément stipulé que, faute par l'une des parties de remplir exactement ses engagements, le bail serait résolu. Les tribunaux ont toujours le droit d'apprécier, d'après l'équité et les circonstances de la cause, si l'infraction a été assez grave pour entraîner la résolution. (Voyez d'ailleurs ce que nous avons dit, section 8, des obligations du bailleur, et section 9, des obligations du preneur.)

SECTION 16. — DES POURSUITES QUI PEUVENT ÊTRE EXERCÉES PAR LE BAILLEUR.

§ 1. Privilége du bailleur.

Aux termes de l'article 2102 du code Napoléon, le propriétaire a privilége sur les loyers et fermages des immeubles sur les fruits de la récolte de l'année, et sur le prix de tout ce qui garnit la maison louée ou la ferme, et de tout ce qui sert à l'exploitation de la ferme : savoir, pour tout ce qui est échu et pour tout ce qui est à échoir, si les baux sont authentiques ou si, étant sous signature privée, ils ont une date certaine; et dans ces deux cas, les autres créanciers ont le droit de relouer la maison ou la ferme pour le restant du bail, et de faire leur profit des baux ou fermages, à la charge toutefois de payer au propriétaire tout ce qui lui serait encore dû;

Et à défaut de baux authentiques, ou lorsque, étant sous signature privée, ils n'ont pas une date certaine, pour une année à partir de l'expiration de l'année courante. Il en est de même en cas de bail verbal.

Le même privilége a lieu pour les réparations

locatives et pour tout ce qui concerne l'exécution du bail.

Néanmoins, les sommes dues pour les semences ou pour les frais de la récolte de l'année sont payées sur le prix de la récolte, et celles dues pour ustensiles, sur le prix de ces ustensiles, par préférence au propriétaire, dans l'un et l'autre cas.

Le privilége du propriétaire ne s'étend pas sur l'argent comptant, les billets, les bijoux et tous autres objets qui sont tenus sous clef, ou qui ne se trouvent qu'accidentellement dans la maison : ce ne sont pas là des meubles qui garnissent les lieux loués.

Les meubles qui n'appartiennent pas au locataire sont compris dans le privilége, si le propriétaire ignore de bonne foi qu'ils appartiennent à des tiers ; mais on pourra prouver par tous moyens qu'il savait que les meubles n'appartenaient pas au locataire. Il n'aurait pas de privilége sur les effets dont l'introduction dans la maison est une conséquence de la profession du locataire ; par exemple, sur les effets des voyageurs déposés dans une auberge, sur le linge remis à une blanchisseuse, sur les montres confiées à un horloger, etc.

Lorsqu'une vente d'effets mobiliers non payés a été faite sans terme, le vendeur peut revendiquer ces effets tant qu'ils sont en la possession de l'acheteur, et en empêcher la revente, pourvu que la revendication soit faite dans la huitaine de la livraison, et que les effets se trouvent dans le même état dans lequel cette livraison a été faite. Le privilége du vendeur ne s'exerce toutefois qu'après celui du propriétaire de la maison ou de la ferme, à moins qu'il ne soit prouvé que le propriétaire avait connaissance que les meubles et autres objets garnissant sa maison ou sa ferme n'appartenaient pas au locataire.

§ 2, Saisie-gagerie.

Les propriétaires et principaux locataires des maisons ou biens ruraux, que le bail soit authentique, sous seing privé ou verbal, peuvent un jour après le commandement, et sans permission du juge, faire saisir-gager, pour loyers et fermages échus, les effets et fruits étant dans lesdites maisons ou bâtiments ruraux et sur les terres. — Ils peuvent même faire saisir-gager à l'instant, en vertu de la permission qu'ils en auront obtenue, sur requête du juge de paix ou du président du tribunal de première instance, suivant que les loyers ou fermages n'excèdent pas ou excèdent annuellement 400 fr. — Ils peuvent aussi saisir les meubles qui garnissaient la maison ou la ferme, lorsqu'ils ont été déplacés sans leur consentement; et ils conservent sur eux leur privilége, pourvu qu'ils en aient fait la revendication : savoir, lorsqu'il s'agit du mobilier qui garnissait une ferme, dans le délai de quarante jours; et dans celui de quinzaine, s'il s'agit de meubles garnissant une maison.

Peuvent les effets des sous-fermiers et sous-locataires, garnissant les lieux par eux occupés, et les fruits des terres qu'ils sous-louent, être saisis-gagés pour les loyers et fermages dus par le locataire ou fermier de qui ils tiennent; mais ils obtiendront mainlevée s'ils ont payé sans fraude, et sans qu'ils puissent opposer les payements faits par anticipation. (Voyez section 7, § 4.)

Ne peuvent être saisis-gagés : 1° les objets que la loi déclare immeubles par destination : ils ne peuvent être compris que dans une saisie immobilière; 2° le coucher nécessaire aux saisis, à ceux de leurs enfants vivant avec eux; les habits dont les saisis sont vêtus et couverts.

La saisie-gagerie se fait par le ministère d'un huissier, et il ne peut être procédé à la vente des effets saisis-gagés qu'autant que la saisie a été validée par un jugement du président du tribunal de première instance ou du juge de paix, suivant que le prix annuel des locations ou fermages excède ou n'excède pas 400 francs. Cette vente se fait suivant des formes particulières déterminées par le code de procédure.

§ 3. Saisie-exécution et saisie-brandon.

La *saisie-exécution* est la saisie exécutée par un créancier sur les meubles et effets mobiliers de son débiteur; la *saisie-brandon* est la saisie opérée par un créancier sur les fruits pendants par racines appartenant à son débiteur.

Quand le bail est authentique, le bailleur peut, un jour après le commandement, faire procéder à la saisie-exécution des meubles et effets mobiliers, et à la saisie-brandon des récoltes du preneur.

Quand le bail est sous seing privé ou verbal, le bailleur doit préalablement faire assigner le preneur en payement des loyers ou fermages échus; car nous avons déjà dit que les actes authentiques seuls sont exécutoires par eux-mêmes, et que l'exécution des autres doit être demandée en justice. Le magistrat compétent est le président du tribunal de première instance ou le juge de paix, suivant que les loyers ou fermages excèdent ou n'excèdent pas annuellement 400 francs.

La saisie-exécution et la saisie-brandon se font par le ministère d'un huissier, et la vente des effets saisis s'opère suivant des formes particulières déterminées par le code de procédure.

La saisie-brandon ne peut être faite que dans les six semaines qui précèdent l'époque ordinaire de la maturité des fruits.

Ne peuvent être compris dans une saisie-exécution les objets que la loi déclare immeubles par destination (ils ne peuvent être compris que dans une saisie immobilière). Ne peuvent non plus être saisis pour aucune créance le coucher nécessaire aux saisis, à ceux de leurs enfants vivant avec eux, les habits dont les saisis sont vêtus et couverts.

§ 4. Saisie-arrêt ou opposition.

Le bailleur peut encore, en vertu d'un bail authentique ou sous seing privé, saisir-arrêter entre les mains d'un tiers les sommes et effets appartenant au preneur, ou s'opposer à leur remise. S'il n'y a pas de bail écrit, le juge du domicile du preneur, et même celui du tiers saisi, peuvent, sur requête, permettre la saisie-arrêt et opposition.

CHAPITRE II.

RÈGLES PARTICULIÈRES AUX BAUX A LOYER.

SECTION I. — OBLIGATION DE GARNIR DE MEUBLES LES LIEUX LOUÉS.

Le locataire qui ne garnit pas la maison de meubles suffisants peut être expulsé, dit l'art. 1752 du code Napoléon, à moins qu'il ne donne des sûretés capables de répondre du loyer.

Que doit-on entendre par les expressions de *meubles suffisants?* Lorsque le bail a été fait pour plusieurs années, les meubles affectés au privilége doivent-ils avoir une valeur assez considérable pour garantir le payement de toutes les années du bail? Ce serait évidemment trop exiger. On doit tenir grand compte de l'usage des lieux. D'après l'ancienne coutume de Paris, le mobilier devait répondre de quatre termes (un an), et cet ancien usage semble devoir y être encore suivi aujourd'hui; suivant d'autres coutumes, les meubles devaient représenter une valeur égale au terme courant, au terme à échoir, et aux frais de vente judiciaire. On doit d'ailleurs avoir égard à la profession du preneur, quand elle était connue du bailleur;

5

par exemple, un artisan garnit *suffisamment* la maison, quand il y apporte les outils nécessaires à sa profession, et l'on ne peut exiger de lui un riche mobilier; c'est au bailleur à exiger d'autres sûretés, s'il le croit nécessaire : par exemple, à se faire payer d'avance, ou à demander une caution ou un gage.

Quand on loue un appartement *garni*, il est clair que l'obligation de *garnir* les lieux ne subsiste plus; souvent, dans ce cas, le propriétaire se fait payer le loyer d'avance.

Le locataire ne peut, dans le cours du bail, enlever les meubles qu'il a apportés pour garnir la maison, ou du moins il faut qu'il en laisse suffisamment pour répondre du loyer; autrement, la règle qui prescrit au locataire de garnir la maison de meubles suffisants serait illusoire.

Le locataire qui ne satisfait pas à l'obligation dont il s'agit peut fournir d'ailleurs des sûretés capables de répondre du loyer, comme un gage, une caution, une hypothèque. S'il ne les fournit pas, il peut, comme nous l'avons dit, être expulsé, et cela, sur un simple référé, et sans qu'il soit besoin de recourir à une action en résiliation de bail.

SECTION 2. — RÉPARATIONS LOCATIVES.

Il y a, avons-nous dit chapitre I, section 8, § 2, trois espèces de réparations : les *grosses réparations*, les *réparations de gros entretien* et les *réparations de menu entretien* ou *réparations locatives*.

Les réparations locatives sont, en général, à la charge du preneur, s'il n'y a clause contraire, à moins que' les dégradations ne soient occasionnées par vétusté ou par force majeure [1], ou par le vice de la matière, ou par un défaut de construction : dans ces cas, c'est au preneur à prouver que les dégradations proviennent d'une des causes qui l'exemptent des réparations locatives; cette preuve faite, les réparations locatives sont à la charge du propriétaire.

Actuellement, quelles sont les réparations réputées *locatives*, ou *de menu entretien*, en matière de baux à loyer ?

Les réparations locatives, ou de menu entretien, sont celles qui sont réputées telles par l'usage des lieux, et notamment celles à faire :

1° Aux âtres, contre-cœurs, chambranles et tablettes des cheminées, peu importe que les chambranles et les tablettes soient en bois, en pierre ou en marbre; aux croissants placés des deux côtés du foyer pour retenir les pincettes.

2° Au récrépiment du bas des murailles des appartements et autres lieux d'habitation, à la hauteur de 1 mètre.

3° Aux pavés et carreaux des chambres, lorsqu'il y en a seulement quelques-uns de cassés, mais non pas lorsque tous les carreaux ou le plus grand nombre sont cassés; aux parquets, lorsque quelques

---

[1] Les vols opérés de nuit ou avec effraction sont regardés comme des faits de force majeure.

panneaux seulement ont été brisés, mais non pas
lorsque le parquet se trouve détérioré en totalité ou
en grande partie.—Si les chambres ne sont ni par-
quetées, ni carrelées, les trous qui se font dans le
plâtre ne sont pas des dégradations à la charge du
locataire, parce qu'ils ont lieu par le moindre frotte-
ment, et sans sa faute.—Ces règles sont également
applicables aux marches des escaliers, aux pavés
des cuisines, des offices et des petites cours où il
n'entre pas de voitures : cependant si les pavés, au
lieu d'être cassés, n'étaient qu'ébranlés, la dégradation pourrait être attribuée aux intempéries de
l'air, aux gouttières, aux égouts, au lavage qu'il
est nécessaire de faire ; dès lors la réparation serait
à la charge du propriétaire. —Quant aux pavés des
grandes cours ou des écuries, dans lesquelles il
entre des voitures ou des chevaux, quand ils sont
cassés ou ébranlés, la faute n'en doit pas être attribuée au locataire, et la réparation est à la charge
du bailleur.

4° Aux vitres, à moins qu'elles ne soient cassées
par la grêle ou autres accidents extraordinaires et
de force majeure, dont le locataire ne peut être tenu.
— Le lavage des vitres est aussi à la charge du
locataire, attendu qu'il est présumé les avoir reçues
propres.

5° Aux portes, croisées, planches de cloison ou
de fermeture de boutique, gonds, targettes et serrures; aux contrevents, aux volets, aux jalousies,
aux persiennes, aux chambranles des portes. — Le
locataire qui fait établir une chatière dans une porte

est obligé de faire mettre une planche neuve à la place de celle où le trou a été pratiqué.

Le ramonage des cheminées est aussi à la charge du locataire; et si, par la négligence de celui-ci, le feu prenait à la cheminée, il serait responsable du dommage. — Le ramonage n'est pas, à proprement parler, une réparation; c'est un soin que doit avoir celui qui jouit *en bon père de famille.*

Le locataire est responsable de la cassure des glaces incorporées à l'appartement, des sculptures, dessus de portes ou autres tableaux, bordures ou autres ornements.

Sont encore réputées réparations locatives le raccommodage des ressorts, mouvements, fils de fer, cordons de sonnette; le dégorgement des tuyaux de descente en plomb ou en grès, les réparations aux râteliers et réparations dans les écuries; les réparations aux cordes et aux seaux qui servent à tirer l'eau des puits, ainsi qu'aux poulies, mains de fer, et autres accessoires des puits. — Quant au curement des puits, il est, comme celui des fosses d'aisances, à la charge du bailleur, à moins de convention contraire.

Le locataire doit entretenir, dans le jardin, les allées sablées, les parterres, les plates-bandes, les bordures et les gazons. A l'égard des arbres et des arbrisseaux, il y a dissentiment entre les auteurs; les uns enseignent qu'ils doivent être rendus en même nombre qu'au commencement du bail; suivant les autres, le locataire n'en est responsable que dans le cas où il est établi qu'ils ont péri par sa faute. A l'égard des treillages et des berceaux, le locataire doit réparer ce qui a été cassé par son fait ou celui des personnes de sa maison, et non ce qui a été abîmé par la tempête ou un long usage. A l'égard des bassins et jets d'eau, le locataire n'est pas responsable, à moins qu'il n'y ait négligence de sa part. Enfin, à l'égard des vases et des bancs, s'ils sont en marbre, en pierre ou en terre cuite, le locataire n'est pas responsable, parce que les dégradations peuvent être attribuées aux intempéries de l'air ; et s'ils sont en faïence, en fer ou en bois, il est responsable, parce que les dégradations sont vraisemblablement causées par sa faute.

Quand deux ou plusieurs locataires occupent en commun la même maison, et qu'ainsi il y a des choses, telles que l'escalier, la cour, qui sont à l'usage de tous, à la charge de qui sont les réparations locatives ? Quand on connaît l'auteur de la dégradation, pas de difficulté : c'est lui qui doit réparer le dommage ; mais si on ne le connaît pas, les locataires sont-ils responsables ? Oui, suivant Pothier, qui estime que le propriétaire pourrait actionner tous les locataires, et les faire condamner solidairement à réparer le dommage, sauf leur recours entre eux ; — non, suivant Goupy, en ses notes sur Desgodets, qui admet qu'en ce cas le propriétaire est responsable, attendu qu'il ne peut s'adresser à un locataire plutôt qu'à un autre ; et ce sentiment est partagé par M. Duvergier et par M. Troplong.

C'est ordinairement à la fin du bail que le locataire fait les réparations ; cependant si, dans le cours même du bail, le défaut de réparations pouvait porter préjudice à la propriété, par exemple, si des vitres ou des volets cassés laissaient pénétrer l'eau dans l'appartement, il est clair que le propriétaire aurait le droit d'exiger que les réparations eussent lieu immédiatement.

Rien ne s'opposerait à ce qu'il fût stipulé dans le bail que toutes les réparations, *grosses réparations*, *réparations de gros entretien* et *réparations locatives*, seront à la charge du locataire, comme on pourrait stipuler aussi que le propriétaire sera chargé de toutes les réparations, même locatives. Ce n'est qu'en l'absence de toute stipulation à cet égard que les réparations locatives ou de menu entretien sont à la charge du locataire, et toutes les autres réparations à la charge du propriétaire.

Les actions pour réparations locatives sont de la compétence des juges de paix.

SECTION 3. — DURÉE DU BAIL, TERMES, CONGÉS.

§ 1. Distinction entre le bail à durée déterminée et le bail à durée indéterminée.

La durée du bail dépend des conventions des parties (voy. chap. I, sect. 7), mais il arrive souvent que le bail est fait sans fixation de terme, surtout quand le bail est verbal. On doit donc distinguer le bail fait pour une durée déterminée (ordinairement, mais pas toujours bail rédigé par écrit), et le bail fait pour une durée indéterminée (ordinairement, mais pas toujours verbal). Et observons, avant d'aller plus loin, qu'en matière de congé et de cessation de bail, quand la loi emploie les expressions de *bail écrit*, il faut entendre *bail fait pour une durée déterminée*, peu importe que l'écriture ait été ou non employée pour arrêter la convention ; et que quand la loi emploie les expressions de *bail sans écrit*, il faut entendre *bail à durée indéterminée*, peu importe encore que le bail soit ou non rédigé par écrit.

§ 2. Nécessité des congés.

Ceci bien entendu : 1° le bail dont la durée a été déterminée (qualifié par la loi de bail par écrit) cesse de plein droit à l'expiration du terme fixé, sans qu'il soit nécessaire de donner congé (voy. toutefois sect. 4, *De la tacite réconduction*) ; 2° le bail fait pour une durée indéterminée (qualifié par la loi de bail sans écrit) est censé fait suivant l'usage des lieux, et l'une des deux parties ne peut donner congé à l'autre qu'en observant les délais fixés par cet usage.

§ 3. Délais des congés ; termes ou époques des payements ; délais de grâce.

A Paris, le bail fait sans écrit est censé fait ainsi qu'il suit : 1° quand le prix du loyer est de 400 fr. et au-dessous, pour trois mois ; 2° quand le prix du loyer dépasse 400 fr., pour six mois ; 3° quand il s'agit de boutiques donnant sur la rue, ou de

corps de logis entier, ou de logements d'institu-
teurs, de commissaires de police et de juges de
paix, pour un an.—Les baux commencent et finis-
sent aux époques ci-après : 1ᵉʳ janvier, 1ᵉʳ avril,
1ᵉʳ juillet, 1ᵉʳ octobre. — Le congé se donne :
1° pour les appartements de 400 fr. et au-dessous,
six semaines d'avance, par exemple, le 14 mai
pour sortir le 1ᵉʳ juillet ; 2° pour les appartements
au-dessus de 400 fr., à quelque somme que s'élève
le loyer, trois mois d'avance, par exemple, le
31 mars pour sortir le 1ᵉʳ juillet ; 3° pour un corps
de logis entier et une boutique donnant sur la
rue, quel que soit le prix de location, six mois d'a-
vance, par exemple, le 31 décembre pour sortir le
1ᵉʳ juillet. — Le congé doit être donné aux commissaires de police, juges de paix, au moins six
moins d'avance, quand même ils n'occuperaient
pas une maison entière ; mais ces mêmes personnes
sont-elles obligées elles-mêmes de donner congé
six mois d'avance au bailleur, ou peuvent-elles
donner ce congé trois mois d'avance ? L'usage n'est
pas bien fixé sur ce point. — A Paris encore, les
termes, c'est-à-dire les époques de payement, sont
de trois mois en trois mois pour les appartements,
et de six mois en six mois pour les boutiques. —
Pour le payement des loyers comme pour le délai
des congés, il est accordé un délai qui est 1° pour
les logements de 400 fr. et au-dessous, de huit
jours ; 2° pour les logements au-dessus de 400 fr.,
ainsi que pour les boutiques et corps de logis entier,
de quinze jours. Par conséquent, le locataire n'est

5.

obligé à rendre les clefs que le 8 ou le 15 du mois, avant midi, ou la veille, si le 8 ou le 15 est un jour férié. C'est pour faciliter les déménagements et les réparations locatives qu'est accordé ce délai de grâce.

Pour calculer le montant du loyer, et savoir s'il dépasse ou non 400 fr., et, en conséquence, si le délai du congé est de six semaines ou de trois mois, et si le délai de grâce est de huit ou de quinze jours, il ne faut pas ajouter au loyer l'impôt des portes et fenêtres à la charge du locataire, mais il faut y ajouter le sou pour franc payé au portier. Par exemple, le prix d'une location étant de 390 fr., le sou pour franc donné au portier produit une somme de 19 fr. 50 cent. à ajouter au prix principal, et le prix total est de 409 fr. 50 cent. Par suite, le congé doit se donner six mois d'avance, et le délai de grâce pour déménager est de quinze jours.

En province, les époques de renouvellement des baux sont ordinairement : Noël (25 décembre), la Saint-Jean (24 juin), le 21 mars et le 21 septembre. Les baux sont, dans beaucoup de localités, censés faits pour un an, et alors le congé doit se donner six mois d'avance. Dans d'autres lieux, les baux sont censés faits pour six mois, et alors le congé doit se donner trois mois d'avance.

Dans tous les cas, c'est toujours l'usage des lieux qui règle le délai des congés dans les baux sans écrit, c'est-à-dire dans les baux d'une durée indéterminée. La décision donnée par un tribunal sur ces usages locaux ne peut donner ouverture à cassation.

§ 4. Forme des congés.

Le congé peut se donner par acte d'huissier, ou par acte sous seing privé, ou verbalement.

Le congé donné par huissier doit être signifié par le locataire au propriétaire, ou par le propriétaire au locataire, à personne ou à domicile, quand même ce domicile ne serait pas la maison louée.

Il est bon que le congé donné par acte sous seing privé soit fait en double : de cette manière, il contiendra les engagements réciproques du propriétaire de laisser sortir, et du locataire de sortir, à l'époque convenue ; et aucune des deux parties ne pourra se soustraire à la convention, puisque chacune d'elles, en conservant un original de l'acte, en aura la preuve entre les mains.

Cependant un congé n'est pas, à proprement parler, un acte synallagmatique qui nécessite le concours des volontés des deux parties, chacune d'elles pouvant, malgré l'autre, user de son droit de donner congé ; dès lors il n'est pas absolument nécessaire à la validité de l'écrit qu'il soit fait en double, puisque cette formalité n'est exigée que pour les actes synallagmatiques. Ainsi, la partie qui donnera congé à l'autre pourra se borner à faire signer à celle-ci un acte constatant l'acceptation du congé. (Voyez chap. VII, *Formules d'actes.*) — L'acceptation de congé par le propriétaire se met souvent sur la quittance du locataire, et le congé donné par le propriétaire peut aussi s'écrire sur cette quittance : de cette façon, le locataire a la preuve du congé donné, et le propriétaire l'a aussi, à moins que le locataire, en refusant de montrer la quittance, n'aime mieux payer deux fois.

Quand un congé a été donné, soit par écrit, soit verbalement, il est valable, alors même qu'il n'aurait pas été accepté, si d'ailleurs son existence n'est pas déniée ; mais si l'existence du congé est déniée, la preuve n'en peut être faite par témoins, quand même il s'agirait d'un loyer inférieur à 150 fr., et qu'il existerait un commencement de preuve par écrit. — Seulement, celui qui prétend avoir donné un congé peut déférer le serment à celui qui nie l'avoir reçu, ou le faire interroger sur faits et articles.

Celui qui donne par écrit un congé peut se rétracter, si celui qui a reçu ce congé déclare ne pas l'accepter ou ne donne aucune réponse.

Lorsqu'un locataire a cédé son bail, et que la cession a été notifiée au propriétaire, c'est au cessionnaire, s'il est en possession, que le bailleur doit signifier les congés.

Le congé donné par un copropriétaire indivis, en son nom seul, est valable, si les autres copropriétaires ne le désavouent pas, parce que, dans ce cas, on présume facilement un mandat tacite ; mais, à l'inverse, si plusieurs locataires se sont obligés solidairement à l'exécution d'un bail, le congé donné par l'un ou plusieurs d'entre eux est insuffisant ; il faut le consentement de tous.

Le congé peut être valablement donné ou accepté par celui qui a l'administration de la chose louée, quand même il n'en serait pas propriétaire; car le congé n'est qu'un acte d'administration.

§ 5. De l'effet des congés, et des moyens de les mettre à exécution.

Le dernier jour de grâce étant arrivé, c'est-à-dire le huitième jour s'il s'agit d'un loyer de 400 fr. ou au-dessous, et le quinzième jour s'il s'agit d'un loyer au-dessus de 400 fr., ou d'une boutique donnant sur la rue, ou d'un corps de logis entier, à l'heure de midi au plus tard, le locataire doit rendre les lieux en bon état de réparations locatives, payer le loyer, justifier de la quittance de son imposition personnelle et de sa patente, remettre les clefs et se retirer. Comme le propriétaire, en recevant les clefs, reconnaît par là que le locataire a rempli toutes ses obligations, celui-ci fait bien de s'en faire donner une décharge.

Lorsque la partie à qui le congé a été donné en conteste la validité, celle qui a donné le congé doit l'assigner devant les tribunaux. Si la location n'excède pas annuellement 400 fr., la demande en validité de congé se porte devant le juge de paix; si la location excède 400 fr., la demande se porte devant le tribunal de première instance.

Mais il peut arriver que, sans contester la vali-

dité du congé, ou après que la validité a été prononcée en justice, la partie à laquelle le congé a
été signifié oppose une résistance de fait : alors
l'adversaire l'assigne en référé devant le président
du tribunal de première instance, ou devant le juge
de paix, suivant que le loyer excède ou n'excède
pas 400 fr., et le juge ordonne l'exécution du congé.
Si c'est le propriétaire qui refuse l'exécution du
congé, le juge ordonne de laisser sortir le locataire
avec ses meubles; si c'est le locataire qui refuse de
sortir, le juge ordonne son expulsion et permet de
faire ouvrir, au besoin, les portes par un serrurier,
en présence du juge de paix, ou du commissaire
de police, ou du maire, ou de l'adjoint, et de
deux témoins : alors l'huissier, après avoir com-
mandé au locataire d'exécuter l'ordonnance du
juge, l'exécute lui-même, en expulsant le locataire
et en mettant ses meubles sur le carreau.

Si, au moment de vider les lieux, le locataire
se refuse à payer les loyers échus et les frais de
poursuite, l'huissier saisit et séquestre les meubles;
— s'il paye, mais sans avoir fait les réparations
locatives, l'huissier le somme de laisser la somme
suffisante à cet effet, et sur son refus, le juge des
référés ordonne la séquestration des meubles, qui
est opérée par l'huissier, après qu'il en a dressé un
état.

Quand il existe entre le propriétaire et le locataire des contestations qui ne sont pas terminées pour le terme, le juge peut d'office prolonger la durée du bail et déclarer le congé donné

pour un terme valable seulement pour le terme suivant.

§ 6. De l'usage d'enlever les portes et les fenêtres de l'appartement du locataire insolvable.

Un usage pratiqué dans plusieurs localités, c'est d'enlever, à l'expiration du terme, les portes et les fenêtres de l'appartement du locataire insolvable, en présence d'un huissier requis à cet effet. De cette façon, le propriétaire, en rendant les lieux inhabitables, force le locataire à les quitter, sans être obligé de recourir à la justice. Quelques jurisconsultes, et même certains tribunaux, condamnent cette pratique comme barbare ; cependant elle est légale, puisque le propriétaire use simplement de son droit de propriété sans exercer la moindre violence sur la personne du locataire. C'est ce qui a été décidé par un arrêt de la cour de Nancy, rendu sous la présidence de M. Troplong.

SECTION 4. — DE LA TACITE RÉCONDUCTION.

§ 1. Ce que c'est que la tacite réconduction.

Nous avons dit que le bail écrit (bail à durée limitée) cessait de plein droit à l'expiration du terme fixé, sans qu'il soit nécessaire de donner congé. Cependant, si le locataire d'une maison ou d'un appartement continue sa jouissance après l'expiration du bail écrit, il est censé les occuper

aux mêmes conditions jusqu'au terme fixé par
l'usage des 'lieux, et ne peut plus en sortir ni en
être expulsé qu'après un congé donné, suivant le
délai fixé par cet usage. — Ce nouveau bail, qui
résulte d'un accord tacite et présumé entre le propriétaire et le locataire, se nomme *tacite réconduction*.

§ 2. Comment se forme la tacite réconduction.

Combien doit avoir duré la possession depuis
l'expiration du bail pour qu'il y ait tacite réconduction ? La loi ne fixe aucun laps de temps. Il faut
que la possession ait lieu au vu et au su du propriétaire, et non d'une manière furtive, et que
l'ensemble des circonstances indique suffisamment
le consentement du propriétaire à laisser le locataire en jouissance. Quelques jours de tolérance ne
suffisent pas ; c'est à la sagesse du juge qu'il appartient, dans le silence de la loi, de décider, dans
chaque cas particulier, si la continuation de jouissance a été assez longue pour imprimer à la possession nouvelle le caractère de tacite réconduction.

Le preneur, pour éviter la tacite réconduction,
agira prudemment en quittant les lieux au terme
fixé par la convention ; — et de son côté le bailleur
qui veut éviter la tacite réconduction fera bien de
faire signifier au locataire une sommation de quitter
les lieux. Lorsque cette sommation a été signifiée,
le preneur, quoiqu'il ait continué sa jouissance,
ne peut invoquer la tacite réconduction. — Cette

sommation se nomme aussi *congé*. Mais il faut se garder de confondre le congé donné pour éviter la tacite réconduction, avec le congé donné pour faire cesser les baux sans écrit (à durée indéterminée) : ce dernier doit être donné dans les délais dont nous avons parlé plus haut, tandis que la sommation dont nous parlons ici est donnée en temps utile, pourvu qu'entre l'expiration du bail et cette sommation il ne se soit pas écoulé assez de temps pour faire présumer la tacite réconduction.

Cependant, si, après la signification d'un congé, le preneur restait un temps *assez considérable* en possession des lieux loués, la tacite réconduction aurait lieu, attendu que le propriétaire serait présumé avoir changé d'avis et consenti à un nouveau bail. — De même, quand dans un bail est insérée la clause « que la tacite réconduction n'aura pas lieu, quoique aucun congé ne soit signifié, » la tacite réconduction ne s'opérerait pas par la seule circonstance que le preneur aurait occupé les lieux loués quelques jours après l'expiration du bail ; mais s'il les occupait pendant un laps de temps *assez considérable* depuis l'expiration du bail, il y aurait présomption que le propriétaire a renoncé, comme cela arrive souvent, à une clause du bail, et la tacite réconduction s'opérerait.

La tacite réconduction étant un nouveau bail, il faut, pour qu'il puisse légalement s'opérer, que les deux parties soient capables de contracter. Donc, si, après l'expiration du bail écrit, l'une d'elles était interdite ou ne laissait que des mineurs non pourvus de tuteurs, la tacite réconduction ne pourrait s'opérer ; seulement, le locataire laissé un certain temps en possession des lieux devrait payer la va- leur de cette location.

Actuellement, revenons sur les effets de la tacite réconduction.

§ 3. Effets de la tacite réconduction.

Par l'effet de la tacite réconduction, avons-nous vu plus haut, le locataire est censé occuper la mai- son aux mêmes conditions jusqu'au terme fixé par l'usage des lieux, et ne peut plus en sortir ni en être expulsé qu'après un congé donné suivant le délai fixé par cet usage.—Nous avons fait connaître, dans la section précédente, l'usage de Paris relati- vement au délai dans lequel doivent être signifiés les congés ; ce sont ces mêmes délais, d'après le principe ci-dessus énoncé, qui sont applicables aux congés à donner dans les baux contractés par tacite réconduction.

Le bail opéré par tacite réconduction étant conclu *aux · mêmes conditions* que le bail primitif, il en résulte que le prix reste le même, ainsi que les obli- gations respectives du bailleur et du preneur.

Dans le cas où la continuation de possession du preneur opère la tacite réconduction, et dans le cas aussi où le preneur a continué sa jouissance, sans pouvoir invoquer la tacite réconduction, parce qu'il y a eu un congé signifié, la caution donnée pour le bail ne s'étend pas aux obligations résultant de la prolongation.

SECTION 5. — EXAMEN DE DEUX CAS PARTICULIERS.

§ 1. Cas où la résiliation d'un bail à loyer s'opère par la faute du locataire.

En cas de résiliation par la faute du locataire, dit l'art. 1760 du code Napoléon, celui-ci est tenu de payer le prix du bail pendant le temps nécessaire à la relocation, sans préjudice des dommages-intérêts qui ont pu résulter de l'abus. — Il y a donc là deux indemnités distinctes à payer par le locataire, la première réglée par la loi, et la seconde laissée à l'appréciation du juge.

§ 2. Cas où le propriétaire vient occuper lui-même la maison louée.

Le bailleur, dit l'art. 1761 du code Napoléon, ne peut résoudre la location, encore qu'il déclare vouloir occuper par lui-même la maison louée, s'il n'y a eu convention contraire. — Il faut savoir que, dans notre ancienne jurisprudence, le propriétaire pouvait au contraire résoudre la location, en déclarant qu'il voulait occuper par lui-même la maison louée; et c'est l'abrogation de ce droit exorbitant du propriétaire qu'a prononcé l'article ci-dessus du code.

S'il a été convenu dans le contrat de louage que le bailleur pourrait venir occuper la maison, il est tenu de signifier d'avance un congé aux époques déterminées par l'usage des lieux. Le bailleur, en venant occuper la maison après avoir signifié le congé en temps utile, ne doit point de dommages-intérêts au preneur, car il use d'un droit qu'il s'est réservé.

Mais si le bailleur, au lieu d'habiter lui-même, relouait à une autre personne, il est clair qu'il serait passible de dommages-intérêts; car il éluderait le sens des clauses du bail.

La faculté de venir occuper la maison, quand elle a été stipulée, passe aux héritiers du bailleur.

SECTION 6. — BAIL D'UN APPARTEMENT MEUBLÉ; HOTELS GARNIS, AUBERGES, ETC.

§ 1. Durée du bail.

« Le bail d'un appartement *meublé*, dit l'art. 1758 du code Napoléon, est censé fait à l'année, quand il a été fait à tant par an ; au mois, quand il a été fait à tant par mois; au jour, quand il a été fait à tant par jour. — Si rien ne constate que le bail soit fait à tant par an, par mois ou par jour, la location est censée faite suivant l'usage des lieux. » — Ce n'est donc que dans le cas prévu par le second paragraphe de cet article que l'usage des lieux doit être suivi. — A Paris, l'usage des lieux est de considérer les appartements garnis comme loués pour un terme de quinze jours.

Remarquez que la règle posée par l'art. 1758 ne s'applique qu'aux appartements meublés, et non pas aux appartements non meublés.

La location d'un appartement meublé finit au

temps convenu, sans qu'il soit besoin de congé pour la faire cesser.

§ 2. Obligations des maîtres d'hôtel garni, aubergistes, etc.

Les maîtres d'hôtel garni, aubergistes, ont les mêmes obligations que les propriétaires ordinaires; mais, en outre, ils en ont d'autres particulières à leur état, et qui sont des *obligations de police* ou *de sûreté générale.*

Les personnes qui veulent exercer l'état de maître d'hôtel garni, d'aubergiste ou de logeur en garni, sont tenues d'en faire préalablement la déclaration à la préfecture de police (aux commissaires de police et aux maires dans les autres villes que Paris).

Elles doivent avoir un registre sur papier timbré pour y inscrire toutes les personnes qui viendront loger dans leur maison. — Ce registre doit être coté et paraphé par le commissaire de police du quartier.

Ces personnes doivent, en outre, placer au-dessus de la porte de leur maison, en lieu apparent et en gros caractères, un tableau indicatif de l'état qu'elles exercent.

Il est enjoint aux maîtres d'hôtel garni, aubergistes et logeurs de profession, d'inscrire sur leur registre, jour par jour, de suite, sans aucun blanc ni interligne, les nom, prénoms, âge, qualité, domicile habituel et profession de tous ceux qui couchent chez eux. — Ce registre doit indiquer la date de leur entrée et de leur sortie.

Ils sont obligés de représenter leur registre à toute réquisition, soit aux commissaires de police qui doivent le viser, soit aux officiers de paix ou aux préposés de la préfecture de police, qui peuvent aussi le viser (ou aux maires ou adjoints dans les communes).

Sont punis d'amende, depuis 6 fr. jusqu'à 10 fr. inclusivement, les aubergistes, hôteliers, logeurs ou loueurs de maison garnie qui auraient négligé d'inscrire de suite, et sans aucun blanc, sur un registre tenu régulièrement, les nom, qualité, domicile habituel, dates d'entrée et de sortie de toute personne qui aurait couché ou passé une nuit dans leur maison ; ceux d'entre eux qui auraient manqué à représenter ce registre aux époques dé-terminées par les règlements, ou, lorsqu'ils en au-raient été requis, aux maires, adjoints, officiers ou commissaires de police, ou aux citoyens commis à cet effet. — La peine de l'emprisonnement pendant cinq jours au plus est toujours prononcée en cas de récidive.

Les aubergistes et hôteliers convaincus d'avoir logé plus de vingt-quatre heures quelqu'un qui, pendant son séjour, aurait commis un crime ou un délit, sont civilement responsables des resti-tutions, des indemnités et des frais adjugés à ceux à qui ce crime ou ce délit aurait causé quelque dommage, faute par eux d'avoir inscrit sur leur registre le nom, la profession et le domicile du cou-pable, sans préjudice de leur responsabilité dans les cas suivants, savoir : les aubergistes ou hôteliers sont responsables, comme dépositaires, des effets apportés par le voyageur qui loge chez eux ; ils sont responsables du vol ou du dommage des effets des voyageurs, soit que le vol ait été fait ou que le dommage ait été causé par les domestiques et préposés de l'hôtellerie, ou par des étrangers allant et venant dans l'hôtellerie.

Ils ne sont pas responsables des vols faits avec force armée ou autre force majeure.

Si le vol a été commis par l'aubergiste ou l'hôtelier lui-même, ou par l'un de ses préposés, le coupable est puni de la peine de la réclusion. Les maîtres d'hôtel garni, les aubergistes et les logeurs de profession doivent porter chaque jour, au commissaire de police du quartier, le relevé par eux certifié de leur registre. Ils doivent porter également, tous les jours avant midi, au commissaire de police, les passe-ports des voyageurs français qui sont arrivés dans leurs auberge, hôtel ou maison garnie. — En échange de chaque passe-port, le commissaire de police leur remet un bulletin avec lequel les voyageurs se présentent, dans les trois jours de leur arrivée, à la préfecture de police, pour y retirer leurs passe-ports et obtenir un visa ou un permis de séjour.

Quant aux passe-ports des voyageurs étrangers à la France, ils sont laissés à la disposition de ces voyageurs, afin que, dans les trois jours de leur arrivée, ils puissent se faire reconnaître par l'ambassadeur, ministre, envoyé ou chargé d'affaires de leur gouvernement, et obtenir à la préfecture de police un *visa* ou un permis de séjour. — Le *visa*, ou permis de séjour, n'est accordé aux sujets des puissances représentées auprès de Sa Majesté que d'après la reconnaissance de leurs ambassadeurs, ministres, envoyés ou chargés d'affaires respectifs; et aux sujets des puissances non représentées, que sur une attestation de deux banquiers ou de deux citoyens notoirement connus.

Les logeurs et aubergistes qui, sciemment, inscrivent sur leur registre, sous des noms faux ou supposés, les personnes logées chez eux, encourent la peine d'un emprisonnement de six jours au moins et d'un mois au plus.

Sont punis d'amende, depuis 1 franc jusqu'à 5 francs, les aubergistes et autres qui, obligés à l'éclairage, l'auront négligé; ceux qui auront négligé de nettoyer les rues ou passages, dans les communes où ce soin est laissé à la charge des habitants. — La peine d'emprisonnement aura toujours lieu en cas de récidive, pendant trois jours au plus.

Les personnes qui se proposent de louer des appartements, portions d'appartement ou chambres meublés à des étrangers à la ville de Paris, même à des individus qui y font leur résidence habituelle, sont tenues d'en faire préalablement la déclaration à la préfecture de police. — Acte leur sera donné de cette déclaration.

Il leur est enjoint de faire exactement connaître au commissaire de police de leur quartier les nom, prénom, âge, qualité ou profession, et le lieu de résidence habituelle des étrangers ou autres logés chez elles, dans les vingt-quatre heures de leur arrivée.

Elles sont également tenues de faire la déclaration de leur sortie ; — le tout sous les peines de 6 francs à 10 francs d'amende, et d'emprisonnement de cinq jours en cas de récidive.

Elles encourent les mêmes responsabilités civiles que les maîtres d'hôtel garni.

§ 3. Obligations des locataires en garni.

Les locataires en garni ont les mêmes obligations que les autres locataires, et, en outre, ils ont des obligations spéciales à leur position.

Les locataires en garni doivent faire connaître au maître de la maison leurs nom, prénoms, âge, qualité, domicile habituel et profession, et lui remettre leurs passe-ports, quand même ils ne coucheraient qu'une seule nuit, afin que le maître d'hôtel puisse inscrire sur ses registres les indications qu'il lui est enjoint de noter.

Les personnes qui, antérieurement à leur arrivée dans une maison garnie, auraient obtenu des permis de séjour, sont tenues de les remettre, dans les vingt-quatre heures, au maître de la maison garnie dans laquelle ils viennent loger. — Celui-ci est tenu de les représenter, dans le même délai, au commissaire de police de son quartier.

Les ouvriers sont tenus, non-seulement de remettre leur passe-port, mais encore de justifier

6

d'un livret en règle ; de même les domestiques doivent être munis d'un certificat de bonne conduite délivré par le maître de chez qui ils sortent.

SECTION 7. — BAIL DES MEUBLES.

En général, le bail des meubles est régi par les règles que nous avons exposées au chapitre Ier : *Règles communes aux baux à loyer et aux baux à ferme.*

Ainsi le preneur d'objets mobiliers est tenu de jouir en bon père de famille et suivant la destination de la chose, et le bailleur est tenu de délivrer la chose louée avec ses accessoires, d'entretenir cette chose en état de servir à l'usage pour lequel elle a été louée, d'en faire jouir paisiblement le preneur. — S'il a été fait un état de la chose louée entre le bailleur et le preneur, celui-ci doit rendre la chose telle qu'il l'a reçue, suivant cet état, excepté ce qui a péri ou a été dégradé par vétusté ou force majeure. S'il n'a pas été fait d'état de la chose louée, le preneur est présumé l'avoir reçue en bon état, et, sauf la preuve contraire, doit la rendre telle. Il répond des dégradations et des pertes qui arrivent pendant sa jouissance, à moins qu'il ne prouve qu'elles ont eu lieu sans sa faute.

En ce qui concerne la preuve testimoniale, doit-on appliquer au bail des meubles la règle de droit commun qui autorise l'admission de cette preuve lorsqu'il s'agit d'une somme qui n'excède pas 150 fr., ou la règle qui n'autorise en aucun cas la preuve testimoniale en matière de bail ? On admet plus généralement la première opinion, mais la question est controversable.

Sous la rubrique des *règles particulières aux baux à loyer,* le code Napoléon contient sur le bail des meubles la règle suivante : « Le bail des meubles fournis pour garnir une maison entière, un corps de logis entier, une boutique, ou tous autres appartements, est censé fait pour la durée ordinaire des baux de maison, corps de logis, boutiques, ou autres appartements, suivant l'usage des lieux. » Ainsi le bail des meubles est censé fait pour la durée *ordinaire* des baux de maisons, corps de logis ou boutiques, *suivant l'usage des lieux,* et non pas pour la durée *réelle* du bail de la maison, du corps de logis, de la boutique ; car le bailleur de meubles peut ne pas connaître les conditions du bail de la maison.

Quand la durée d'un bail de meubles n'a pas été déterminée, les parties doivent, pour faire cesser le bail, se prévenir dans un délai raisonnable, mais qui n'a rien de fixe.

La tacite réconduction s'applique au bail des meubles comme à celui des immeubles. Ainsi quand des meubles ont été loués pour un temps déterminé, si, à l'expiration de ce temps, le locataire est laissé en possession, il se forme, en vertu de la volonté présumée des parties, un nouveau bail contracté aux mêmes conditions que le bail primitif ; ce bail de tacite réconduction, chacune des parties peut le faire cesser quand elle le juge à propos, le bailleur en redemandant, et le locataire en rendant ses meubles.

SECTION 8. — BAIL DE MINES, DE CARRIÈRES, DE MOULINS, D'USINES, DE CHANTIERS, D'EMPLACEMENTS POUR FOIRES ET MARCHÉS, ETC.

Les baux de mines, de carrières, de moulins, d'usines, de chantiers, d'emplacements pour foires et marchés, etc., sont considérés comme rentrant dans la catégorie des baux à loyer, et non pas dans celle des baux à ferme; c'est donc les règles ci-dessus exposées qui sont applicables à ces sortes de baux, et non pas celles qui seront données plus loin pour les baux à ferme : ces dernières règles ne s'appliquent qu'aux biens ruraux proprement dits.

SECTION 9. — DU PORTIER.

Pour terminer le chapitre des baux à loyer, il nous reste à dire quelques mots sur les obligations du portier.

Le portier doit recevoir les lettres adressées au locataire, même lorsqu'elles ne sont pas affranchies, si celui-ci n'a jamais mis de retard à rembourser le prix du port. — Il doit les remettre au locataire le plus tôt possible. — Il en est de même lorsqu'il s'agit d'autres papiers ou petits paquets, et notamment des exploits signifiés à un locataire : dans ce dernier cas, l'obligation résulte d'un texte formel de la loi.

Le portier doit ouvrir la porte au locataire à toute heure du jour et de la nuit, et le propriétaire n'a pas le droit de s'y opposer, à moins de convention formelle.

Il doit indiquer aux personnes qui se présentent l'entrée de l'appartement du locataire, et ne doit empêcher personne de monter chez celui-ci. Il doit être poli envers le locataire et ses gens. Enfin, il doit indiquer, s'il la connaît, la nouvelle adresse du locataire déménagé.

Faute de satisfaire à ces diverses obligations, le portier, et le propriétaire comme civilement responsable, peuvent être condamnés à des dommages-intérêts envers le locataire; et même, suivant la gravité des circonstances, le tribunal pourrait obliger le propriétaire à congédier son portier, ou prononcer la résiliation du bail, même avec dommages et intérêts.

Des diverses obligations imposées au portier par la nature même de son service, c'est celle d'ouvrir la porte au locataire à toute heure du jour *et de la nuit* qui pèse le plus au portier, et contre laquelle il regimbe le plus souvent. A Paris, notamment, beaucoup de portiers refusent d'ouvrir la porte au locataire qui rentre après minuit. Il y a même des propriétaires qui donnent au portier l'ordre ou l'autorisation d'agir ainsi; mais c'est là une vexation que le locataire n'est pas obligé de souffrir. Sans aucun doute, la clause d'un bail en vertu de laquelle il serait convenu que la porte de la maison doit rester fermée après minuit sonné serait licite et obligatoire ; mais en l'absence de toute stipulation, nous répétons que le locataire a le droit d'entrer et de sortir à toute heure.

A Paris, le portier prélève ordinairement une bûche par voie de bois qui entre à la maison ; cette espèce de dîme étant fondée sur un usage à peu près constant, le locataire fera bien de s'y soumettre. Qu'il n'oublie pas non plus les étrennes.

CHAPITRE III.

RÈGLES PARTICULIÈRES AUX BAUX A FERME.

SECTION I.— OBLIGATION POUR LE BAILLEUR DE GARANTIR LA CONTENANCE PORTÉE AU CONTRAT.

Si, dans un bail à ferme, on donne aux fonds une contenance moindre ou plus grande que celle qu'ils ont réellement, il y a lieu à augmentation ou diminution de prix pour le fermier, dans les cas et suivant les règles suivantes.

Si le bail d'un immeuble a été fait avec indication de la contenance, à raison de tant la mesure, le bailleur est obligé de délivrer au fermier, s'il l'exige, la quantité indiquée au contrat ; et si la chose ne lui est pas possible, ou si le fermier ne l'exige pas, le bailleur est obligé de souffrir une diminution proportionnelle de prix. — Si, au contraire, dans le même cas, il se trouve une contenance plus grande que celle affirmée au contrat, le fermier a le choix de fournir le supplément de prix, ou de se désister du contrat, si l'excédant est d'un vingtième au-dessus de la contenance déclarée.

Dans tous les autres cas, soit que le bail soit fait d'un corps certain et limité (par exemple, de telle pièce de terre, de telle vigne), soit qu'il ait pour objet des fonds distincts et séparés (par exemple, deux ou trois pièces de terre situées à tel endroit), soit qu'il commence par la mesure ou la désignation de l'objet loué suivie de la mesure (par exemple, tant d'hectares de pré, ou un pré de tant d'hectares), l'expression de cette mesure ne donne lieu à aucun supplément de prix en faveur du bailleur, pour l'excédant de mesure, ni en faveur du fermier, à aucune diminution de prix pour moindre mesure, qu'autant que la différence de la mesure réelle à celle exprimée au contrat est d'un vingtième en plus ou en moins, eu égard à la valeur de la totalité des objets loués, s'il n'y a stipulation contraire.

Dans le cas où, suivant l'alinéa précédent, il y a lieu à augmentation de prix pour excédant de mesure, le fermier a le choix, ou de se désister du contrat, ou de fournir le supplément de prix, et ce, avec les intérêts, s'il a gardé l'immeuble.

Dans tous les cas où le fermier a le droit de se désister du contrat, le bailleur est tenu de lui restituer, outre le prix, s'il l'a reçu, les frais de ce contrat.

L'action en supplément de prix de la part du

bailleur, et celle en diminution de prix ou en résiliation du contrat de la part du fermier, doivent être intentées dans l'année, à compter du jour du bail, à peine de déchéance.

S'il a été loué deux fonds par le même contrat, et pour un seul et même prix, avec désignation de la mesure de chacun, et qu'il se trouve moins de contenance en l'un et plus en l'autre, on fait compensation jusqu'à due concurrence ; et l'action, soit en supplément, soit en diminution de prix, n'a lieu que suivant les règles ci-dessus établies.

SECTION 2. — OBLIGATIONS DU FERMIER.

§ 1. Obligation de garnir le bien rural des bestiaux et ustensiles nécessaires à son exploitation.

Cette obligation de garnir le bien rural de bestiaux et ustensiles nécessaires à son exploitation, est analogue à celle qui est imposée au locataire de garnir de meubles suffisants les lieux loués ; mais elle n'a pas seulement pour objet de donner au bailleur une garantie du payement des fermages, mais aussi et surtout d'assurer une culture convenable. « Quoique les fruits de la terre répondent des fermages, dit Pothier, le fermier peut cependant être contraint à garnir la métairie des meubles aratoires et des bestiaux nécessaires pour la faire valoir, et cette obligation naît de la nature même du bail ; car étant obligé de jouir de la métairie en bon père de famille, et de la cultiver, il s'ensuit qu'il doit avoir tout ce qui est nécessaire pour la culture. »

Les bestiaux dont le fermier est tenu de garnir la ferme sont ceux qui sont exigés par le mode de culture, suivant l'usage des lieux, notamment ceux qui sont le plus propres à la culture, comme les chevaux et les bœufs, et ceux qui sont le plus propres à fournir des fumiers, comme les vaches et les moutons.

Les ustensiles dont le fermier est tenu de garnir la ferme sont également ceux qui sont exigés par le mode de culture, suivant l'usage des lieux.

Il arrive souvent qu'en affermant un bien rural le propriétaire fournit lui-même au fermier les bestiaux et ustensiles nécessaires à la culture, à la charge par celui-ci de les remettre à la fin du bail suivant l'état qui en a été dressé entre les parties.

La contrainte par corps ne peut plus être stipulée dans un acte de bail pour le fermage des biens ruraux. Néanmoins, les fermiers et les colons partiaires peuvent être contraints par corps, faute par eux de représenter, à la fin du bail, le cheptel de bétail, les semences et les instruments aratoires qui leur ont été confiés; à moins qu'ils ne justifient que le déficit de ces objets ne procède point de leur fait. (Art. 2062 du C. Nap., modifié par la loi du 13 décembre 1848 sur la contrainte par corps.)

L'obligation pour le fermier de garnir le bien rural des bestiaux et ustensiles nécessaires suppose que le bien rural renferme des bâtiments d'exploitation; s'il n'en renferme point, l'obligation est inexécutable.

§ 2. Obligation de ne point abandonner la culture.

Le preneur ne doit pas abandonner la culture des terres, parce que cet abandon les détériore et fait ainsi éprouver un préjudice au propriétaire.

Si un fermier quitte les lieux par l'effet d'une force majeure, par exemple pour fuir l'ennemi, il ne devra aucuns dommages-intérêts; mais, suivant les circonstances, le bailleur pourrait faire prononcer la résiliation.

Observons que l'obligation de ne pas abandonner la culture n'entraîne pas pour le fermier la nécessité d'habiter personnellement la ferme : il peut la faire exploiter par un premier garçon de labour, pourvu que son éloignement de la ferme ne soit pas un obstacle à ce qu'il vienne, en temps utile, surveiller les travaux.

§ 3. Obligation de cultiver en bon père de famille.

Le fermier doit cultiver en bon père de famille. Par exemple, le fermier d'une vigne doit la façonner en temps convenable, la bien fumer, la bien entretenir d'échalas, la provigner quand il est nécessaire, et généralement y apporter tous les soins qu'un bon vigneron apporterait à la sienne propre.

Le fermier d'une métairie ne doit divertir aucuns fumiers et aucunes pailles, tous les fumiers et toutes les pailles étant destinés à l'engrais des terres. Il n'est pas besoin de convention sur ce point dans le bail, parce que cette obligation est renfermée dans celle de jouir en bon père de famille, qui est imposée au fermier par la loi. Cependant, si la ferme produisait plus de paille qu'il n'en faut pour faire les fumiers, le propriétaire ne serait pas fondé à réclamer contre le fermier qui prouverait n'avoir vendu que le superflu. Tel est du moins le sentiment de M. Troplong et de M. Duvergier.

Les autres fourrages doivent, comme les pailles, être consommés dans le domaine et employés à la nourriture des bestiaux, même les fourrages produits par les prairies artificielles; cependant, il y a des localités où le foin peut être vendu par le fermier. Si cet usage est constant, le bailleur n'a aucun sujet de plainte.

Le fermier peut-il *dessoler* où *dessaisonner* les terres? Autrefois, le fait de dessaisonner était regardé comme un abus de jouissance; mais la science agricole paraît avoir reconnu aujourd'hui qu'au lieu de laisser les terres tous les trois ans en jachère, il est plus avantageux de perfectionner les engrais et de cultiver toutes les terres à la fois, en variant convenablement la culture. D'après cela, et quand le bail n'impose pas au fermier le système de l'*assolement*, il est clair que celui-ci peut *dessoler*, pourvu qu'il prenne les précautions nécessaires pour que le dessolement soit profitable à la métairie. En effet, loin de causer par là aucun préjudice au propriétaire, il cultivera *en bon père de famille*, puisqu'il choisira le système de culture regardé comme supérieur par les agronomes. Mais, d'un autre côté, le propriétaire ne pourrait pas, en l'absence de stipulation à cet égard, faire un reproche au fermier d'avoir suivi le système de l'assolement, en se fondant sur ce que ce système est condamné par la science, si d'ailleurs il est en usage dans la localité; car le fermier répondrait avec raison : « Si vous aviez l'intention d'exiger un mode de culture autre que celui qui est en usage dans la localité, il fallait en faire une clause expresse du bail. »

Si le bail défend expressément de dessoler, et si néanmoins le fermier dessole, en prenant les précautions indiquées par la science pour que le dessolement soit profitable à la métairie, que décider? Il n'est pas possible d'exiger du fermier des dommages-intérêts, puisque, nous le répétons, il n'a dessolé que pour suivre un mode de culture plus avantageux pour les terres; mais, d'un autre côté, la clause qui défend de dessoler est parfaitement licite, et l'intérêt même de l'agriculture ne saurait autoriser la violation d'une convention valable : nous croyons donc que le bailleur pourrait obtenir la résiliation du bail. Toutefois, le contraire a été décidé par un arrêt de la cour de Bruxelles, infirmatif d'un jugement qui avait, dans le cas dont nous parlons, prononcé la résiliation du bail.

Le *marnage* des terres est un mode d'engrais qui les dégrade et les appauvrit; en conséquence, le fermier ne doit point marner les terres sans le consentement du propriétaire, sous peine de dommages-intérêts.

§ 4. Obligation d'employer la chose louée suivant sa destination.

Le fermier ne doit point employer la chose louée à un usage contraire à sa destination. Ainsi il ne peut détruire les étangs, arracher les vignes, convertir les terres en prés ou les prés en champs, planter des terres labourables en safran, etc.

§ 5. Obligation d'engranger dans les lieux à ce destinés.

Tout preneur de bien rural est tenu d'engranger dans les lieux à ce destinés. Cette obligation a pour but de mettre le bailleur à portée de prévenir la soustraction des fruits qui sont son gage et de lui assurer l'effet de son privilége. Si les fruits étaient engrangés dans le local d'un autre propriétaire, celui-ci aurait un privilége qui primerait celui du bailleur.

§ 6. Obligation d'exécuter les clauses du bail.

L'inexécution des clauses d'un bail peut en entraîner la résiliation ; mais elle ne la produit jamais de plein droit. C'est aux juges qu'il appartient de décider si l'infraction a été assez grave, assez préjudiciable au bailleur pour entraîner la résiliation du contrat ; ils ont à cet égard un pouvoir souverain d'appréciation.

7

Nous verrons dans le chapitre VII, *Formules d'actes*, les clauses les plus ordinaires que l'on peut insérer dans les baux.

§ 7. Obligation d'avertir le propriétaire des usurpations commises sur les fonds loués.

Le preneur d'un bien rural est tenu, sous peine de tous dépens, dommages et intérêts, d'avertir le propriétaire des usurpations qui peuvent être commises sur les fonds.

Cet avertissement doit être donné dans le délai de huitaine pour ceux qui demeurent en France.

L'obligation imposée au fermier d'avertir le propriétaire s'applique non-seulement aux usurpations, mais encore au trouble de droit qui peut résulter de significations dans lesquelles des tiers manifestent leurs prétentions. (Arrêt de la cour de cassation, chambre des requêtes.)

§ 8. Obligation de payer les fermages.

Nous avons déjà parlé de l'obligation de payer le prix du bail au § 3 de la section 9 du chapitre Ier, *Règles communes aux baux à loyer et à ferme.*

Quand les époques de payement n'ont pas été déterminées par le contrat, nous avons dit qu'il fallait s'en rapporter à l'usage des lieux. Le terme le plus en usage pour le payement des fermages est celui de la Toussaint, parce qu'alors le fermier a pu vendre la plus grande partie des récoltes, et se trouve dès lors en état de s'acquitter. Dans d'autres localités, l'époque des payements est la Saint-Jean (24 juin) : à ce moment, les propriétaires non payés peuvent exercer utilement la saisie-gagerie sur les fruits étant dans les maisons ou bâtiments ruraux, et même sur ceux étant sur les terres.

§ 9. Obligation du fermier sortant de laisser les pailles et engrais.

Le fermier sortant doit laisser les pailles et engrais de l'année, s'il les a reçus lors de son entrée en jouissance ; et quand même il ne les aurait pas reçus, le propriétaire pourra les retenir suivant l'estimation.

Ce n'est pas seulement du jour où finit le bail que le propriétaire ou le fermier entrant peut exiger que le fermier sortant lui livre les pailles et engrais ; il a droit de les prendre quand il devient nécessaire de les mettre sur les terres. L'opposition du fermier sortant pourrait le rendre passible de dommages-intérêts.

§ 10. Obligations respectives du fermier sortant et du fermier entrant relativement aux logements convenables pour les récoltes ; observations de M. de Gasparin.

Le fermier sortant doit laisser à celui qui lui succède dans la culture les logements convenables et autres facilités pour les travaux de l'année suivante ; et réciproquement, le fermier entrant doit procurer à celui qui sort les logements convenables et autres facilités pour la consommation des fourrages et pour les récoltes restant à faire. Dans l'un et l'autre cas, on doit se conformer à l'usage des lieux (art. 1777 du C. Nap.).

Le passage suivant, emprunté au *Guide du propriétaire* de M. de Gasparin, renferme sur cette disposition les observations les plus justes et les plus utiles :

« L'époque naturelle où doit finir un bail est celle où toutes les semailles dont le fermier doit percevoir les fruits après sa sortie sont complétement achevées, et où les travaux du nouveau fermier ne sont pas encore commencés. — Dans les pays où règne l'assolement triennal, cette époque se rencontre immédiatement après la semaille du blé de printemps, s'il est d'usage que le fermier sortant jouisse de cette récolte, c'est-à-dire vers la fin de mars dans le nord de la France, et au commencement de mars au centre. Mais si le fermier sortant ne sème point les blés de mars à son profit, l'époque naturelle est celle où il a fini les semailles d'automne, comme dans les pays où l'assolement est biennal, c'est-à-dire du 1er au 30 novembre, suivant les pays. Dans le courant de l'hiver, le nouveau fermier a le temps de se livrer aux expurgements des fossés, aux cultures profondes qui doivent préparer les semis de fourrages, et à tous les travaux qui annoncent un nouvel ordre de choses ; au lieu que, s'il n'entre qu'au printemps, il ne peut plus, pour cette année, que suivre la routine tracée, et c'est une année perdue pour l'amélioration. — Mais l'usage est tyrannique, surtout pour l'époque du changement du fermier ; car le fermier sortant ne peut quitter sa ferme qu'autant que celui qu'il remplace lui cède la sienne. Il n'est donc pas au pouvoir d'un seul propriétaire de changer la coutume usitée dans le pays. Le code (art. 1777) a cherché à remédier à ces inconvénients en stipulant que le fermier sortant doit laisser à celui qui lui succède l'usage de logements convenables et autres facilités pour la consommation des fourrages et pour les récoltes restant à faire, le tout suivant l'usage des lieux. — L'intention était bonne sans doute, mais son exécution est incomplète et pourrait donner lieu à de grands abus ; car il est rare d'avoir dans une ferme des bâtiments suffisants pour loger une double population de bestiaux et d'ouvriers. Je pense donc qu'on doit suppléer à cette lacune par des articles additionnels, qui trouveront leur place dans la partie du bail où l'on complète les dispositions du code. — Ainsi, si le bail finit en novembre, il sera stipulé que le fermier sera tenu de loger en hiver un nombre d'ouvriers et de bêtes de travail pour travailler aux raies d'écoulement ; au printemps, tel autre nombre pour les travaux de mars et les sarclages ; et enfin, en été, l'attirail nécessaire pour enlever les récoltes. Si le bail finit en mars, il faut stipuler que le fermier sortant laissera jouir celui qui le remplacera des terres, chacune immédiatement après la récolte, pour pouvoir y faire les cultures convenables à l'établissement de ses fourrages et pour le soin de ses mars, sans préjudice des parcours de ses troupeaux, jusqu'au moment où la terre sera ouverte. Il est bon d'établir aussi, par une clause expresse, que le fermier entrant aura le droit de semer sur les mars du fermier sortant, ou sur les blés d'hiver, si l'on ne fait pas de mars dans le pays, une quantité déterminée de graines de trèfle, de sainfoin et d'autres fourrages, et que, pour tous ces travaux, le preneur sera tenu de fournir le logement à un nombre déterminé d'hommes et de bêtes de travail ; on peut fixer aussi d'avance les parties de logement qui composeront cette jouissance momentanée. Comme le fermier sortant ne profite pas de la paille qui reste à son successeur, il arrive le plus souvent qu'il fait couper les blés de la dernière récolte très-haut, ce qui lui procure quelque réduction sur le prix du faucillage, mais ce qui aussi diminue beaucoup la quantité de paille, au grand détriment de la ferme. C'est un abus dont il est lui-même victime dans la nouvelle ferme qu'il va occuper. L'intérêt commun du fermier et celui de la propriété exigent donc que les propriétaires s'accordent pour le faire cesser, ce qui dépend de chacun d'eux en particulier pour ce qui le concerne, en stipulant dans le bail à ferme la hauteur à laquelle seront faucillés les blés de la dernière récolte, et fixant une indemnité pour chaque pouce de hauteur dont le chaume dépasserait ce qui est convenu. Si les gerbes ont un mètre de hauteur et que l'hectolitre de grains produise trois cents livres de paille, il en résultera pour chaque centimètre un poids de trois livres ; c'est donc sur cette évaluation et sur le prix moyen de la paille que l'on fixera la valeur de l'indemnité par chaque centimètre dont le chaume sera plus élevé que ce qui est convenu. — J'ai trouvé dans la Provence une coutume singulière, mais très-gênante. L'ancien fermier cesse de jouir du parcours des chaumes à partir du 1ᵉʳ septembre ; son troupeau déménage alors et va dans sa nouvelle ferme, quelquefois à plusieurs lieues de distance. Le remplacement des bergers a lieu le 29 septembre. Ce changement se fait loin du fermier, qui ne peut pas surveiller exactement cette opération ; lui-même n'arrive sur la ferme nouvelle que le 1ᵉʳ novembre. A quoi tient cet arrangement barbare ? Mais tel qu'il est, ce n'est qu'un exemple entre mille des bizarreries que l'on rencontre dans divers pays, et auxquelles on ne pourrait renoncer que par un accord général qu'il serait peut-être bien difficile d'obtenir. »

SECTION 3. — DES RÉPARATIONS LOCATIVES.

Nous avons expliqué chapitre I, section, 2, § 8, ce qu'on entend par réparations locatives ; nous avons ensuite, chapitre II, section 2, examiné quelles sont les réparations réputées locatives en matière de bail à loyer ; actuellement, il nous reste à voir quelles sont les réparations réputées locatives en matière de bail à ferme.

Le code Napoléon est absolument muet sur ce point. Voici d'après Pothier, Desgodets et d'autres auteurs, les principes le plus généralement admis.

Les fermiers des héritages de campagne, à l'égard des bâtiments qu'ils occupent, sont tenus des réparations de menu entretien auxquelles sont obligés les locataires des maisons.

Les fermiers sont tenus de l'entretien des haies vives et du curement des fossés, lorsque ce curement a coutume de se renouveler dans un temps qui n'excède pas la durée des baux; car, en ce cas, il fait partie de la culture.

On peut mettre au rang des réparations dont sont tenus les fermiers l'échenillage des arbres; l'entretien des clôtures des étangs, celui de l'aire des granges; le remplacement des arbres dans les jardins, clos et vergers de la ferme; le remplacement des ceps des vignes qui périssent et celui des échalas brisés ou pourris; l'entretien des tonneaux, cuves et autres vaisseaux vinaires; l'entretien dans les pressoirs à cidre ou à vin des couperets, sébiles, seaux et autres ustensiles; l'entretien dans les moulins à vent ou à eau de tous les battants, tournants, travaillants, volants, cabestans, meubles, harnais et ustensiles dont on fait estimation avant l'entrée en jouissance du fermier, et que l'on fait de nouveau avant sa sortie, parce que, si cette dernière est plus forte que la première, le propriétaire rembourse le fermier du surplus, et que si, au contraire, la dernière est plus faible que la première, c'est le fermier qui rembourse le propriétaire.

Lés entretiens locatifs des logements ou édifices des moulins, tant sur terre que sur bateaux, sont les mêmes que ceux des maisons.

Au surplus, sur les réparations locatives dont les fermiers ou locataires des différentes espèces d'héritages doivent être tenus, il faut, comme pour les réparations locatives en matière de baux à loyer, s'en rapporter à l'usage des lieux, ou mieux, préciser dans le bail quelles seront les réparations à la charge du fermier, et quelles seront celles à la charge du propriétaire.

SECTION 4. — DE L'INDEMNITÉ POUR PERTE DE RÉCOLTES.

Le fermier a droit à une remise sur le prix de sa location quand une certaine portion de ses récoltes a été enlevée par cas fortuit. La loi a déterminé, suivant les distinctions exposées dans les paragraphes suivants, quelle portion de récolte doit avoir perdue le fermier pour avoir droit à cette indemnité.

§ 1. Indemnité due au fermier dans le cas où le bail est fait pour une seule année.

Si le bail n'est que d'une année, et que la totalité, ou au moins la moitié des fruits soit enlevée par des cas fortuits, le preneur sera déchargé d'une partie proportionnelle du prix de la location. — Il ne pourra prétendre aucune remise si la perte est

7.

moindre de moitié. Telle est la règle posée par l'art. 1770 du code Napoléon.

Les cas fortuits dont il est question ici se divisent en cas fortuits *ordinaires*, ou *prévus*, et en cas fortuits *extraordinaires*, ou *imprévus*. Les cas fortuits *ordinaires* ou *prévus* sont des événements qui, bien que n'arrivant pas régulièrement, ont dû entrer au moins comme possibles dans les prévisions des parties : tels sont la grêle, le feu du ciel, la gelée, la coulure. Les cas fortuits *extraordinaires* ou *imprévus* sont ceux qui n'ont pas dû entrer dans les prévisions des parties : par exemple, les ravages de la guerre, ou une inondation, auxquels le pays n'est pas ordinairement sujet.

L'indemnité à laquelle a droit le fermier a lieu, à moins de convention contraire, soit que le cas fortuit qui l'a privé de sa récolte doive être rangé au nombre des cas fortuits ordinaires ou des cas fortuits extraordinaires.

Actuellement, pour appliquer la règle posée par l'art. 1770 du code Napoléon, doit-on s'attacher à la quotité des fruits sans égard à leur valeur, ou à la valeur des fruits sans égard à leur quotité, ou à la fois à la quotité et à la valeur des fruits? Il peut arriver, en effet, 1° que la récolte restante soit supérieure en quantité à la moitié d'une récolte ordinaire, et que néanmoins, à cause du vil prix des denrées, la valeur de cette récolte ne dépasse pas celle de la moitié d'une récolte ordinaire ; 2° que la moitié au moins de la récolte soit enlevée, et que néanmoins ce qui reste ait une valeur supérieure à la moitié d'une récolte ordinaire ; 3° que la moitié au moins d'une récolte soit enlevée, et que ce qui reste n'ait pas une valeur supérieure à la moitié d'une récolte ordinaire.

Il est clair que dans le troisième cas le fermier aura droit à l'indemnité ; mais l'aurait-il également dans le premier ou dans le second ?

Tous les auteurs sont d'avis que dans la première hypothèse indiquée ci-dessus, le fermier n'a droit à aucune indemnité, attendu que la loi n'accordant d'indemnité au fermier que quand la perte est au moins de la moitié des fruits, il n'y a pas lieu d'étendre la responsabilité du propriétaire au cas où le prix des denrées vient à baisser.

La plupart des auteurs sont d'avis au contraire que, dans la seconde hypothèse, le fermier a droit à une indemnité, et cela toujours par la raison que la loi ne se réfère nullement au prix des denrées, mais seulement à la plus ou moins grande portion de fruits enlevée par des cas fortuits. Mais M. Troplong ne partage pas ce sentiment. Il n'est pas possible, selon ce savant jurisconsulte, que le fermier ait droit à une indemnité lorsqu'il n'a éprouvé aucune lésion ; et si le code Napoléon exige une perte de fruits au moins égale à la moitié de la récolte d'une année ordinaire, ce n'est pas à dire que cet élément soit le seul d'après lequel on doive calculer le dommage. M. Troplong estime donc que c'est seulement dans la troisième hypothèse posée plus haut que le fermier aura droit à une indemnité.

§ 2. Indemnité due au fermier dans le cas où le bail est fait pour plusieurs années.

Si le bail est fait pour plusieurs années, et que, pendant la durée du bail, la totalité ou la moitié d'une récolte au moins soit enlevée par des cas fortuits, le fermier peut demander une remise du prix de sa location, à moins qu'il ne soit indemnisé par les récoltes précédentes. — S'il n'est pas indemnisé, l'estimation de la remise ne peut avoir lieu qu'à la fin du bail, auquel temps il se fait une compensation de toutes les années de jouissance ; et cependant le juge peut provisoirement dispenser le preneur de payer une partie du prix en raison de la perte soufferte.

Ainsi, pour que le fermier ait droit à une indemnité, il faut 1° qu'*en une même année* il ait éprouvé la perte d'une récolte ou de la moitié d'une récolte; 2° que la réunion de toutes les années donne une perte au moins égale à la moitié d'une récolte ordinaire.

Si le bailleur a fait remise au fermier de tout ou partie du prix du bail d'une année pour perte totale ou partielle d'une récolte, et que les années suivantes aient dédommagé le fermier, celui-ci doit rendre au bailleur ce qui lui avait été provisoirement remis.

§ 3. Cas dans lesquels l'indemnité n'est pas due.

Le fermier ne peut obtenir de remise lorsque la

perte des fruits arrive après qu'ils sont séparés de
la terre, à moins que le bail ne donne au propriétaire une quotité de la récolte en nature, auquel
cas le propriétaire doit supporter sa part de la
perte, pourvu que le preneur ne fût pas en demeure de lui délivrer sa portion de récolte.

Le fermier ne peut également demander une remise lorsque la cause du dommage était existante
et connue à l'époque où le bail a été passé :
par exemple, si le fermier avait pris la ferme en
temps de guerre, il ne pourrait sous aucun prétexte demander une diminution, parce que le cas
a été prévu, à moins que le siége ne fût devant la
ville où le revenu de la ferme se perçoit. (Arrêt du
parlement de Paris du 23 décembre 1590.)

§ 4 De la convention qui met les cas fortuits à la charge du fermier.

« Le preneur peut être chargé des cas fortuits par
une stipulation expresse, » dit l'art. 1771 du code
Napoléon. — Ainsi la stipulation doit être *expresse;*
il ne serait pas permis aux juges de l'admettre sur
des présomptions, si graves qu'elles soient.

« Cette stipulation, dit l'art. 1773, ne s'entend
que des cas fortuits ordinaires, tels que grêle, feu
du ciel, gelée ou coulure. — Elle ne s'entend pas
des cas fortuits extraordinaires, tels que les ravages
de la guerre, ou une inondation, auxquels le pays
n'est pas ordinairement sujet, à moins que le preneur n'ait été chargé de tous les cas fortuits prévus

ou imprévus. » — Il n'est pas nécessaire, bien entendu, qu'on se serve dans le bail des expressions de *cas fortuits prévus ou imprévus* : par exemple, les expressions de *cas fortuits ordinaires et extraordinaires*, celles de *cas fortuits, quels qu'ils soient*, celles de *guerre*, *peste*, *famine*, *inondations et autres calamités imprévues*, renfermeraient tous les cas fortuits *prévus* ou *imprévus*.

SECTION 5. — DURÉE DU BAIL A FERME.

Nous répéterons ici l'observation qui a été faite chapitre II, section 3, en parlant de la durée des baux à loyer, à savoir que, en matière de cessation de bail, quand la loi emploie les expressions de *bail écrit*, il faut entendre *bail pour une durée déterminée*, peu importe que l'écriture ait été ou non employée pour arrêter la convention; et que, quand la loi emploie les expressions de *bail sans écrit*, il faut entendre *bail à durée indéterminée*, peu importe encore que le bail soit ou non rédigé par écrit.

Ceci entendu, 1° le bail dont la durée a été déterminée (qualifié par la loi de bail par écrit) cesse de plein droit à l'expiration du terme fixé, sans qu'il soit nécessaire de donner congé. — Voyez toutefois section 6, *De la tacite réconduction.*

2° Le bail fait pour une durée indéterminée (qualifié par la loi de bail sans écrit) est censé fait pour le temps qui est nécessaire, afin que le preneur recueille tous les fruits de l'héritage affermé.

Ainsi le bail à ferme d'un pré, d'une vigne et de tout autre fonds dont les fruits se recueillent en entier dans le cours de l'année, est censé fait pour un an. Le bail des terres labourables, lorsqu'elles se divisent par soles ou saisons, est censé fait pour autant d'années qu'il y a de soles. S'il y a à la fois des prés, des vignes et des terres divisées par soles ou saisons, le tout loué pour un seul prix, le bail est censé fait pour le délai le plus long. — Le Code ne parle pas des baux des bois. Suivant Pothier, lorsque les bois taillis d'un domaine sont partagés en un certain nombre de coupes, par exemple, en douze coupes, dont il s'en fait une tous les ans, le bail, lorsque le temps n'est pas exprimé, doit être censé fait pour autant d'années qu'il y a de coupes. — Suivant Pothier également, si, après avoir pêché un étang qu'on a coutume de pêcher tous les trois ans, on le donne à ferme à quelqu'un pour un certain prix, sans exprimer pour quel temps, on est censé l'avoir donné à ferme pour le temps de trois ans.

Le bail à ferme, quoique fait sans écrit, cesse de plein droit à l'expiration du temps pour lequel il est censé fait selon l'alinéa précédent.

Ainsi la règle à suivre est différente en matière de baux à loyer et en matière de baux à ferme, pour les baux sans écrit : les baux à loyer sont censés faits suivant l'usage des lieux, et l'une des deux parties ne peut donner congé à l'autre qu'en observant les délais fixés par cet usage, ainsi qu'il a été dit chapitre II, section 3, § 2 ; au contraire, dans les baux à ferme, la loi ne se réfère pas à l'usage des lieux et déclare ces baux expirés de plein droit lorsqu'il s'est écoulé l'espace de temps néces- saire pour que le preneur ait pu recueillir tous les fruits de l'héritage affermé ; dès lors il n'est pas nécessaire de donner congé un certain temps d'a- vance dans les baux à ferme faits sans fixation de durée, pas plus que dans les baux à ferme à durée limitée.

SECTION 6. — DE LA TACITE RÉCONDUCTION.

Nous avons vu, en la section précédente, que le bail écrit (bail à durée limitée) cesse de plein droit à l'expiration du terme fixé, et que le bail sans écrit (bail à durée illimitée) cesse de plein droit lorsqu'il s'est écoulé l'espace de temps nécessaire pour que le preneur ait pu recueillir tous les fruits de l'héritage affermé, sans qu'il soit nécessaire, dans l'un ou l'autre cas, de donner congé. Cépen- dant si, à l'expiration de son bail, bail par écrit ou sans écrit, le fermier reste et est laissé en jouis- sance, il s'opère un nouveau bail. Ce nouveau bail qui résulte d'un accord tacite et présumé entre le propriétaire et le fermier se nomme tacite récon- duction.

Ce qui a été dit, chapitre II, section 4, § 2, *Com- ment se forme la tacite réconduction,* est applicable à la tacite réconduction dans les baux à ferme aussi bien qu'à la tacite réconduction dans les baux à loyer.

Mais les effets de la tacite réconduction ne sont pas du tout les mêmes dans les baux à loyer et dans les baux à ferme.

Dans les baux à loyer, le locataire est censé, par l'effet de la tacite réconduction, occuper la maison jusqu'au terme fixé par l'usage des lieux, et ne peut plus en sortir ni en être expulsé qu'après un congé donné suivant le délai fixé par cet usage. Dans les baux à ferme, le fermier est censé, par l'effet de la tacite réconduction, contracter un nouveau bail qui se règle comme les baux sans écrit : en conséquence, ce nouveau bail est réputé fait pour le temps qui est nécessaire afin que le preneur recueille tous les fruits de l'héritage affermé, et il cesse de plein droit à l'expiration de ce temps, sans qu'il soit besoin d'aucun congé signifié.

Du reste, le bail expiré par tacite réconduction est conclu, sauf la durée, aux mêmes conditions que le bail primitif; ainsi le prix reste le même, ainsi que les obligations respectives du bailleur et du preneur.

Dans le cas où la continuation de possession du fermier opère la tacite réconduction, et dans le cas aussi où le fermier a continué sa jouissance sans pouvoir invoquer la tacite réconduction, parce qu'il y a eu un congé signifié, la caution donnée pour le bail ne s'étend pas aux obligations résultant de la prolongation.

SECTION 7. — DU COLON PARTIAIRE.

On entend par *bail* ou *louage à colonage*, à *colo-*

nage partiaire, la convention par laquelle le propriétaire d'un domaine le donne à cultiver, sous là condition que les parties partageront les fruits dans une proportion déterminée. — Le preneur se nomme *colon, colon partiaire, métayer.*

Le bail à colonage partiaire constitue plutôt une société qu'un bail ; dès lors les règles qui ont été exposées sur la preuve des baux ne lui sont pas applicables, attendu que ces règles sont tout à fait exceptionnelles et en dehors du droit commun, et que les exceptions se renferment strictement dans leur objet. Ainsi, quand il s'agira de prouver l'existence ou les conditions d'un bail à colonage partiaire, la preuve pourra être faite tant par témoins que par des présomptions graves, précises et concordantes, quand la valeur ne dépasse pas 150 fr., et même quand cette valeur dépasse 150 francs, si, dans ce cas, il y a un commencement de preuve écrite.

Cependant les règles des baux à ferme sont, en général, applicables au bail à colonage partiaire. Ainsi, sans qu'il soit besoin de clause particulière, le bailleur est tenu de délivrer au colon la chose louée, d'entretenir la chose en état de servir à l'usage pour lequel elle a été louée, et d'en faire jouir paisiblement le colon pendant la durée du bail. De son côté, le colon doit cultiver en bon père de famille et suivant la destination de la chose, laisser à la fin du bail les pailles, foins et fourrages nécessaires à la métairie, ainsi que les fumiers et engrais de l'année, engranger dans les lieux à ce

destinés, et avertir le bailleur des troubles et usurpations commises.

Les règles qui autorisent le fermier à demander
une remise sur le prix du bail, quand une récolte
est détruite par cas fortuit, ne sont pas applicables
au colon partiaire, qui supporte la perte en commun avec le bailleur; d'un autre côté, contrairement aussi à ce qui a lieu dans le bail à ferme, la
perte est aussi supportée en commun, quand même
elle survient aux fruits après qu'ils ont été déta-
chés de la terre.

Le colon partiaire est-il responsable de l'incendie
jusqu'à preuve contraire? En considérant le bail
à colonage partiaire comme une société, la cour
de Limoges a décidé que la présomption de faute
n'était pas applicable au colon partiaire; en considérant le bail à colonage partiaire comme un contrat de louage, la cour de Nîmes a décidé que la
présomption de faute était applicable au colon partiaire. Comme on le voit, ces deux arrêts sont tout
à fait contradictoires.

Le colon partiaire ne peut ni sous-louer, ni céder
son droit au bail, si la faculté ne lui en a été expressément accordée par le bail. C'est tout le contraire pour le fermier, qui peut sous-louer ou céder
son droit au bail, si la faculté ne lui en a été expressément interdite. Cette différence, au reste, se
conçoit facilement, puisque, la quotité du fermage
dépendant de l'industrie du colon, le propriétaire
a le plus grand intérêt à ce qu'il ne soit pas rem-
placé dans la culture par un colon moins habile.

— En cas de contravention, le propriétaire a droit de rentrer en jouissance, et le preneur est condamné aux dommages-intérêts résultant de l'inexécution du bail.

Toutefois, il est bien évident que le colon n'est pas tenu d'exécuter lui-même les travaux; il peut y employer sa famille ou des ouvriers, et même s'associer une tierce personne.

La mort du bailleur n'entraîne pas la résolution du bail; quant à la mort du preneur, les uns admettent qu'elle met fin au bail, d'autres qu'elle n'y met pas fin.

CHAPITRE IV.

BAIL A CHEPTEL.

SECTION I. — DISPOSITIONS GÉNÉRALES.

Le bail à cheptel est un contrat par lequel l'une des parties donne à l'autre un fonds de bétail pour le garder, le nourrir et le soigner, sous les conditions convenues entre elles. — Le preneur reçoit le nom de *cheptelier*.

On peut donner à cheptel toute espèce d'animaux susceptibles de croît ou de profit pour l'agriculture ou le commerce, notamment les bêtes à laine, les chèvres, les bêtes à cornes (bœufs, vaches, chevaux, juments). Le cheptel des porcs était regardé autrefois comme trop onéreux pour le fermier, et réputé illicite. « Cette sorte de bestiaux, dit La Thaumassière, se nourrit avec plus de frais que les autres, et produit et multiplie beaucoup plus; en sorte que le bailleur ferait un gain excessif, et le preneur serait surchargé. » Mais cette opinion n'a pas été admise par le code Napoléon, qui autorise le cheptel de toute espèce de bétail.

Le bail à cheptel peut être fait soit par acte authentique, soit par acte sous seing privé, soit verbalement.

Il y a plusieurs sortes de cheptels :

Le cheptel simple ou ordinaire ;

Le cheptel à moitié ;

Le cheptel donné au fermier ;

Le cheptel donné au colon partiaire ;

Et une autre espèce de contrat improprement appelé cheptel.

A défaut de conventions particulières, ces contrats se règlent par les principes qui seront exposés dans les sections 2, 3, 4, 5, 6 de ce chapitre, consacrés à chaque espèce de cheptel. Dans les conventions particulières qui règlent les conditions du bail, la loi a proscrit certaines clauses susceptibles de causer au preneur un détriment excessif. Ces clauses seront également indiquées dans ce qui suit.

SECTION 2. — CHEPTEL SIMPLE.

§ 1. Ce que c'est que le cheptel simple.

Le bail à cheptel simple est un contrat par lequel

on donne à un autre des bestiaux à garder, nourrir et soigner, à condition que le preneur profitera de la moitié du croît, et qu'il supportera la moitié de la perte.

Ordinairement, les parties font une estimation du cheptel au moment où commence le bail ; cette estimation n'en transporte pas la propriété au preneur ; elle n'a d'autre objet que de fixer la perte ou le profit qui pourra se trouver à l'expiration du bail, en comparant la nouvelle estimation qui sera faite alors à l'estimation primitive. Ainsi, le fermier à qui les bestiaux ont été donnés n'aurait pas le droit de les emmener en payant la somme à laquelle ils ont été évalués au commencement du bail.

§ 2. Obligations respectives du bailleur et du preneur.

Le bailleur est tenu de fournir la totalité des bestiaux promis, de faire jouir paisiblement le preneur, et de le garantir de tout trouble apporté par les tiers à sa jouissance.

Le preneur doit garder, nourrir et soigner le bétail, à ses risques et périls et à ses dépens, et prendre pour la conservation du cheptel les soins d'un bon père de famille. Il répond non-seulement de sa faute, mais encore de celles des gens qu'il emploie : en sorte que si, par la faute du pâtre, une bête du cheptel avait reçu quelque dommage, le preneur devrait des dommages-intérêts au bailleur.

Le preneur n'est tenu du cas fortuit que lorsqu'il a été précédé de quelque faute de sa part sans laquelle la perte ne serait pas arrivée. — Il répond de sa faute lourde et aussi de sa faute légère, mais non de sa faute très-légère. Cette distinction n'est pas toujours facile à faire dans la pratique. — En cas de contestation, le preneur est tenu de prouver le cas fortuit, et le bailleur est tenu de prouver la faute qu'il impute au preneur. — La faute étant prouvée, la perte entière est pour le preneur. — Quand celui-ci est, au contraire, déchargé par cas fortuit, il est tenu de rendre compte des peaux des bêtes ; mais il ne faut pas entendre par là qu'il sera toujours tenu de les représenter. Si, par exemple, les bêtes étaient mortes de maladies contagieuses ou dévorées et emportées par des loups, il *rendra compte* des peaux, dans le sens de la loi, en prouvant qu'il ne peut les représenter.

Comment la perte est-elle supportée quand elle arrive par cas fortuit et sans la faute du preneur ? Si le cheptel périt en entier sans la faute du preneur, la perte en est pour le bailleur. La raison en est que par cette perte totale le contrat de louage est résolu, puisque l'objet de louage n'existe plus ; dès lors la perte est à la charge du propriétaire de l'objet perdu : *res perit domino*. — Si le cheptel ne périt qu'en partie (toujours sans la faute du preneur), la perte est supportée en commun, d'après le prix de l'estimation originaire et celui de l'estimation à l'expiration du cheptel. Il en résulte que si le croît n'est pas suffisant pour couvrir sa part dans la perte du cheptel, il doit payer en argent ; cependant quelques auteurs rejettent cette conséquence, et estiment que le cheptelier n'est tenu de remplacer les animaux qui ont péri que jusqu'à concurrence du croît.

Voici comment, suivant l'article 1811 du code Napoléon, les parties se partagent les profits du cheptel :

« Le preneur profite seul des laitages, du fumier et du travail des animaux donnés à cheptel. — La laine et le croît se partagent. »

Il faut entendre ici par *laine*, non-seulement la laine des moutons, mais le poil et le crin des autres animaux donnés à cheptel ; et par *croît*, tout accroissement de valeur qui survient au troupeau, tant par l'augmentation du nombre des têtes que par l'augmentation de valeur de chacune d'elles.

Le partage peut être demandé soit par le bailleur, soit par le preneur, sans attendre la fin du bail, si telle a été la convention des parties ; mais nonobstant cette convention, il ne peut être demandé intempestivement, par exemple, par le bailleur dans le fort des moissons ou des labourages.

Le preneur ne peut disposer, à titre de vente, prêt, location ou de toute autre manière, d'aucune bête du troupeau, soit du fonds, soit du croît, sans le consentement du bailleur, qui ne peut lui-même en disposer sans le consentement du preneur.

Lorsque le cheptel est donné au fermier d'autrui, il doit être notifié au propriétaire de qui ce fermier tient, sans quoi il peut le saisir et le faire vendre pour ce que son fermier lui doit. — Cette notification doit se faire, par acte d'huissier, avant l'introduction du cheptel dans la ferme, et renfermer copie du bail à cheptel.

Le preneur ne peut tondre sans en prévenir le bailleur. On en conçoit facilement la raison, puisque la laine appartient pour moitié au bailleur.

§ 3. Conventions prohibées.

La loi a prohibé certaines conventions comme trop onéreuses au cheptelier. Ainsi on ne peut stipuler :

Que le preneur supportera la perte totale du cheptel, quoique arrivée par cas fortuit et sans sa faute ;

Ou qu'il supportera dans la perte une part plus grande que dans le profit ;

Ou que le bailleur aura une part quelconque dans les laitages, le fumier et le travail des animaux ;

Ou que le bailleur prélèvera, à la fin du bail, quelque chose de plus que le cheptel qu'il a fourni ;

Ou que le preneur sera tenu de délaisser au bailleur sa part dans la toison à un prix inférieur à sa valeur.

Toute convention semblable est nulle. La nullité porte sur la clause prohibée et non sur le bail.

Rien n'empêcherait de stipuler, par exemple :

Que le bailleur supportera dans la perte une part plus grande que dans le profit ;

8

Ou que le bailleur supportera les trois quarts de la perte et aura les trois quarts des bénéfices;

Ou encore que le preneur n'aura ni bénéfice ni perte.

§ 4. Durée et fin du bail.

La durée du bail à cheptel dépend absolument de la convention des parties, comme la durée de tout autre bail.

S'il n'y a pas de temps fixé par la convention pour la durée du cheptel, il est censé fait pour trois ans.

Si le bailleur et le preneur laissent écouler un certain temps sans demander le partage, il s'opère un nouveau bail de tacite réconduction, aux mêmes conditions que le bail primitif, sauf la durée, qui doit être fixée à trois ans.

Si le preneur ne remplit pas ses obligations, par exemple s'il laisse dépérir le cheptel au lieu de le soigner en bon père de famille, le bailleur peut demander la résiliation du bail avant l'expiration de sa durée, et même, suivant les circonstances, la demander avec dommages et intérêts.

De même le preneur pourrait, avant l'expiration de la durée du bail, en demander la résiliation si le bailleur ne remplissait pas ses obligations : par exemple, s'il ne faisait pas jouir paisiblement le preneur.

Le bail à cheptel prend-il fin par la mort du bailleur ou celle du cheptelier? Cette question est controversée, et il sera prudent, pour éviter les contestations, d'insérer dans le bail une clause particulière en prévision de ce cas.

§ 5. Partage des profits et pertes à la fin du bail.

A la fin du bail ou lors de sa résolution, il se fait une nouvelle estimation du cheptel. Si les parties ne s'accordent pas à la faire elles-mêmes, ou si l'une d'elles est en état de minorité ou d'interdiction, cette seconde estimation se fait par experts.

Le bailleur peut prélever des bêtes de chaque espèce jusqu'à concurrence de la première estimation; il prélève ces bêtes, non pas en nombre égal, mais de valeur égale à celles qu'il avait fournies. — Ensuite l'excédant se partage par moitié, en ayant toujours égard à la valeur, et non pas au nombre des bêtes.

S'il n'y a point d'excédant et qu'il y ait au contraire de la perte, le bailleur prend ce qui reste, et les parties se partagent la perte par moitié, sauf toutefois l'application de ce qui a été dit § 4 à l'égard des cas fortuits non précédés de faute de la part du cheptelier.

SECTION 3. — CHEPTEL A MOITIÉ.

Le cheptel à moitié est une société dans laquelle chacun des contractants fournit la moitié des bestiaux, qui demeurent communs pour le profit comme pour la perte, l'une des parties étant chargée de garder, nourrir et soigner le cheptel.

La partie qui garde, nourrit et soigne le cheptel, est le *preneur*, ou *cheptelier;* l'autre partie est le *bailleur*.

Comme dans le cheptel simple, le preneur profite seul des laitages, du fumier et des travaux des bêtes, et le bailleur n'a droit qu'à la moitié des laines et du croît. — Toute convention contraire est nulle, à moins que le bailleur ne soit propriétaire de la métairie dont le preneur est fermier ou colon partiaire.

Lorsque le bailleur est propriétaire de la métairie, il se trouve fournir le logement et la nourriture à la partie du troupeau qui appartient au preneur : il peut alors s'attribuer par la convention, dans le profit des laines et du croît, une part plus forte que celle du preneur; il peut même s'attribuer une portion dans les autres profits appartenant ordinairement au preneur seul. (Pothier.)

Les autres règles du cheptel simple sont applicables au cheptel à moitié.

SECTION 4. — CHEPTEL DONNÉ PAR LE PROPRIÉTAIRE A SON FERMIER, OU CHEPTEL DE FER.

Le cheptel donné au fermier (aussi appelé *cheptel de fer*) est celui par lequel le propriétaire d'une métairie la donne à ferme, à la charge qu'à l'expiration du bail le fermier laissera des bestiaux d'une valeur égale au prix de l'estimation de ceux qu'il aura reçus.

Ce contrat est donc une convention accessoire ajoutée au bail d'une ferme. Suivant Pothier, dont l'idée a été reproduite par M. Mouricault dans son rapport au tribunat, ce cheptel est appelé *cheptel de fer*, parce qu'il est attaché et comme enchaîné à la métairie; suivant Beaumanoir, dont la définition est approuvée par M. Troplong, les bestiaux qui forment le cheptel se nomment *bestes de fer, parce qu'elles ne peuvent mourir à leur seigneur;* et en effet, le caractère du cheptel de fer est de ne pouvoir mourir pour le propriétaire, puisqu'à l'expiration du bail le fermier doit laisser des bestiaux d'une valeur égale au prix de l'estimation de ceux qu'il a reçus.

L'estimation du cheptel donné au fermier ne lui en transfère pas la propriété, mais néanmoins le met à ses risques; elle a pour objet de fixer la valeur du cheptel que le fermier devra rendre à l'expiration du bail.

Tous les profits appartiennent au fermier pendant la durée de son bail, s'il n'y a convention contraire. Il en résulte qu'il peut vendre le croît, pourvu qu'il conserve toujours un nombre suffisant de têtes pour représenter le fonds du bétail.

Les profits du fermier sont, outre le croît dont nous venons de parler, les laitages, la laine et le travail des bestiaux. Quant au fumier, il n'est point dans les profits personnels du preneur, mais il ap-

8.

partient à la métairie, à l'exploitation de laquelle il doit être uniquement employé.

La perte, même totale ou par cas fortuit, est en entier pour le fermier, s'il n'y a convention contraire.

Ainsi, à moins de convention contraire, le preneur jouit de tous les profits et supporte toutes les pertes; mais rien n'empêche que cette convention contraire n'existe. On pourrait stipuler, par exemple, que le preneur ne supportera que *telle* partie des pertes, ou ne jouira que de *telle* partie des profits. Peu importerait même qu'il y eût ou non égalité dans les pertes et les profits.

Les créanciers du preneur ne pourraient évidemment faire saisir et vendre le fonds de cheptel, puisque ce fonds ne lui appartient pas; mais ils pourraient faire vendre ce qui excède la valeur originaire du cheptel, parce que cet excédant appartient au preneur.

A la fin du bail, ou lors de sa résolution, le fermier ne peut retenir le cheptel en en payant l'estimation originaire; il doit en laisser un de valeur pareille à celui qu'il a reçu. Il n'est pas nécessaire que le nombre de têtes soit égal à celui qu'il a reçu; il peut être moindre ou plus grand, pourvu que la valeur soit la même.

S'il y a du déficit dans le fonds du cheptel, le preneur doit payer, et c'est seulement l'excédant qui lui appartient.

Les fermiers peuvent être contraints par corps, faute par eux de représenter à la fin du bail le cheptel de bétail, à moins qu'ils ne justifient que le déficit ne procède point de leur fait.

Le cheptel de fer, étant l'accessoire du bail à ferme, finit avec lui.

SECTION 5. — CHEPTEL DONNÉ AU COLON PARTIAIRE.

Nous avons vu que le colon partiaire est le fermier qui cultive un domaine sous la condition d'en partager les fruits avec le propriétaire dans une proportion déterminée. Dans le cheptel qui lui est donné par le propriétaire, il profite seul des laitages et du travail des animaux ; la laine et le croît se partagent par moitié, absolument comme dans le cheptel simple. Le cheptel donné au colon partiaire est, d'ailleurs, soumis à toutes les règles du cheptel simple ; ainsi, si le cheptel périt en entier sans la faute du colon, la perte est pour le bailleur.

Quelle différence y a-t-il donc entre le cheptel donné au colon partiaire et le cheptel simple donné à une autre personne ? C'est que, en considération de ce que le bailleur fournit le logement et la nourriture, certaines prohibitions applicables au cheptel simple ne le sont point au cheptel donné au colon. Ainsi :

Dans le cheptel simple, on ne peut stipuler que le preneur supportera dans la perte une part plus grande que dans le profit ; on peut le stipuler dans le bail donné au colon, pourvu toutefois que le colon ne soit pas tenu à toute la perte ;

Dans le cheptel simple, on ne peut pas stipuler que le preneur aura une part quelconque des laitages ; dans le bail donné au colon, on peut stipuler que le preneur aura la moitié des laitages ;

Dans le cheptel simple, on ne peut pas stipuler que le preneur délaissera au bailleur sa part de la toison à un prix inférieur à la valeur ordinaire ; cette stipulation est permise dans le bail donné au colon.

Le cheptel donné au colon, étant un accessoire du bail à métairie, finit avec lui.

Les colons partiaires peuvent être contraints par corps, faute par eux de représenter à la fin du bail le cheptel de bétail, à moins qu'ils ne justifient que le déficit ne procède point de leur fait.

SECTION 6. — CONTRAT IMPROPREMENT APPELÉ CHEPTEL, NOMMÉ AUSSI BAIL DE VACHES.

Ce contrat est celui par lequel le propriétaire d'une ou plusieurs vaches les donne à quelqu'un pour les nourrir et les loger, à condition que le preneur aura le laitage et le fumier, et que le bailleur conservera la propriété de la vache et aura le profit des veaux qui en naîtront.

Ordinairement la vache est aux risques du bailleur ; mais, bien entendu, le preneur doit lui donner les mêmes soins que si elle lui appartenait. Il doit fournir à ses dépens la paille destinée à la litière. — Quelquefois cependant le bailleur fournit la litière en se réservant le fumier.

Il doit nourrir le veau jusqu'à ce qu'il soit assez fort pour être sevré, ordinairement jusqu'à ce qu'il ait trois semaines.

Quand le temps de cette espèce de louage n'a pas été fixé, chacune des parties peut rendre ou retirer la vache à volonté, pourvu que ce soit en temps opportun, ce que le juge appréciera.

CHAPITRE V.

DU CAUTIONNEMENT DES BAUX,

SECTION I.— NATURE ET ÉTENDUE DU CAUTIONNEMENT.

Le cautionnement est l'engagement pris par un tiers de payer à un créancier ce qui lui est dû, si son débiteur ne le paye pas lui-même.— La caution est la personne qui prend cet engagement.

Le cautionnement ne peut exister que sur une obligation valable; ainsi serait nul le cautionnement donné pour un bail qui lui-même serait nul.

Le cautionnement peut être contracté pour une partie seulement du prix du bail, et sous des conditions moins onéreuses que celles stipulées au bail; il ne peut être contracté sous des conditions plus onéreuses, ni excéder ce qui est dû par le preneur.

On peut se rendre caution, non-seulement du preneur, mais encore de celui qui l'a cautionné.

Le cautionnement ne se présume point; il doit être exprès; du reste, il peut se donner soit par acte notarié, soit par acte sous seing privé, soit même verbalement, s'il ne porte pas sur des sommes excédant 150 francs. L'acte de cautionnement peut être rédigé à la suite du bail.

Le cautionnement ne peut être étendu au delà des limites dans lesquelles il a été contracté. Ainsi la caution donnée pour le bail ne s'étend pas à la tacite réconduction.

SECTION 2. — EFFET DU CAUTIONNEMENT.

§ 1. Effet du cautionnement entre le bailleur et la caution.

L'action dirigée par le bailleur directement contre la caution, avant toute poursuite contre le preneur, est régulièrement intentée; mais la caution peut, aussitôt la poursuite dirigée contre elle, en suspendre le cours, en demandant au tribunal que le bailleur saisisse préalablement les biens du preneur. Ce droit de la caution se nomme *bénéfice de discussion*.

Le bailleur n'est obligé de *discuter* le preneur que lorsque la caution le requiert, sur les *premières* poursuites dirigées contre elle.

La caution qui requiert la discussion doit indiquer au bailleur les biens du preneur, et avancer les deniers suffisants pour faire la discussion.

Elle ne doit indiquer ni des biens du preneur

situés hors du ressort de la cour impériale du lieu où le payement doit être fait, ni des biens litigieux, ni ceux hypothéqués à la dette qui ne sont plus en possession du preneur.

Toutes les fois que la caution a fait l'indication des biens ci-dessus et qu'elle a fourni les deniers suffisants pour la discussion, le bailleur est, jusqu'à concurrence des biens indiqués, responsable, à l'égard de la caution, de l'insolvabilité du preneur survenue par le défaut de poursuites.

La caution ne jouit pas du bénéfice de discussion :

1° Quand elle y a renoncé expressément, soit dans l'acte de cautionnement, soit postérieurement à cet acte ;

2° Quand elle s'est engagée *solidairement avec le preneur*, parce que c'est là une renonciation faite au bénéfice de discussion.

3° Quand la caution est judiciaire, c'est-à-dire quand elle s'est engagée pour une personne obligée, en vertu d'une condamnation judiciaire, à fournir caution.

Dans ces trois cas, le bailleur peut actionner la caution, sans que celle-ci puisse demander que le preneur soit préalablement actionné.

Lorsque plusieurs personnes se sont rendues cautions du preneur pour le prix entier du bail, elles sont obligées chacune à toute la dette ; néanmoins chacune peut exiger que le bailleur divise préalablement son action et les réduise à la part et portion de chaque action. Cette faveur accordée à chacune des cautions se nomme *bénéfice de divi-sion*.

Lorsque, dans le temps où une des cautions a fait prononcer la division, il y en avait d'insolva-bles, cette caution est tenue proportionnellement de ces insolvabilités; mais elle ne peut plus être recherchée à raison des insolvabilités survenues depuis la division. Si le bailleur a divisé lui-même et volontairement son action, il ne peut revenir contre cette division, quoiqu'il y eût, même anté-rieurement au temps où il l'a ainsi consentie, des cautions insolvables.

Les cautions ne jouissent pas du bénéfice de divi-sion :

1° Quand elles y ont expressément renoncé;

2° Quand elles se sont engagées *solidairement avec le preneur*.

Les cautions qui se sont engagées *solidairement avec le preneur* ne jouissant ni du bénéfice de discussion, ni du bénéfice de division, il en ré-sulte que le bailleur peut actionner directement l'une quelconque des cautions solidaires sans que celle-ci puisse exiger que le preneur lui-même ou toute autre des cautions soit actionnée par le pre-neur.

§ 2. Effet du cautionnement entre le preneur et la caution.

La caution qui a payé a son recours contre le preneur, tant pour le principal que pour les inté-

rêts et les frais; néanmoins, la caution n'a de recours que pour les frais par elle faits depuis qu'elle
a dénoncé au preneur les poursuites dirigées contre elle. — Elle a aussi recours pour les dommages et intérêts, s'il y a lieu.

La caution qui a payé est subrogée à tous les
droits qu'avait le bailleur contre le preneur.

La caution qui a payé une première fois n'a point
de recours contre le preneur qui a payé une seconde fois, lorsqu'elle ne l'a point averti du payement par elle fait, sauf son action en répétition
contre le bailleur.

Lorsque la caution a payé sans être poursuivie,
et sans avoir averti le preneur, elle n'a point de
recours contre lui dans le cas où, au moment du
payement, le preneur aurait eu des moyens pour
faire déclarer la dette éteinte, sauf son action en
répétition contre le bailleur.

La caution, même avant d'avoir payé, peut agir
contre le preneur pour être par lui indemnisée :

1° Lorsqu'elle est poursuivie en justice pour le
payement;

2° Lorsque le preneur a fait faillite ou est en dé-
confiture;

3° Lorsque le payement est devenu exigible par
l'échéance du terme.

§ 3. **Effet du cautionnement entre les diverses cautions.**

Lorsque plusieurs personnes ont cautionné le
preneur, la caution qui a payé peut agir contre les

autres cautions, chacune pour sa part et portion; toutefois, cette portion n'est déterminée qu'eu égard au nombre des cautions solvables, sauf le recours de chacune d'elles contre celle qui est insolvable.

La solvabilité d'une caution ne s'estime qu'eu égard à ses propriétés foncières.

CHAPITRE VI.

DE L'ENREGISTREMENT DES BAUX.

SECTION I. — INDICATIONS GÉNÉRALES.

L'enregistrement est l'inscription des actes sur un registre public. Il a pour effet de donner aux actes une date certaine, même à l'égard des tiers; il a lieu moyennant un droit payé à l'État et appelé *droit d'enregistrement.*

Les baux, sous-baux et cessions de baux doivent être enregistrés dans les trois mois de leur date. — Dans le délai fixé, le jour de la date de l'acte n'est pas compté; si le dernier jour du délai se trouve être un dimanche ou un jour de fête légale, ces jours-là ne sont pas comptés non plus. — L'absence de déclaration dans le délai prescrit donne lieu à un demi-droit en plus, à titre d'amende; les omissions ou évaluations insuffisantes donnent lieu au double droit.

La valeur de la jouissance est déterminée pour

les baux, sous-baux et cessions de baux de meubles ou d'immeubles, *par le prix annuel exprimé, en y ajoutant les charges imposées au preneur;* et pour les quittances, *par le total des sommes dont le preneur se trouve libéré.* Pour les baux stipulés payables en quantité fixe de grains et denrées, dont la valeur est déterminée par des mercuriales, la liquidation du droit proportionnel d'enregistrement est faite d'après l'évaluation du prix des baux résultant d'une année commune de la valeur des grains et autres denrées, selon les mercuriales du marché le plus voisin. — On forme l'année commune d'après les quatorze dernières années antérieures à celles de l'ouverture du droit; on retranche les deux plus fortes et les deux plus faibles; l'année commune est établie sur les dix années restantes.

Il en est de même des baux à portion de fruits, pour part revenant au bailleur, dont la quotité est préalablement déclarée, et sur la valeur de laquelle le droit d'enregistrement est perçu.

Les baux et autres actes sous seing privé peuvent être enregistrés dans tous les bureaux d'enregistrement.

Il y a prescription pour la demande des droits d'enregistrement, après deux ans à compter du jour de l'enregistrement, pour une perception insuffisamment faite ou une fausse évaluation dans une déclaration;

Après trente ans seulement, pour un acte non présenté à l'enregistrement.

SECTION 2. — TARIF DES DROITS.

Les locations verbales ne sont assujetties à aucun droit.

Bail à loyer, à ferme et à cheptel : 20 centimes par 100 francs sur le prix cumulé de toutes les années de location. — Les baux de trois, six ou neuf ans payent comme baux de neuf ans.

Cession de bail et sous-location : 20 cent. par 100 fr. sur le prix cumulé de toutes les années de location, comme les baux.

Prorogation de bail : 20 cent. par 100 fr. sur le prix cumulé des années qui restent à courir.

Résiliation de bail : droit fixe de 1 fr.

Cautionnement de bail : 10 cent. par 100 fr. sur le prix cumulé de toutes les années de location.

Quittance de loyer : 25 cent. par 100 fr.

Congé donné par acte particulier : droit fixe de 1 fr.; congé donné par huissier : droit fixe de 2 fr.

État de lieux : droit fixe de 1 fr.

Décharge d'une remise de clefs : droit fixe de 1 fr.

Ratification de bail : droit fixe de 1 fr.

CHAPITRE VII.

FORMULES DES BAUX ET AUTRES ACTES SOUS SEING PRIVÉ QUI S'Y RATTACHENT.

1. Bail d'une maison.

Entre les soussignés :

M. Nicolas Plantin, négociant, demeurant à Versailles, rue Impériale, 8 ;

Et M. Charles Bellantier, docteur en médecine, demeurant à Paris, rue Saint-Sulpice, 16 ;

A été faite la convention suivante :

M. Nicolas Plantin donne à loyer à M. Charles Bellantier, acceptant, pour trois, six ou neuf années consécutives, au choix des parties, moyennant avertissement préalable de six mois avant l'expiration de chaque période triennale, une maison sise à Paris, rue des Noyers, 46, consistant en (*faire la désignation de la maison*), laquelle maison le preneur déclare avoir visitée et connaître suffisamment, et accepter dans l'état où elle se trouve.

M. Charles Bellantier entrera en jouissance le 1er avril prochain.

Le bail est fait moyennant la somme annuelle de trois mille francs, que le preneur payera au bailleur en quatre payements égaux, de trois mois en trois mois, jusqu'à l'expiration du bail. M. Bellantier a payé à M. Plantin, qui le reconnaît, la somme de quinze cents francs pour six mois d'avance imputables sur les six derniers mois de jouissance dudit bail.

Le preneur s'engage :

1° A garnir la maison de meubles suffisants pour garantie du loyer ;

2° A rendre la maison en bon état de réparations locatives, conformément à l'état dressé entre les parties ;

3° A souffrir les grosses réparations nécessaires pendant la durée du bail, sans prétendre à aucune indemnité ou diminution de prix ;

4° A payer les contributions personnelle et mobilière, et celle des portes et fenêtres ;

5° A ne faire aucun percement de mur, changement ou distribution nouvelle sans le consentement exprès et par écrit du propriétaire ;

6° A exécuter pour le temps qui reste à courir les baux existants ;

7° Enfin, à satisfaire à toutes les charges dont les locataires sont ordinairement tenus.

Le preneur ne pourra ni faire aucune cession totale ou partielle de son droit au présent bail, ni sous-louer en tout ou en partie, sans le consentement exprès et par écrit du propriétaire ; *ou bien :*

Le preneur ne pourra ni faire aucune cession de son droit au présent bail, ni sous-louer en totalité, sans le consentement exprès et par écrit du propriétaire; mais il pourra sous-louer en partie, en continuant d'habiter lui-même la maison.

Le propriétaire se réserve le droit de résilier ledit bail, sans payer aucuns dommages et intérêts, dans le cas où il vendrait la maison, et dans le cas où il viendrait l'habiter lui-même, et ce, en avertissant le preneur six mois d'avance.

Fait double à Paris, le trois février mil huit cent-quarante-sept.

Nicolas Plantin.   *Ch. Bellantier.*

Nota. S'expliquer clairement sur la faculté laissée au preneur de sous-louer ou céder le droit au bail ; en l'absence de stipulation à cet égard, le preneur a le droit de louer et de céder le bail. — Voici encore d'autres clauses que l'on pourrait insérer :

Le bailleur et le preneur auront chacun la faculté de se désister du présent bail en avertissant six mois d'avance, et en payant une indemnité de....

Le preneur pourra faire dans les lieux loués *tels* changements, à la charge de rétablir, à l'expiration du bail, les lieux dans leur état primitif ; *ou bien :* à la charge de laisser ces changements au bailleur, s'il lui plaît de les garder, sans prétendre à aucune diminution de loyer. — Il devra aussi laisser les papiers collés sur toile ou sur mur, les alcôves ou autres choses tenant à fer et à clous, sans pouvoir exiger aucune indemnité.

Le preneur sera tenu d'opérer à ses frais la vidange des fosses d'aisances et le curage du puits, auquel il aura soin, quand il sera nécessaire, de faire mettre une corde neuve.

Il payera au portier de la maison le sou pour franc du loyer, en sus dudit loyer, et aux termes convenus pour le payement dudit loyer.

S'il arrive que le locataire laisse écouler deux termes consécutifs sans payer, le présent bail sera résilié de plein droit, huit jours après sommation de payer restée infructueuse.

Si le locataire cède son droit au bail ou sous-loue sans le consentement du bailleur, le bail sera résilié de plein droit, s'il plaît à celui-ci, et cela, quand bien même le cessionnaire du bail ou le sous-locataire aurait été expulsé à la première injonction du bailleur ; de plus, le locataire payera au bailleur, à titre de dommages-intérêts causés par cette résiliation, une somme de...

2. Ratification de bail.

Quand une personne sans mandat régulier s'est portée fort pour une autre, et a passé un bail sous son nom, le bail peut être ratifié ainsi qu'il suit :

Je soussigné, Charles Bellantier, docteur en médecine, demeurant à Paris, rue Saint-Sulpice, 16, ai pris connaissance d'un acte sous seing privé, consenti en mon nom par M. X...., qui s'est porté fort pour moi, par lequel acte M. Nicolas Plantin, négociant, demeurant à Versailles, rue Impériale, 8, me donne à bail une maison sise à Paris, rue des

Noyers, 46; je déclare approuver et ratifier ledit bail pour être exécuté par moi dans toutes ses clauses et conditions, comme s'il avait été consenti par moi-même.

Paris, le vingt février mil huit cent quarante-sept.

Ch. Bellantier.

Un bail peut aussi être ratifié par le mari, quand il a été consenti par la femme sans autorisation; ou, à l'inverse, être ratifié par la femme, qui se porte caution solidaire; on modifierait la formule précédente comme il suit :

Je soussigné, Charles Bellantier, docteur en médecine, demeurant à Paris, rue Saint-Sulpice, 16, ai pris connaissance d'un acte sous seing privé consenti en mon nom par Marguerite Bizette, mon épouse, en mon absence, et sans autorisation de ma part, par lequel acte M. Nicolas Plantin, négociant, demeurant à Versailles, rue Impériale, 8, me donne à bail une maison sise à Paris, rue des Noyers, 46; je déclare approuver et ratifier ledit bail pour être exécuté par moi, solidairement avec mon épouse, dans toutes ses clauses et conditions, comme s'il avait été consenti par moi-même.— *Ou bien :*

Je soussignée Marguerite Bizette, épouse de M. Charles Bellantier, docteur en médecine, demeurant à Paris, rue Saint-Sulpice, 16, de lui dûment autorisée à cet effet, ai pris connaissance d'un acte sous seing privé, par lequel M. Nicolas

Plantin, négociant, demeurant à Paris, rue des Noyers, 46, donne à bail à mon mari une maison sise à Paris, rue des Noyers, 46; je déclare approuver et ratifier ledit bail, pour être exécuté par moi, solidairement avec mon mari, comme s'il avait été consenti par moi-même.

Paris, le vingt février mil huit cent quarante-sept.

Femme Bellantier.

2. Bail d'une maison avec cautionnement d'un tiers.

Comme au modèle n° 1, puis on ajoutera :

Est intervenu au présent acte M. Pierre Bonnefoy, peintre et vitrier, demeurant à Paris, rue Monsieur-le-Prince, 36, lequel, après avoir pris communication du bail ci-dessus, a déclaré se porter caution de M. Bellantier envers M. Plantin, qui l'accepte, pour l'exécution du payement des loyers et de toutes les clauses et conditions du présent bail; en foi de quoi M. Pierre Bonnefoy a apposé sa signature avec les deux parties contractantes.

Fait triple, à Paris, le treize février mil huit cent quarante-sept.

N. Plantin. Ch. Bellantier. P. Bonnefoy.

NOTA. Voyez l'observation qui suit la formule suivante.

4. Bail d'une maison avec cautionnement solidaire d'un tiers.

Comme au modèle premier, puis on ajoutera :

Est intervenu au présent acte M. Pierre Bonnefoy, peintre et vitrier, demeurant à Paris, rue Monsieur-le-Prince, 36, lequel, après avoir pris communication du bail ci-dessus, a déclaré se porter caution de M. Bellantier envers M. Plantin, qui l'accepte, et s'engager, conjointement et solidairement avec ledit M. Bellantier, au payement des loyers et à l'exécution de toutes les clauses et conditions du présent bail ; en foi de quoi M. Pierre Bonnefoy a apposé sa signature avec les deux parties contractantes.

Fait triple à Paris, le treize février mil huit cent quarante-sept.

N. Plantin. Ch. Bellantier. P. Bonnefoy.

Nota. Il y a une grande différence entre les effets du cautionnement *simple* (formule n° 2), et ceux du cautionnement *solidaire* (formule n° 3). Le bailleur peut actionner la caution qui s'est engagée *solidairement avec le preneur*, sans que celle-ci puisse demander que le débiteur soit préalablement actionné ; au contraire, la caution qui ne s'est pas engagée solidairement avec le débiteur peut, aussitôt la poursuite dirigée contre elle, invoquer le bénéfice de discussion. (Voyez chap. VII. *Du Cautionnement des baux.*)

5. État des lieux.

Entre les soussignés :

M. Nicolas Plantin, négociant, demeurant à Versailles, rue Impériale, 8,

Et M. Charles Bellantier, docteur en médecine, demeurant à Paris, rue Saint-Sulpice, 16,

Il a été dit et convenu ce qui suit :

Par acte sous seing privé en date du treize février mil huit cent quarante-sept, M. Plantin a loué, pour trois, six ou neuf ans, à M. Bellantier, une maison sise à Paris, rue des Noyers, 46, que M. Bellantier s'est engagé à rendre, à la fin du bail, en bon état de réparations locatives, conformément à l'état dressé entre les parties. Cet état de lieux a été arrêté par les susnommés ainsi qu'il suit, savoir :

Désigner d'abord le nombre des corps de logis et leur situation, le nombre de leurs étages, le nombre de pièces de chaque étage, les combles et couvertures, les étages de caves, les cours, les écuries ou autres dépendances; puis, après cette description sommaire, reprendre en détail chaque partie. Cette description détaillée ne peut guère être faite que par un architecte, ou tout autre homme de l'art. Les frais auxquels elle donne lieu, sont, à moins de convention contraire, supportés par moitié par le bailleur et le preneur.

Fait double à Paris, le vingt février mil huit cent quarante-sept.

N. Plantin.   *Ch. Bellantier.*

6. Désistement volontaire de bail.

Entre les soussignés :

M. Nicolas Plantin, négociant, demeurant à Versailles, rue Impériale, 8,

Et M. Charles Bellantier, docteur en médecine, demeurant à Paris, rue des Noyers, 46.

A été faite la convention suivante :

Les soussignés déclarent d'un commun accord se désister l'un et l'autre de l'exécution du bail à loyer passé entre eux le treize février mil huit cent quarante-sept, par lequel M. Nicolas Plantin donnait à loyer à M. Bellantier une maison sise à Paris, rue des Noyers, 46, pour trois, six ou neuf ans; en conséquence, ledit bail est annulé à partir du premier octobre prochain, à la charge par le preneur, en vidant les lieux audit jour, de les rendre en bon état, et de payer ce qui restera dû des loyers.

Fait double à Paris, le quinze avril mil huit cent quarante-sept.

   N. Plantin.   *Ch. Bellantier.*

7. Continuation de bail.

Entre les soussignés :

M. Nicolas Plantin, demeurant à Versailles, rue Impériale, 8,

Et M. Charles Bellantier, docteur en médecine, demeurant à Paris, rue des Noyers, 46,

A été faite la convention suivante :

Le bail passé entre les soussignés à la date du

treize février mil huit cent quarante-sept, par lequel M. Nicolas Plantin a donné à loyer une maison à M. Charles Bellantier, à partir du premier avril même année, pour trois, six ou neuf ans, lequel bail expire le premier avril mil huit cent cinquante-six, est renouvelé dans les mêmes conditions, à partir dudit premier avril mil huit cent cinquante-six, également pour trois, six ou neuf ans.

Fait double à Paris, le quinze mars mil huit cent cinquante-six.

N. Plantin.   *Ch. Bellantier.*

8. Cession de bail.

Entre les soussignés :

M. Charles Bellantier, docteur en médecine, demeurant à Paris, rue des Noyers, 46,

Et M. Louis Rampon, négociant, demeurant à Paris, rue Saint-Denis, 27,

A été faite la convention suivante :

M. Charles Bellantier cède à M. Louis Rampon, acceptant, son droit au bail de la maison sise à Paris, rue des Noyers, 46, pour le temps qui reste à en courir.

Ledit bail a été fait à M. Charles Bellantier, par M. Nicolas Plantin, propriétaire de la maison dont s'agit, et demeurant à Versailles, rue Impériale, 8, pour trois, six ou neuf années consécutives, au choix des parties, moyennant avertissement préalable de six mois avant l'expiration de chaque période triennale. Ledit bail, suivant acte sous seing privé en date du treize février mil huit cent quarante-sept, a commencé à courir le premier avril même année. Il a été consenti moyennant la somme annuelle de trois mille francs, payable au bailleur en quatre payements égaux, de trois mois en trois mois.

Le preneur s'est engagé :

1° A garnir la maison de meubles suffisants pour garantie du loyer ;

2° A rendre la maison en bon état de réparations locatives, conformément à l'état dressé entre les parties ;

3° A souffrir les grosses réparations nécessaires pendant la durée du bail, sans prétendre à aucune indemnité ou diminution de prix ;

4° A payer les contributions personnelle et mobilière, et celle des portes et fenêtres ;

5° A ne faire aucun percement de mur, changement ou distribution nouvelle sans le consentement exprès et par écrit du propriétaire ;

6° A exécuter, pour le temps qui restait à courir, les baux existants ;

7° A satisfaire à toutes les charges dont les locataires sont ordinairement tenus.

Le preneur s'est engagé, en outre, à ne pouvoir céder le bail, ou sous-louer en tout ou en partie, sans le consentement exprès et par écrit du propriétaire. Celui-ci s'est réservé le droit de résilier ledit bail, sans payer aucuns dommages et intérêts, dans le cas où il vendrait la maison, et aussi dans le cas où il viendrait l'habiter lui-même, et ce, en avertissant le preneur six mois d'avance.

M. Louis Rampon devenant, par les présentes, cessionnaires dudit bail, entrera en jouissance le premier mai prochain.

Il s'engage à se conformer scrupuleusement à toutes les clauses et conditions dudit bail, et à payer exactement le propriétaire aux époques convenues. Il a remis aujourd'hui à M. Bellantier, qui le reconnaît, une somme de quinze cents francs, que ce dernier avait payée à M. Plantin, au commencement du bail, pour six mois d'avance imputables sur les six derniers mois de jouissance.

Est intervenu à la présente cession de bail M. Nicolas Plantin, propriétaire de la maison. Il a déclaré agréer, comme cessionnaire, M. Louis Rampon, qui lui fera, par la suite, les payements des loyers, et en recevra quittance, mais en réservant tous ses droits contre M. Bellantier, tant pour le payement des loyers que pour l'exécution des clauses et conditions du bail.

M. Nicolas Plantin, en autorisant la présente cession, n'entend pas par là permettre à M. Louis Rampon de céder lui-même ses droits au bail : toute cession nouvelle ou sous-location totale ou partielle devra, au contraire, être autorisée par M. Nicolas Plantin, expressément et par écrit.

Fait triple à Paris, le 15 avril mil huit cent quarante-neuf.

Ch. Bellantier. L. Rampon, N. Plantin.

Entre les soussignés :

M. Ch. Bellantier, docteur en médecine, demeurant à Paris, rue des Noyers, 46,

Et M. Isidore Mathieu, horloger, demeurant à Paris, rue de Paradis, 13, a été faite la convention suivante :

M. Ch. Bellantier sous-loue à M. Isidore Mathieu, acceptant, le rez-de-chaussée de la maison sise à Paris, rue des Noyers, 46, laquelle maison a été louée à M. Ch. Bellantier pour trois, six, ou neuf années, par M. Nicolas Plantin, suivant acte sous seing privé en date du trois février mil huit cent quarante-sept.

M. Mathieu entrera en jouissance le premier octobre prochain.

Le présent sous-bail a été fait à M. Mathieu pour deux ans, à partir du premier octobre prochain, moyennant une somme annuelle de huit cents francs, payable au locataire principal en quatre payements égaux, de trois mois en trois mois.

Le sous-locataire s'engage :

1° A garnir le logement de meubles suffisants pour garantie du loyer;

2° A rendre le logement en bon état de réparations locatives, conformément à l'état dressé entre les parties;

3° A souffrir les grosses réparations nécessaires

pendant la durée du sous-bail, sans prétendre à aucune indemnité ou diminution de prix;

4° A payer les contributions personnelle et mobilière, et celle des portes et fenêtres;

5° A ne faire aucun percement de mur, changement ou distribution nouvelle, sans le consentement exprès et par écrit du propriétaire et du locataire principal;

6° Et à satisfaire à toutes les charges dont les locataires sont ordinairement tenus.

Le sous-locataire ne pourra céder son sous-bail, ni sous-louer en tout ou en partie, sans le consentement exprès et par écrit du propriétaire et du locataire principal.

Le propriétaire s'étant réservé le droit de résilier le bail fait au locataire principal, dans le cas où il vendrait la maison et dans le cas où il viendrait l'habiter lui-même, en avertissant le locataire six mois d'avance, le sous-bail sera résilié si cette condition se réalise, sans qu'il y ait lieu à indemniser le sous-locataire, à la charge par le locataire principal de le prévenir aussitôt qu'il sera prévenu lui-même par le propriétaire.

Est intervenu au présent sous-bail M. Nicolas Plantin, propriétaire de la maison, qui a déclaré n'y point faire opposition.

Fait triple à Paris, le douze septembre mil huit cent quarante-sept.

Ch. Bellantier.   **L. Mathieu.**   *N. Plantin.*

10. Congé donné au locataire, et accepté par lui.

Entre les soussignés :

M. Nicolas Plantin, négociant, demeurant à Versailles, rue Impériale, 8,

Et M. Charles Bellantier, docteur en médecine, demeurant à Paris, rue des Noyers, 46.

A été faite la convention suivante :

M. Nicolas Plantin, propriétaire d'une maison sise à Paris, rue des Noyers, 46, et actuellement occupée par M. Ch. Bellantier, locataire, donne congé audit M. Bellantier, pour le premier avril prochain.

Et M. Charles Bellantier déclare accepter ledit congé, et s'oblige de remettre les clefs à M. Nicolas Plantin, le premier avril prochain, en justifiant de toutes les obligations des locataires sortants.

Fait double à Paris, le trente septembre mil huit cent cinquante-cinq.

N. Plantin.   *Ch. Bellantier.*

11. Acceptation de congé par le locataire.

Je soussigné, Charles Bellantier, docteur en médecine, locataire d'une maison sise à Paris, rue des Noyers, 46, et appartenant à M. Nicolas Plantin, négociant, demeurant à Versailles, rue Impériale, 8, déclare accepter le congé qui m'a été donné par M. Plantin, pour le premier avril prochain.

Paris, le trente septembre mil huit cent cinquante-cinq.

Ch. Bellantier.

12. Congé donné au propriétaire, et accepté par lui.

Entre les soussignés :

M. Charles Bellantier, docteur en médecine, demeurant à Paris, rue des Noyers, 46,

Et M. Nicolas Plantin, négociant, demeurant à Versailles, rue Impériale, 8,

A été faite la convention suivante :

M. Charles Bellantier, locataire d'une maison sise à Paris, rue des Noyers, 46, et appartenant à M. Nicolas Plantin, donne congé audit M. Plantin, pour le premier avril prochain.

Et M. Nicolas Plantin déclare accepter ledit congé, à la charge par M. Bellantier de justifier, en quittant la maison, de toutes les obligations des locataires sortants.

Fait double à Paris, le trente septembre mil huit cent cinquante-cinq.

Ch. Bellantier.　　　　　*N. Plantin.*

13. Acceptation de congé par le propriétaire.

Je soussigné, Nicolas Plantin, négociant, demeurant à Versailles, rue Impériale, 8, et propriétaire d'une maison sise à Paris, rue des Noyers, 46, laquelle est actuellement occupée par M. Charles

Bellantier, docteur en médecine, en qualité de locataire, déclare accepter le congé qui m'a été donné pour le premier avril prochain.

A Paris, le trente septembre mil huit cent cinquante-cinq.

N. Plantin.

14. Quittance de loyer.

Je soussigné, Nicolas Plantin, demeurant à Versailles, rue Impériale, reconnais avoir reçu de M. Charles Bellantier la somme de sept cent cinquante francs, pour un trimestre échu le premier juillet courant, du loyer de la maison qu'il occupe comme locataire principal, laquelle est sise à Paris, rue des Noyers, 46.

Paris, le deux juillet mil huit cent quarante-sept.

N. Plantin.

NOTA. L'acceptation de congé donné par le locataire au propriétaire peut être constatée par le propriétaire sur la quittance du loyer, ainsi qu'il suit :

Je déclare, en outre, accepter le congé de ladite maison, qui m'a été donné par M. Charles Bellantier pour le premier avril prochain.

Le congé donné par le propriétaire peut s'écrire à la suite de la quittance de loyer (Voy. chap. II, section 3, § 4, *Forme des congés*), ainsi qu'il suit :

Je déclare, en outre, donner congé de ladite

maison à M. Charles Bellantier pour le premier avril prochain.

15. Décharge d'une remise de clefs.

Je soussigné, Nicolas Plantin, demeurant à Versailles, rue Impériale, 8, propriétaire d'une maison sise à Paris, rue des Noyers, 46, reconnais que M. Charles Bellantier, locataire de ladite maison, m'en a remis les clefs, après avoir satisfait à toutes les obligations des locataires sortants.

Paris, le deux juillet mil huit cent quarante-sept.

N. Plantin.

16. Bail d'une ferme.

Entre les soussignés :

M. Étienne Renard, percepteur à Château-Salins, d'une part,

Et M. Louis Benon, cultivateur à Salone, d'autre part,

A été arrêtée la convention suivante :

M. Étienne Renard afferme par le présent bail, pour neuf années consécutives, lesquelles commenceront le..... et finiront le....., à M. Louis Benon, acceptant, les biens ci-après désignés :

(Indiquer exactement tout ce qui compose la ferme, la maison, les terrains, prairies, vignes, etc.)

Desquels biens M. Renard ne garantit pas la

contenance exacte, **M.** Benon ayant déclaré les connaître suffisamment.

Le présent bail est fait moyennant la somme annuelle de....., que le preneur s'engage à payer chaque année en deux payements égaux, dont le premier sera fait le..... prochain, le second, le...., pour être ainsi continué, de terme en terme, jusqu'à la fin du bail.

Ledit bail est fait, en outre, aux clauses et conditions suivantes :

1° Le preneur tiendra garnie ladite ferme de meubles, grains, fourrages, chevaux, bestiaux et autres objets suffisants, pour répondre des fermages et assurer la bonne exploitation de la ferme.

2° Il sera tenu de toutes les réparations locatives, et, à l'expiration du bail, il devra rendre les lieux conformément à l'état qui en sera dressé entre les parties avant l'entrée en jouissance; il sera tenu également de souffrir, sans indemnité ou diminution de prix, les grosses réparations et le transport des matériaux nécessaires.

3° Il labourera, fumera et ensemencera les terres par soles et saisons convenables, sans pouvoir les dessoler ni les dessaisonner.

4° Il convertira toutes les feuilles en fumier pour l'engrais des terres, sans pouvoir en vendre ou distraire aucune portion, et, à la fin du bail, il laissera toutes celles qui resteront.

5° Il entretiendra les clôtures, replantera les haies, videra et curera les fossés, selon que besoin sera.

6° Il façonnera et cultivera les vignes suivant, les usages des lieux, les provignera ou replantera suivant qu'il sera nécessaire.

7° Il contribuera à toutes les contributions foncières et autres établies sur la ferme louée.

8° A l'expiration du bail, il rendra les terres en bon état de labourage et culture, et également tous les ustensiles en bon état.

Il est expressément entendu, en outre, que le preneur ne pourra faire ni aucune cession de bail, ni aucun sous-bail total ou partiel, sans le consentement formel et par écrit du propriétaire.

Fait double à Château-Salins ; le trois février mil huit cent cinquante-six.

Étienne Renard.   *Louis Benon.*

OBSERVATIONS. La clause de ne pas *dessoler et dessaisonner*, se met presque toujours dans les pays où il est d'usage de cultiver par *soles* et *saisons*. (Voyez ce qui a été dit chap. III, section 2, § 3.) Voici encore d'autres clauses que l'on peut insérer dans les baux à ferme.

Le preneur ne pourra prétendre à aucune indemnité pour perte de récoltes causées par grêle, gelée, coulure, inondation, invasion, ou autres cas fortuits ordinaires ou extraordinaires, prévus ou imprévus.

En outre du prix de location, le preneur devra livrer au bailleur, au domicile de celui-ci et à l'époque de la Toussaint, *tant* de dindons, *tant* de poulets gras, *tant* de canards, etc.

Le preneur ne pourra chasser sur les terres affermées, le bailleur se réservant expressément le droit de chasse, soit pour lui, soit pour les personnes à qui il lui conviendrait de le céder ; ou *au contraire :* le preneur aura le droit de chasse qui lui est affermé conjointement avec le fonds. (En l'absence de clause à cet égard, le droit de chasse appartient au bailleur, suivant l'opinion la plus générale.)

On insère souvent aussi dans les baux des clauses qui ont pour but de préciser en quoi consisteront les réparations locatives. Ainsi le preneur peut être chargé, dit M. Troplong :

De serfouir et regratter le plant fruitier, d'épiner les entes, d'arracher deux fois l'an, en juillet et en septembre, les ronces, épines, genêts et autres mauvaises productions qui croissent sur les fonds ;

De curer de trois en trois ans les rigoles des prés, ainsi que les mares destinées à abreuver les bestiaux ;

De détruire les taupes et les fourmilières ;

De faire fournir et employer tous les ans, sur les bâtiments couverts en chaume, une certaine quantité de paille, osier et gaules, pour servir aux couvertures ;

De faire faire annuellement un certain nombre de journées de terrassiers (ordinairement dix journées), afin de curer les fossés et relever les palissades, de manière que les bestiaux ne puissent sortir, et que les haies soient en bon état ;

De faire faire aussi chaque année un certain nombre de journées de maître maçon (douze ordinairement), pour réparer les bâtiments de la ferme, de telle sorte que le preneur, en justifiant à la fin de son bail des quittances d'ouvriers, se trouve libéré des réparations locatives ; à l'exception toutefois du pavage des cuisines et des chambres, des ustensiles du four, des serrures des portes, des ferrements des fenêtres, lesquels objets il sera tenu de rendre en bon état, de même que les tonnes qui se trouvent dans la cave de la ferme.

10

S'il y a un cheptel attaché à la ferme, voyez pour les clauses de ce cheptel la formule 22, et rédigez-les à la suite du bail.

17. Bail de vignes.

Entre les soussignés :

M. Charles Bitaubé, conducteur des ponts et chaussées à Nancy, d'une part,

Et M. Nicolas Meyer, propriétaire à Vic, d'autre part,

Il a été dit et convenu ce qui suit :

M. Bitaubé afferme à M. Meyer, acceptant, pour neuf années consécutives, qui commenceront à la Saint-Martin prochaine (onze novembre), et finiront à pareil jour, trois pièces de vigne sises sur le ban de Vic, et d'une contenance totale d'environ un hectare soixante ares, savoir :

Une pièce au lieu dit des *Argauts*, tenant du levant à...; du midi à...; du couchant à...; du nord à...; et contenant environ quatre-vingt-deux ares ;

Une pièce au lieu dit des *Coupe-Bords*, tenant à..., etc., et contenant environ vingt-trois ares ;

Une pièce au lieu dit de la *Croix-Grise*, tenant à..., etc., et contenant environ cinquante-cinq ares.

M. Bitaubé ne garantit pas la contenance exacte desdites pièces de vigne, M. Meyer ayant déclaré les connaître suffisamment.

Le présent bail est fait moyennant la somme

annuelle de cent soixante-dix francs, payable tous les ans à la Saint-Martin, au domicile du bailleur.

Ledit bail est fait, en outre, aux clauses et conditions suivantes :

1° Le preneur cultivera et façonnera les vignes en temps et saison convenables, les provignera quand il sera nécessaire, les garnira complétement d'échalas, les fumera suffisamment, et ne les chargera pas d'une manière excessive, au préjudice du fonds.

2° Il entretiendra les espaliers qui se trouvent dans lesdites vignes, les taillera en saison convenable, et remplacera ceux qui viendront à périr.

3° Il livrera annuellement à M. Bitaubé, en sa demeure et à l'époque de la vendange, une corbeille de raisins noirs et une corbeille de raisins blancs choisis parmi les plus mûrs.

4° Il payera l'impôt foncier pendant la durée du bail.

Fait double, à Nancy, le vingt octobre mil huit cent cinquante-huit.

Ch. Bitaubé.   *N. Meyer.*

18. Bail d'un moulin.

Entre les soussignés :

M. Charles Varin, propriétaire à Metz, d'une part,

Et M. Philippe Pulpain, meunier à Thionville, d'autre part,

Il a été dit et convenu ce qui suit :

M. Varin loue à M. Pulpain, acceptant, un moulin sis à..., sur la rivière de..., ledit moulin, garni des battants, tournants, virants, travaillants et autres ustensiles nécessaires, ensemble plusieurs pièces de terre qui en dépendent et qui contiennent en totalité environ quatre hectares vingt-cinq ares; le tout pour six années, qui commenceront le... et finiront le...

Le preneur déclare connaître suffisamment le moulin et les terres qui en dépendent, lesquelles lui sont louées sans garantie de leur contenance exacte.

Le bail est fait moyennant la somme annuelle de..., que le preneur s'engage à payer chaque année, au domicile du bailleur, en deux payements égaux, dont le premier sera fait le... prochain, le second le..., pour être ainsi continué, de terme en terme, jusqu'à la fin du bail.

Il sera fait un état descriptif et estimatif des meules, battants, tournants, virants, travaillants et autres ustensiles qui garnissent actuellement le moulin, et le preneur l'entretiendra en bon état de réparations locatives, conformément à cet état, et le rendra tel à la fin du bail. Si, à la fin du bail, il y a plus-value ou moins-value, les parties se tiendront respectivement compte de la différence.

Le preneur souffrira sans diminution de prix les grosses réparations nécessaires au moulin et aux bâtiments y attenant, pendant la durée du bail. Si néanmoins ces réparations durent plus de quarante jours, le bailleur indemnisera le preneur du préjudice à lui causé par le chômage du moulin.

Le bail des terres dépendant du moulin est fait, en outre, aux clauses et conditions suivantes (*voyez le modèle n° 16* pour ces conditions).

Il est expressément entendu que le preneur ne pourra faire ni aucune cession de bail, ni aucun sous-bail total ou partiel, sans le consentement formel et par écrit du propriétaire.

Fait double à Metz, le quinze juillet mil huit cent cinquante-quatre.

Ch. Varin.   *Ph. Pulpain.*

19. Bail à colonage partiaire ou à partage de fruits.

Entre les soussignés :

M. Armand Dunois, propriétaire à Paris, d'une part,

Et M. Émile Durand, cultivateur à Montrouge, d'autre part,

Il a été dit et convenu ce qui suit :

M. Armand Dunois donne à titre de bail à partage de fruits et pour neuf années consécutives, lesquelles commenceront le... et finiront le..., à M. Émile Durand, acceptant, les biens ci-après désignés :

(Indiquer exactement ce qui compose la métairie, la maison, les terrains, prairies, vignes, etc.)

10.

M. Durand déclare bien connaître lesdits biens et n'avoir pas besoin de désignations plus amples ou plus détaillées.

Le bail est fait aux clauses et conditions suivantes :

1° Le bailleur et le preneur fourniront chacun la moitié des semences.

2° Les pailles et fourrages récoltés seront employés à la nourriture des bestiaux, et, en cas d'insuffisance, le surplus sera acheté à frais communs.

3° Le preneur engrangera les récoltes dans les bâtiments à ce destinés et à ses frais. Toutes les opérations des récoltes, sciage, battage, vannage, criblage, transports, vendanges, etc., seront également à ses frais.

4° Toutes les récoltes seront partagées par moitié entre M. Dunois et M. Durand. Ce partage sera fait pour les grains, sur l'aire, à l'hectolitre, et pour les autres récoltes, elles seront partagées aussitôt qu'elles seront recueillies.

5° Les révoltes revenant au bailleur seront charriées à son domicile, aux frais du preneur, immédiatement après le partage.

6° Pour que le bailleur puisse assister ou se faire représenter à toutes les opérations des récoltes, il en sera prévenu au moins trois jours d'avance.

7° Le preneur ensemencera chaque année au moins *tant* d'hectares en blé froment de première qualité.

8° Il payera toutes les contributions foncières et autres établies sur la métairie.

S'il y a un cheptel attaché à la métairie, voyez, **pour les** clauses de ce cheptel, formule 23, et rédigez-les à **la suite** du bail.

Fait double à Paris, le treize mars mil huit **cent** cinquante-huit.

Armand Dunois.   *Émile Durand.*

20. Bail à cheptel simple.

Entre les soussignés :

M. Claude Petitot, propriétaire, demeurant à..., d'une part,

Et M. Augustin Bossut, cultivateur, demeurant à..., d'autre part,

Il a été dit et convenu ce qui suit :

M. Petitot donne à M. Bossut, acceptant, à titre de cheptel simple, pour six années consécutives à partir de ce jour, le fonds de bétail ci-après désigné, savoir :

Deux vaches sous poil blanc, dont l'une tachetée de rouge et l'autre de noir, âgées d'environ trois ans, estimées chacune ... francs, etc.

(Désigner chaque bête, en faisant connaître son âge, son poil, sa valeur.)

Ce qui porte la valeur totale du fonds de bétail à ... francs.

Duquel fonds de bétail M. Bossut a été mis en possession, pour profiter seul des laitages, du fu-

mier et du travail des animaux, et partager la
laine et le croît avec M. Petitot.

Le présent bail est fait, en outre, aux clauses et
conditions suivantes :

1° M. Bossut logera, nourrira et soignera en
bon père de famille les animaux à lui confiés.

2° Il ne pourra disposer d'aucune bête du troupeau, soit du fonds, soit du croît, pour les vendre
ou déplacer de quelque manière que ce soit, sans
le consentement du bailleur, à peine de dommages
et intérêts.

3° Il ne fera aucune tonte sans en prévenir le
bailleur quelques jours d'avance.

4° A la fin du bail il sera fait une nouvelle estimation de cheptel par trois experts, que d'ici à cette
époque les parties aviseront à nommer. — Le bailleur prélèvera des bêtes de chaque espèce, jusqu'à
concurrence de la première estimation; l'excédant
se partagera par moitié.

5° Chaque partie pourra, dans le courant de
chaque année, demander le partage des croîts.—
A cet effet, on commencera par remplacer par le
croît existant ce que le bétail aura perdu en valeur, et le surplus de ce croît sera partagé.

6° Si le cheptel périt en entier, sans la faute du
preneur, la perte en sera pour le bailleur. — S'il
périt en partie sans la faute du preneur, la perte
en sera supportée par moitié, entre le bailleur et
le preneur, au moyen du remplacement des bestiaux manquant par le croît, de manière que le
surplus du croît soit partagé. — Si le croît n'est

pas suffisant pour couvrir la part du preneur dans la perte du cheptel, il payera le déficit en argent; ou, *au contraire*, dans tous les cas, le cheptelier ne remplacera les animaux qui ont péri que jusqu'à concurrence du croît.

7° Si quelques bêtes périssent, se perdent, ou sont estropiées par la faute ou l'imprudence du preneur ou de ses gens, le preneur payera au bailleur, aussitôt après la perte, la somme de... pour chaque brebis, et la somme de... pour chaque vache.

8° Dans tous les cas, le preneur sera tenu de rendre compte des peaux, de représenter les peaux des bêtes, à moins qu'une maladie épizootique n'ait obligé d'enfouir l'animal avec sa peau, ou que le preneur ne donne toute autre raison valable de l'impossibilité où il est de représenter les peaux.

Fait double à. . . . . le. . . . .

    Cl. Petitot.   *Aug. Bossut.*

21. Cheptel à moitié.

Entre les soussignés :

M. Claude Petitot, propriétaire, demeurant à..., d'une part,

Et M. Augustin Bossut, cultivateur, demeurant à....., d'autre part,

Il a été dit et convenu ce qui suit :

M. Petitot donne à M. Bossut, acceptant, à titre de cheptel à moitié pour six années consécutives, à partir de ce jour, les bestiaux dont le détail suit (désigner ici les bestiaux en question), pour ces bestiaux être réunis à ceux de M. Bossut, dont le détail suit (désigner ici ces bestiaux), et ne former ensemble qu'un seul fonds de bétail commun aux deux parties.

Duquel fonds de bétail M. Bossut a été mis en possession pour profiter seul des laitages, du fumier et du travail des animaux, et partager la laine et le croît avec M. Petitot.

Le présent bail est fait, en outre, aux clauses et conditions suivantes :

1° M. Bossut logera, nourrira et soignera en bon père de famille les animaux à lui confiés.

2° Il ne pourra disposer d'aucune bête du troupeau, soit du fonds, soit du croît, pour les vendre ou déplacer de quelque manière que ce soit, sans le consentement de M. Petitot, à peine de dommages et intérêts.

3° Il ne fera aucune tonte sans en prévenir le bailleur quelques jours d'avance.

4° La valeur totale du cheptel est estimée à la somme de..... — A la fin du bail, il sera fait une nouvelle estimation du cheptel par trois experts, que, d'ici à cette époque, les parties aviseront à nommer. — Les experts composeront ensuite du fonds de bétail deux lots qui seront tirés au sort par les parties.

5° Chaque partie pourra, dans le courant de chaque année, demander le partage des croîts. — A cet effet, on commencera par remplacer par le croît existant ce que le bétail aura perdu en valeur, et le surplus de ce croît sera partagé.

6° Si le cheptel périt en entier ou en partie sans la faute du preneur, celui-ci ne devra aucune indemnité au bailleur, et le partage, en cas de perte partielle par cas fortuit, se fera à la fin du bail, comme il a été dit ci-dessus, au n° 4.

7° Si quelques bêtes périssent, se perdent, ou sont estropiées par la faute ou l'imprudence du preneur ou de ses gens, le preneur payera au bailleur, aussitôt après la perte, la somme de..... pour chaque brebis, et la somme de..... pour chaque vache.

8° Dans tous les cas, le preneur sera tenu de représenter les peaux des bêtes, à moins qu'une maladie épizootique n'ait obligé d'enfouir l'animal avec sa peau, ou que le preneur ne donne toute autre raison valable de l'impossibilité où il est de représenter ces peaux.

Fait double à..... le.....

Cl. Petitot.   *A. Bossut.*

22. Cheptel donné au fermier ou cheptel de fer.

Entre les soussignés :

M. Claude Petitot, propriétaire, demeurant à....., d'une part,

Et M. Augustin Bossut, cultivateur, demeurant à....., d'autre part,

Il a été dit et convenu ce qui suit :

M. Bossut, fermier d'un domaine appartenant à

M. Petitot, suivant acte en date du....., jouira, à titre de cheptel de fer, pendant la durée de son bail, des animaux attachés à la ferme, et ci-après désignés (*désigner et estimer ici ces animaux*).

La valeur du cheptel a été fixée à la somme de..... francs, et, à la fin du bail, le preneur devra laisser un fonds de bétail de même nature et de même valeur, d'après l'estimation qui en sera faite par trois experts nommés par les parties.

Le preneur nourrira et soignera à ses frais lesdits animaux, et ne pourra s'en servir que pour la culture des terres de la ferme. — Tous les croîts et profits du cheptel lui appartiendront; mais il devra employer les fumiers à l'engrais des terres de la ferme, sans en vendre ou distraire aucune partie. — La perte du cheptel, même totale et par cas fortuit, sera pour le preneur.

Fait double à....., le.....

Cl. Petitot.   A. Bossut.

NOTA. Le cheptel de fer est un accessoire du bail à ferme, et se rédige ordinairement à la suite de ce bail; dans ce cas, il n'est soumis à aucun droit particulier d'enregistrement.

23. Cheptel donné au colon partiaire.

Entre les soussignés :

M. Claude Petitot, propriétaire, demeurant à....., d'une part,

Et M. Augustin Bossut, cultivateur, demeurant à....., d'autre part,

Il a été dit et convenu ce qui suit :

M. Bossut, colon partiaire d'une métairie appartenant à M. Petitot, suivant acte en date du...., jouira, à titre de cheptel, pendant la durée de son bail, des animaux attachés à la métairie, et ci-après désignés (*désigner et estimer ici ces animaux*), ce qui porte la valeur totale du fonds de bétail à..... francs.

Continuer cet acte en suivant la formule n° 20, à partir des mots : *Duquel fonds de bétail M. Bossut*, etc. Seulement, on pourra introduire ici les clauses suivantes, prohibées dans le cheptel simple :

Que le colon délaissera au bailleur sa part de la toison à un prix inférieur à la valeur ordinaire ; que le bailleur aura une plus grande part du profit; qu'il aura la moitié des laitages.

Terminer comme au n° 20 :

Fait double à....., le.....

    C. Petitot.   *Aug. Bossut.*

21. Contrat improprement appelé cheptel, aussi nommé bail de vaches.

Entre les soussignés :

M. Claude Petitot, propriétaire, demeurant à....., d'une part,

Et M. Augustin Bossut, cultivateur, demeurant à....., d'autre part,

Il a été dit et convenu ce qui suit :

M. Petitot livre à M. Bossut, acceptant, huit

vaches laitières dont la désignation et l'estimation suivent. (*Faire connaître ici l'âge, le poil et la valeur de ces animaux.*)

M. Bossut nourrira et logera lesdites vaches pendant quatre ans, à partir d'aujourd'hui. Il aura le laitage et le fumier, et devra fournir la paille destinée à la litière; *ou bien :* il aura le laitage; le fumier appartiendra à M. Petitot, qui fournira la litière.

M. Petitot aura le profit des veaux qui naîtront, et pourra les laisser auprès de la mère jusqu'à ce qu'ils aient atteint l'âge de quatre semaines, si mieux il n'aime les retirer plus tôt; pendant ces quatre semaines, M. Bossut devra laisser aux veaux la quantité de lait suffisante pour les nourrir.

M. Bossut aura pour les vaches les soins d'un bon père de famille; si, par sa faute, une ou plusieurs d'entre elles viennent à périr, il en payera immédiatement la valeur au propriétaire, suivant l'estimation ci-dessus. — Si une ou plusieurs vaches périssent sans la faute de M. Bossut, la perte sera pour le propriétaire, à la charge par M. Bossut de prouver le cas fortuit et de représenter les peaux, ou de justifier de l'impossibilité de les représenter.

M. Bossut ne pourra céder à personne les droits de jouissance stipulés à son profit, par les présentes, sans le consentement exprès et par écrit de M. Petitot.

Fait double, à . . . . .; le . . . . .

   C. Petitot.   *Aug. Bossut.*

25. Bail de meubles.

Entre les soussignés :

M. Joseph Lantier, homme de lettres, demeurant à Paris, rue de Seine, 25, d'une part,

Et M. Christophe Glandon, marchand de meubles, demeurant à Paris, rue de Rivoli, 83, d'autre part,

Il a été dit et convenu ce qui suit :

M. Glandon donne à loyer à M. Lantier, pour trois ans, à partir de ce jour, les meubles ci-après désignés et estimés. (*Faire ici cette désignation et cette estimation.*)

Le présent bail est fait à raison d'une somme annuelle de..., que M. Lantier s'oblige à payer en son domicile, au porteur de mes quittances, en deux payements égaux, dont le premier aura lieu le... et le second le... de chaque année.

Lesdits meubles ont été transportés dans la maison occupée par M. Lantier, rue de Seine, 25. M. Lantier s'oblige à les rendre en bon état à la fin de la jouissance, ou à payer le dommage, s'il y a lieu.

Il ne pourra ni déplacer les meubles, ni céder son droit au présent bail, sans le consentement exprès et par écrit du bailleur.

Fait double à Paris, le....

    J. Lantier.   *C. Glandon.*

OBSERVATION. Le privilége du bailleur de meubles s'exerce avant celui du propriétaire de la maison où se trouvent les

meubles, *si le propriétaire avait connaissance que les meubles n'appartenaient pas au locataire*; sinon le privilége du
propriétaire de la maison prime celui du bailleur de meubles. Pour conserver l'ordre de son privilége, le bailleur de
meubles doit donc faire notifier au propriétaire de la
maison où sont placés ses meubles le bail desdits meubles,
après l'avoir fait enregistrer, pour lui faire acquérir date
certaine.

CHAPITRE VIII.

COMPÉTENCE DES JUGES DE PAIX ET DES TRIBUNAUX CIVILS, EN CE QUI TOUCHE LES CONTESTATIONS ENTRE PROPRIÉTAIRES ET LOCATAIRES.

En général, les juges de paix connaissent de
toutes actions purement personnelles ou mobilières
jusqu'à la valeur de 100 fr., et à charge d'appel
jusqu'à la valeur de 200 fr. Il faut entendre ici par
actions purement personnelles ou mobilières tous
les procès qui n'ont pas rapport aux immeubles.

En outre, ils connaissent sans appel jusqu'à la
valeur de 100 fr., et à charge d'appel jusqu'au
taux de la compétence en dernier ressort des tribunaux de première instance, c'est-à-dire jusqu'à
1,500 fr. :

1° Des contestations entre les hôteliers, aubergistes ou logeurs et les voyageurs ou locataires en

garni, pour dépense d'hôtellerie et perte ou avarie d'effets déposés dans l'auberge ou dans l'hôtel; entre les voyageurs et les carrossiers ou autres ouvriers, pour fournitures, salaires et réparations faites aux voitures de voyage;

2° Des indemnités réclamées par le locataire ou fermier pour non-jouissance provenant du fait du propriétaire, lorsque le droit à une indemnité n'est pas contesté. — Si le droit à l'indemnité est contesté, ou si la non-jouissance provient d'un fait étranger au propriétaire, le juge de paix est incompétent, à moins que la demande ne se trouve renfermée dans les limites de valeur posées plus haut, et dans lesquelles les juges de paix connaissent de toutes actions personnelles et mobilières;

3° Des dégradations et des pertes dans les cas prévus par les articles 1732 et 1735 du Code Napoléon : « Le preneur répond des dégradations et des pertes qui arrivent pendant la jouissance, à moins qu'il ne prouve qu'elles ont eu lieu sans sa faute. » (C. N. 1732). — « Le preneur est tenu des dégradations et des pertes qui arrivent par le fait des personnes de sa maison ou de sous-locataires. » — Néanmoins le juge de paix ne connaît des pertes causées par incendie ou inondation que jusqu'à la limite de 200 fr.

Le juge de paix connaît encore sans appel jusqu'à la valeur de 100 fr., et indéfiniment à charge d'appel :

Des actions en payement de loyers ou fermages,

de congés, de demandes en résiliation de baux, fondées sur le seul défaut de payement des loyers ou fermages, des expulsions de lieux et des demandes en validité de saisie-gagerie, le tout lorsque les locations verbales ou par écrit n'excèdent pas annuellement 400 fr.—Si le prix principal du bail consiste en denrées ou prestations en nature, appréciables d'après les mercuriales, l'évaluation sera faite sur celle du jour de l'échéance, lorsqu'il s'agira du payement des fermages; dans tous les autres cas, elle aura lieu suivant les mercuriales du mois qui aura précédé la demande. — Si le prix principal du bail consiste en prestations non appréciables d'après les mercuriales, ou s'il s'agit de baux à colons partiaires, le juge de paix déterminera la compétence en prenant pour base du revenu de la propriété le principal de la contribution foncière de l'année courante, multiplié par cinq. — Remarquez que la demande en résiliation de bail, pour être de la compétence du juge de paix, doit être fondée sur le défaut de payement des loyers ou fermages; fondée sur tout autre motif, elle ne serait plus de la compétence de ce magistrat.

Les juges de paix connaissent également sans appel jusqu'à la valeur de 100 fr., et à charge d'appel, à quelque valeur que la demande puisse s'élever :

1° Des actions pour dommages faits aux champs, fruits et récoltes, soit par l'homme, soit par les animaux, et de celles relatives à l'élagage des arbres ou haies, et au curage soit des fossés, soit des canaux servant à l'irrigation des propriétés ou au mouvement des usines, *lorsque les droits de propriété ou de servitude ne sont pas contestés;*

2° Des réparations locatives des maisons ou fermes, mises par la loi à la charge du locataire.

Les juges de paix connaissent jusqu'à une valeur indéfinie, mais toujours à charge d'appel,

1° Des entreprises *commises dans l'année* sur les cours d'eau servant à l'irrigation des propriétés et au mouvement des usines et moulins, sans préjudice des attributions de l'autorité administrative dans les cas déterminés par les lois et par les règlements; des dénonciations de nouvel œuvre, complaintes, demandes en réintégrande et autres actions possessoires fondées sur des faits également *commis dans l'année;*

2° Des actions en bornage et de celles relatives à la distance prescrite par la loi et les règlements particuliers à l'usage des lieux pour les plantations d'arbres ou de haies, *lorsque la propriété ou les titres qui l'établissent ne sont pas contestés;*

3° Des actions relatives aux constructions et travaux énoncés dans l'article 674 du Code Napoléon, *lorsque la propriété ou la mitoyenneté du mur ne sont pas contestées.* — « Celui qui fait creuser un puits ou une fosse d'aisances près d'un mur mitoyen ou non; celui qui veut y faire construire cheminée ou âtre, forge ou fourneau, y adosser une étable, ou établir contre ce mur un magasin de sel ou un amas de matières corrosives, est obligé à laisser la distance prescrite par les règlements et usages particuliers sur ces objets, ou à faire les ouvrages prescrits par les mêmes règlements et usages, pour éviter de nuire au voisin. »

Les contestations entre les propriétaires et les locataires ou fermiers, qui ne rentrent pas dans un des cas ci-dessus comme étant de la compétence des juges de paix, doivent se porter devant le tribunal de première instance.

Dans les cas où la décision du juge de paix est sujette à appel, cet appel se porte aussi devant le tribunal de première instance.

Voyez au surplus ce qui a été dit chapitre I, section 16, §§ 2, 3 et 4 ; et chapitre II, section 3, § 5.

CHAPITRE IX.

DE L'EXPROPRIATION POUR CAUSE D'UTILITÉ PUBLIQUE.

Le propriétaire et le locataire peuvent être expropriés pour cause d'utilité publique. Comme aujourd'hui les expropriations pour cause d'utilité publique sont très-fréquentes, surtout à Paris, cette matière est du plus haut intérêt pour le propriétaire et pour le locataire. Nous allons donner en entier le texte des lois qui la régissent.

Loi du 3 mai 1841 sur l'expropriation pour cause d'utilité publique.

TITRE Ier.

DISPOSITIONS PRÉLIMINAIRES.

Article 1. L'expropriation pour cause d'utilité publique s'opère par autorité de justice.

2. Les tribunaux ne peuvent prononcer l'expropriation qu'autant que l'utilité en a été constatée et déclarée dans les formes prescrites par la présente loi. Ces formes consistent : — 1° Dans la loi ou l'ordonnance royale qui autorise l'exécution des travaux pour lesquels l'expropriation est requise ; — 2° Dans l'acte du préfet qui désigne les localités ou territoires sur lesquels les travaux doivent avoir lieu, lorsque cette désignation ne résulte pas de la loi ou de l'ordonnance royale ; — 3° Dans l'arrêté ultérieur par lequel le préfet détermine les propriétés particulières auxquelles l'expropriation est applicable. — Cette application ne peut être faite à aucune propriété particulière qu'après que les parties intéressées ont été mises en état d'y fournir leurs contredits, selon les règles exprimées au titre II.

3. Tous grands travaux publics, routes royales, canaux, chemins de fer, canalisation des rivières, bassins et docks, entrepris par l'État, les départements, les communes, ou par compagnies particulières, avec ou sans péage, avec ou sans subside du Trésor, avec ou sans aliénation du domaine public, ne pourront être exécutés qu'en vertu d'une loi, qui ne sera rendue

11.

qu'après une enquête administrative. Une ordonnance royale suffira pour autoriser l'exécution des routes départementales, celle des canaux et chemins de fer d'embranchement de moins de vingt mille mètres de longueur, des ponts et de tous autres travaux de moindre importance. — Cette ordonnance devra également être précédée d'une enquête. — Ces enquêtes auront lieu dans les formes déterminées par un règlement d'administration publique.

TITRE II.

DES MESURES D'ADMINISTRATION RELATIVES A L'EXPROPRIATION.

4. Les ingénieurs ou autres gens de l'art chargés de l'exécution des travaux lèvent, pour la partie qui s'étend sur chaque commune, le plan parcellaire des terrains ou des édifices dont la cession leur paraît nécessaire.

5. Le plan desdites propriétés particulières, indicatif des noms de chaque propriétaire, tels qu'ils sont inscrits sur la matrice des rôles, reste déposé pendant huit jours à la mairie de la commune où les propriétés sont situées, afin que chacun puisse en prendre connaissance.

6. Le délai fixé à l'article précédent ne court qu'à dater de l'avertissement, qui est donné collectivement aux parties intéressées, de prendre communication du plan déposé à la mairie. — Cet avertissement est publié à son de trompe ou de caisse dans la commune, et

affiché tant à la principale porte de l'église du lieu qu'à celle de la maison commune. — Il est en outre inséré dans l'un des journaux publiés dans l'arrondissement, ou, s'il n'en existe aucun, dans l'un des journaux du département.

7. Le maire certifie ces publications et affiches ; il mentionne sur un procès-verbal qu'il ouvre à cet effet, et que les parties qui comparaissent sont requises de signer, les déclarations et réclamations qui lui ont été faites verbalement, et y annexe celles qui lui sont transmises par écrit.

8. A l'expiration du délai de huitaine prescrit par l'article 5, une commission se réunit au chef-lieu de la sous-préfecture. — Cette commission, présidée par le sous-préfet de l'arrondissement, sera composée de quatre membres du conseil général du département ou du conseil de l'arrondissement, désignés par le préfet, du maire de la commune où les propriétés sont situées, et de l'un des ingénieurs chargés de l'exécution des travaux. — La commission ne peut délibérer valablement qu'autant que cinq de ses membres sont présents. — Dans le cas où le nombre de membres présents serait de six, et où il y aurait partage d'opinions, la voix du président sera prépondérante. — Les propriétaires qu'il s'agit d'exproprier ne peuvent être appelés à faire partie de la commission.

9. La commission reçoit pendant huit jours les observations des propriétaires. — Elle les appelle toutes les fois qu'elle le juge convenable. Elle donne son avis. — Ses opérations doivent être terminées dans le délai

de dix jours; après quoi le procès-verbal est adressé immédiatement par le sous-préfet au préfet. — Dans le cas où lesdites opérations n'auraient pas été mises à fin dans le délai ci-dessus, le sous-préfet devra, dans les trois jours, transmettre au préfet son procès-verbal et les documents recueillis.

10. Si la commission propose quelque changement au tracé indiqué par les ingénieurs, le sous-préfet devra, dans la forme indiquée par l'article 6, en donner immédiatement avis aux propriétaires que ces changements pourront intéresser. Pendant huitaine, à dater de cet avertissement, le procès-verbal et les pièces resteront à la sous-préfecture; les parties intéressées pourront en prendre communication sans déplacement et sans frais, et fournir leurs observations écrites. — Dans les trois jours suivants, le sous-préfet transmettra toutes les pièces à la préfecture.

11. Sur le vu du procès-verbal et des documents y annexés, le préfet détermine, par un arrêté motivé, les propriétés qui doivent être cédées, et indique l'époque à laquelle il sera nécessaire d'en prendre possession. Toutefois, dans le cas où il résulterait, de l'avis de la commission, qu'il y aurait lieu de modifier le tracé des travaux ordonnés, le préfet surseoira jusqu'à ce qu'il ait été prononcé par l'administration supérieure. — L'administration supérieure pourra, suivant les circonstances, ou statuer définitivement, ou ordonner qu'il soit procédé de nouveau à tout ou partie des formalités prescrites par les articles précédents.

12. Les dispositions des articles 8, 9 et 10 ne sont

point applicables au cas où l'expropriation serait demandée par une commune, et dans un intérêt purement communal, non plus qu'aux travaux d'ouverture ou de redressement des chemins vicinaux. — Dans ce cas, le procès-verbal prescrit par l'article 7 est transmis, avec l'avis du conseil municipal, par le maire au sous-préfet, qui l'adressera au préfet avec ses observations. — Le préfet, en conseil de préfecture, sur le vu de ce procès-verbal, et sauf l'approbation de l'administration supérieure, prononcera comme il est dit en l'article précédent.

TITRE III.

DE L'EXPROPRIATION ET DE SES SUITES, QUANT AUX PRIVILÉGES, HYPOTHÈQUES ET AUTRES DROITS RÉELS.

13. Si des biens de mineurs, d'interdits, d'absents, ou autres incapables, sont compris dans les plans déposés en vertu de l'article 5, ou dans les modifications admises par l'administration supérieure, aux termes de l'article 11 de la présente loi, les tuteurs, ceux qui ont été envoyés en possession provisoire, et tous représentants des incapables, peuvent, après autorisation du tribunal, donnée sur simple requête, en la chambre du conseil, le ministère public entendu, consentir amiablement à l'aliénation desdits biens. — Le tribunal ordonne les mesures de conservation ou de remploi qu'il juge nécessaires. — Ces dispositions sont applicables aux immeubles dotaux et aux majorats. —

Les préfets pourront, dans le même cas, aliéner les biens des départements, s'ils y sont autorisés par délibération du conseil général ; les maires ou administrateurs pourront aliéner les biens des communes ou établissements publics, s'ils y sont autorisés par délibération du conseil municipal ou du conseil d'administration, approuvée par le préfet en conseil de préfecture. — Le ministre des finances peut consentir à l'aliénation des biens de l'État, ou de ceux qui font partie de la dotation de la couronne, sur la proposition de l'intendant de la liste civile. — A défaut de conventions amiables, soit avec les propriétaires des terrains ou bâtiments dont la cession est reconnue nécessaire, soit avec ceux qui les représentent, le préfet transmet au procureur du roi, dans le ressort duquel les biens sont situés, la loi ou l'ordonnance qui autorise l'exécution des travaux, et l'arrêté mentionné en l'article 11.

14. Dans les trois jours, et sur la production des pièces constatant que les formalités prescrites par l'article 2, du titre Ier, et par le titre II de la présente loi ont été remplies, le procureur du roi requiert et le tribunal prononce l'expropriation pour cause d'utilité publique des terrains ou bâtiments indiqués dans l'arrêté du préfet. — Si, dans l'année de l'arrêté du préfet, l'administration n'a pas poursuivi l'expropriation, tout propriétaire dont les terrains sont compris audit arrêté peut présenter requête au tribunal. Cette requête sera communiquée par le procureur du roi au préfet, qui devra, dans le plus bref délai, envoyer les

pièces, et le tribunal statuera dans les trois jours. — Le même jugement commet un des membres du tribunal pour remplir les fonctions attribuées par le titre IV, n° 2°, au magistrat directeur du jury chargé de fixer l'indemnité, et désigne un autre membre pour le remplacer au besoin. — En cas d'absence ou d'empêchement de ces deux magistrats, il sera pourvu à leur remplacement par une ordonnance sur requête du président du tribunal civil. — Dans le cas où les propriétaires à exproprier consentiraient à la cession, mais où il n'y aurait pas accord sur le prix, le tribunal donnera acte du consentement, et désignera le magistrat directeur du jury, sans qu'il soit besoin de rendre le jugement d'expropriation, ni de s'assurer que les formalités prescrites par le titre II ont été remplies.

15. Le jugement est publié et affiché, par extrait, dans la commune de la situation des biens, de la manière indiquée en l'article 6. Il est en outre inséré dans l'un des journaux publiés dans l'arrondissement, ou, s'il n'en existe aucun, dans l'un de ceux du département. — Cet extrait, contenant les noms des propriétaires, les motifs et le dispositif du jugement, leur est notifié au domicile qu'ils auront élu dans l'arrondissement de la situation des biens, par une déclaration faite à la mairie de la commune où les biens sont situés ; et, dans le cas où cette élection de domicile n'aurait pas eu lieu, la notification de l'extrait sera faite en double copie au maire et au fermier, locataire, gardien ou régisseur de la propriété.

— Toutes les autres notifications prescrites par la présente loi seront faites dans la forme ci-dessus indiquée.

16. Le jugement sera, immédiatement après l'accomplissement des formalités prescrites par l'article 15 de la présente loi, transcrit au bureau de la conservation des hypothèques de l'arrondissement, conformément à l'article 2181 du code civil..

17. Dans la quinzaine de la transcription, les priviléges et les hypothèques conventionnelles, judiciaires ou légales, seront inscrits. — A défaut d'inscription dans ce délai, l'immeuble exproprié sera affranchi de tous priviléges et hypothèques, de quelque nature qu'ils soient, sans préjudice des droits des femmes, mineurs et interdits, sur le montant de l'indemnité, tant qu'elle n'a pas été payée ou que l'ordre n'a pas été réglé définitivement entre les créanciers. — Les créanciers inscrits n'auront, dans aucun cas, la faculté de surenchérir, mais ils pourront exiger que l'indemnité soit fixée conformément au titre IV.

18. Les actions en résolution, en revendication, et toutes autres actions réelles, ne pourront arrêter l'expropriation ni en empêcher l'effet. Le droit des réclamants sera transporté sur le prix, et l'immeuble en demeurera affranchi.

19. Les règles posées dans le premier paragraphe de l'article 15 et dans les articles 16, 17 et 18, sont applicables dans le cas de conventions amiables passées entre l'administration et les propriétaires. — Cependant l'administration peut, sauf les droits des tiers,

et sans accomplir les formalités ci-dessus tracées, payer le prix des acquisitions dont la valeur ne s'élèverait pas au-dessus de 500 fr. — Le défaut d'accomplissement des formalités de la purge des hypothèques n'empêche pas l'expropriation d'avoir son cours, sauf, pour les parties intéressées, à faire valoir leurs droits ultérieurement, dans les formes déterminées par le titre IV de la présente loi.

20. Le jugement ne pourra être attaqué que par la voie du recours en cassation, et seulement pour incompétence, excès de pouvoir ou vices de forme du jugement. — Le pourvoi aura lieu, au plus tard, dans les trois jours à dater de la notification du jugement, par déclaration au greffe du tribunal. Il sera notifié dans la huitaine, soit à la partie, au domicile indiqué par l'article 15, soit au préfet ou au maire, suivant la nature des travaux, le tout à peine de déchéance. — Dans la quinzaine de la notification du pourvoi, les pièces seront adressées à la chambre civile de la cour de cassation, qui statuera dans le mois suivant. — L'arrêt, s'il est rendu par défaut, à l'expiration de ce délai, ne sera pas susceptible d'opposition.

TITRE IV.

DU RÈGLEMENT DES INDEMNITÉS.

1° *Mesures préparatoires.*

21. Dans la huitaine qui suit la notification prescrite par l'article 15, le propriétaire est tenu d'ap-

peler et de faire connaître à l'administration les fermiers, locataires, ceux qui ont des droits d'usufruit, d'habitation ou d'usage, tels qu'ils sont réglés par le code civil, et ceux qui peuvent réclamer des servitudes résultant des titres mêmes du propriétaire ou d'autres actes dans lesquels il serait intervenu; sinon il restera seul chargé envers eux des indemnités que ces derniers pourront réclamer. — Les autres intéressés seront en demeure de faire valoir leurs droits par l'avertissement énoncé en l'article 6, et tenus de se faire connaître à l'administration dans le même délai de huitaine, à défaut de quoi ils seront déchus de tous droits à l'indemnité.

22. Les dispositions de la présente loi relatives aux propriétaires et à leurs créanciers sont applicables à l'usufruitier et à ses créanciers.

23. L'administration notifie au propriétaire et à tous autres intéressés qui auront été désignés ou qui seront intervenus dans le délai fixé par l'article 21, les sommes qu'elle offre pour indemnité. — Ces offres sont, en outre, affichées et publiées conformément à l'article 6 de la présente loi.

24. Dans la quinzaine suivante, les propriétaires et autres intéressés sont tenus de déclarer leur acceptation, ou, s'ils n'acceptent pas les offres qui leur sont faites, d'indiquer le montant de leurs prétentions.

25. Les femmes mariées sous le régime dotal, assistées de leurs maris, les tuteurs, ceux qui ont été envoyés en possession provisoire des biens d'un absent,

et autres personnes qui représentent les incapables, peuvent valablement accepter les offres énoncées en l'article 23, s'ils y sont autorisés dans les formes prescrites par l'article 13.

26. Le ministre des finances, les préfets, maires ou administrateurs, peuvent accepter les offres d'indemnité pour expropriation des biens appartenant à l'État, à la couronne, aux départements, communes ou établissements publics, dans les formes et avec les autorisations prescrites par l'article 13.

27. Le délai de quinzaine, fixé par l'article 24, sera d'un mois dans les cas prévus par les articles 25 et 26.

28. Si les offres de l'administration ne sont pas acceptées dans les délais prescrits par les articles 24 et 27, l'administration citera devant le jury, qui sera convoqué à cet effet, les propriétaires et tous les autres intéressés qui auront été désignés ou qui seront intervenus, pour qu'il soit procédé au règlement des indemnités de la manière indiquée au chapitre suivant. La citation contiendra l'énonciation des offres qui auront été refusées.

2° *Du jury spécial chargé de régler les indemnités.*

29. Dans sa session annuelle, le conseil général du département désigne, pour chaque arrondissement de sous-préfecture, tant sur la liste des électeurs que sur la seconde partie de la liste du jury, trente-six personnes au moins, et soixante-douze au plus, qui ont

leur domicile réel dans l'arrondissement, parmi lesquelles sont choisis, jusqu'à la session suivante ordinaire du conseil général, les membres du jury spécial
appelés, le cas échéant, à régler les indemnités dues
par suite d'expropriation pour cause d'utilité publique.
—Le nombre des jurés désignés pour le département
de la Seine sera de six cents.

30. Toutes les fois qu'il y a lieu de recourir à un jury
spécial, la première chambre de la cour royale, dans
les départements qui sont le siége d'une cour royale, et
dans les autres départements, la première chambre
du tribunal du chef-lieu judiciaire, choisit en la chambre du conseil, sur la liste dressée en vertu de l'article
précédent pour l'arrondissement dans lequel ont lieu
les expropriations, seize personnes qui formeront le
jury spécial chargé de fixer définitivement le montant
de l'indemnité, et, en outre, quatre jurés supplémentaires; pendant les vacances, ce choix est déféré à la
chambre de la cour ou du tribunal chargée du service
des vacations. En cas d'abstention ou de récusation
des membres du tribunal, le choix du jury est déféré
à la cour royale. — Ne peuvent être choisis : — 1º Les
propriétaires, fermiers, locataires des terrains et bâtiments désignés en l'arrêté du préfet pris en vertu de
l'article 11, et qui restent à acquérir; — 2º Les créanciers ayant inscription sur lesdits immeubles; —
3º Tous autres intéressés désignés ou intervenants
en vertu des articles 21 et 22. — Les septuagénaires
seront dispensés, s'ils le requièrent, des fonctions de
juré.

31. La liste des seize jurés et des quatre jurés supplémentaires est transmise par le préfet au sous-préfet, qui, après s'être concerté avec le magistrat directeur du jury, convoque les jurés et les parties, en leur indiquant, au moins huit jours à l'avance, le lieu et le jour de la réunion. La notification aux parties leur fait connaître les noms des jurés.

32. Tout juré qui, sans motif légitime, manque à l'une des séances ou refuse de prendre part à la délibération, encourt une amende de 100 fr. au moins et de 300 fr. au plus. — L'amende est prononcée par le magistrat directeur du jury. — Il statue en dernier ressort sur l'opposition qui serait formée par le juré condamné. — Il prononce également sur les causes d'empêchement que les jurés proposent, ainsi que sur les exclusions ou incompatibilités dont les causes ne seraient survenues ou n'auraient été connues que postérieurement à la désignation faite en vertu de l'article 30.

33. Ceux des jurés qui se trouvent rayés de la liste par suite des empêchements, exclusions ou incompatibilités prévus à l'article précédent, sont immédiatement remplacés par les jurés supplémentaires, que le magistrat directeur du jury appelle dans l'ordre de leur inscription. En cas d'insuffisance, le magistrat directeur du jury choisit, sur la liste dressée en vertu de l'article 29, les personnes nécessaires pour compléter le nombre des seize jurés.

34. Le magistrat directeur du jury est assisté, auprès du jury spécial, du greffier ou commis-greffier

du tribunal, qui appelle successivement les causes sur lesquelles le jury doit statuer, et tient procès-verbal des opérations.—Lors de l'appel, l'administration a le droit d'exercer deux récusations péremptoires; la partie adverse a le même droit. — Dans le cas où plusieurs intéressés figurent dans la même affaire, ils s'entendent pour l'exercice du droit de récusation, sinon le sort désigne ceux qui doivent en user. — Si le droit de récusation n'est point exercé, ou s'il ne l'est que partiellement, le magistrat directeur du jury procède à la réduction des jurés au nombre de douze, en retranchant les derniers noms inscrits sur la liste.

35. Le jury spécial n'est constitué que lorsque les douze jurés sont présents. — Les jurés ne peuvent délibérer valablement qu'au nombre de neuf au moins.

36. Lorsque le jury est constitué, chaque juré prête serment de remplir ses fonctions avec impartialité.

37. Le magistrat directeur met sous les yeux du jury : 1° le tableau des offres et demandes notifiées en exécution des articles 23 et 24; — 2° les plans parcellaires et les titres ou autres documents produits par les parties à l'appui de leurs offres et demandes.—Les parties ou leurs fondés de pouvoir peuvent présenter sommairement leurs observations. — Le jury pourra entendre toutes les personnes qu'il croira pouvoir l'éclairer. — Il pourra également se transporter sur les lieux, ou déléguer à cet effet un ou plusieurs de ses membres.— La discussion est publique, elle peut être continuée à une autre séance.

38. La clôture de l'instruction est prononcée par le magistrat directeur du jury. — Les jurés se retirent immédiatement dans leur chambre pour délibérer, sans désemparer, sous la présidence de l'un d'eux, qu'ils désignent à l'instant même. — La décision du jury fixe le montant de l'indemnité ; elle est prise à la majorité des voix. — En cas de partage, la voix du président du jury est prépondérante.

39. Le jury prononce des indemnités distinctes en faveur des parties qui les réclament à des titres différents, comme propriétaires, fermiers, locataires, usagers et autres intéressés dont il est parlé à l'article 21. — Dans le cas d'usufruit, une seule indemnité est fixée par le jury eu égard à la valeur totale de l'immeuble ; le nu-propriétaire et l'usufruitier exercent leurs droits sur le montant de l'indemnité, au lieu de l'exercer sur la chose. — L'usufruitier sera tenu de donner caution ; les père et mère ayant l'usufruit légal des biens, de leurs enfants en seront seuls dispensés. — Lorsqu'il y a litige sur le fond du droit ou sur la qualité des réclamants, et toutes les fois qu'il s'élève des difficultés étrangères à la fixation du montant de l'indemnité, le jury règle l'indemnité indépendamment de ces litiges et difficultés, sur lesquels les parties sont renvoyées à se pourvoir devant qui de droit. — L'indemnité allouée par le jury ne peut, en aucun cas, être inférieure aux offres de l'administration, ni supérieure à la demande de la partie intéressée.

40. Si l'indemnité réglée par le jury ne dépasse pas l'offre de l'administration, les parties qui l'auront re-

fusée seront condamnées aux dépens. — Si l'indemnité est égale à la demande des parties, l'administration sera condamnée aux dépens. — Si l'indemnité est à la fois supérieure à l'offre de l'administration et inférieure à la demande des parties, les dépens seront compensés de manière à être supportés par les parties et l'administration, dans les proportions de leur offre ou de leur demande avec la décision du jury. — Tout indemnitaire qui ne se trouvera pas dans le cas des articles 25 et 26 sera condamné aux dépens, quelle que soit l'estimation ultérieure du jury, s'il a omis de se conformer aux dispositions de l'article 24.

41. La décision du jury, signée des membres qui y ont concouru, est remise par le président au magistrat directeur, qui la déclare exécutoire, statue sur les dépens, et envoie l'administration en possession de la propriété, à la charge par elle de se conformer aux dispositions des articles 53, 54 et suivants. — Ce magistrat taxe les dépens, dont le tarif est déterminé par un règlement d'administration publique. — La taxe ne comprendra que les actes faits postérieurement à l'offre de l'administration ; les frais des actes antérieurs demeurent, dans tous les cas, à la charge de l'administration.

42. La décision du jury et l'ordonnance du magistrat directeur ne peuvent être attaquées que par la voie du recours en cassation, et seulement pour violation du premier paragraphe de l'article 30, de l'article 31, des deuxième et quatrième paragraphes de l'article 34,

et des articles 35, 36, 37, 38, 39 et 40. Le délai sera de quinze jours pour ce recours, qui sera d'ailleurs formé, notifié et jugé comme il est dit en l'article 20; il courra à partir du jour de la décision.

43. Lorsqu'une décision du jury aura été cassée, l'affaire sera renvoyée devant un nouveau jury, choisi dans le même arrondissement. — Néanmoins la Cour de cassation pourra, suivant les circonstances, renvoyer l'appréciation de l'indemnité à un jury choisi dans un des arrondissements voisins, quand même il appartiendrait à un autre département. — Il sera procédé à cet effet conformément à l'article 30.

44. Le jury ne connaît que des affaires dont il a été saisi au moment de sa convocation, et statue successivement et sans interruption sur chacune de ces affaires. Il ne peut se séparer qu'après avoir réglé toutes les indemnités dont la fixation lui a été ainsi déférée.

45. Les opérations commencées par un jury, et qui ne sont pas encore terminées au moment du renouvellement annuel de la liste générale mentionnée en l'article 29, sont continuées, jusqu'à conclusion définitive, par le même jury.

46. Après la clôture des opérations du jury, les minutes de ses décisions et les autres pièces qui se rattachent auxdites opérations sont déposées au greffe du tribunal civil de l'arrondissement.

47. Les noms des jurés qui auront fait le service d'une session ne pourront être portés sur le tableau dressé par le conseil général pour l'année suivante.

12

3ᶜ — *Des règles à suivre pour la fixation des indemnités.*

48. Le jury est juge de la sincérité des titres et de l'effet des actes qui seraient de nature à modifier l'évaluation de l'indemnité.

49. Dans le cas où l'administration contesterait au détenteur exproprié le droit à une indemnité, le jury, sans s'arrêter à la contestation, dont il renvoie le jugement devant qui de droit, fixe l'indemnité comme si elle était due, et le magistrat directeur du jury en ordonne la consignation, pour, ladite indemnité, rester déposée jusqu'à ce que les parties se soient entendues ou que le litige soit vidé.

50. Les bâtiments dont il est nécessaire d'acquérir une portion pour cause d'utilité publique seront achetés en entier, si les propriétaires le requièrent par une déclaration formelle adressée au magistrat directeur du jury, dans les délais énoncés aux art. 24 et 27. — Il en sera de même de toute parcelle de terrain qui, par suite du morcellement, se trouvera réduite au quart de sa contenance totale, si toutefois le propriétaire ne possède aucun terrain immédiatement contigu, et si la parcelle ainsi réduite est inférieure à dix ares.

51. Si l'exécution des travaux doit procurer une augmentation de valeur immédiate et spéciale au restant de la propriété, cette augmentation sera prise en considération dans l'évaluation du montant de l'indemnité.

52. Les constructions, plantations et améliorations ne donneront lieu à aucune indemnité, lorsque, à raison de l'époque où elles auront été faites ou de toutes autres circonstances dont l'appréciation lui est abandonnée, le jury acquiert la conviction qu'elles ont été faites dans la vue d'obtenir une indemnité plus élevée.

TITRE V.

DU PAYEMENT DES INDEMNITÉS.

53. Les indemnités réglées par le jury seront, préalablement à la prise de possession, acquittées entre les mains des ayants droit. — S'ils se refusent à les recevoir, la prise de possession aura lieu après offres réelles et consignation. — S'il s'agit de travaux exécutés par l'État ou les départements, les offres réelles pourront s'effectuer au moyen d'un mandat égal au montant de l'indemnité réglée par le jury : ce mandat délivré par l'ordonnateur compétent, visé par le payeur, sera payable sur la caisse publique qui s'y trouvera désignée. — Si les ayants droit refusent de recevoir le mandat, la prise de possession aura lieu après consignation en espèces.

54. Il ne sera pas fait d'offres réelles toutes les fois qu'il existera des inscriptions sur l'immeuble exproprié ou d'autres obstacles au versement des deniers entre les mains des ayants droit ; dans ce cas, il suffira que les sommes dues par l'administration soient consignées, pour être ultérieurement distribuées ou remises, selon les règles du droit commun.

55. Si, dans les six mois du jugement d'expropriation, l'administration ne poursuit pas la fixation de
l'indemnité, les parties pourront exiger qu'il soit procédé à ladite fixation. — Quand l'indemnité aura été
réglée, si elle n'est ni acquittée ni consignée dans les
six mois de la décision du jury, les intérêts courront
de plein droit à l'expiration de ce délai.

TITRE VI.

DISPOSITIONS DIVERSES.

56. Les contrats de vente, quittances et autres actes
relatifs à l'acquisition des terrains, peuvent être passés
dans la forme des actes administratifs ; la minute restera déposée au secrétariat de la préfecture : expédition
en sera transmise à l'administration des domaines.

57. Les significations et notifications mentionnées
en la présente loi sont faites à la diligence du préfet
du département de la situation des biens. — Elles peuvent être faites tant par huissier que par tout agent de
l'administration dont les procès-verbaux font foi en
justice.

58. Les plans, procès-verbaux, certificats, significations, jugements, contrats, quittances et autres actes
faits en vertu de la présente loi, seront visés pour
timbre et enregistrés gratis, lorsqu'il y aura lieu à la
formalité de l'enregistrement. — Il ne sera perçu aucun droit pour la transcription des actes au bureau
des hypothèques. — Les droits perçus sur les acquisitions amiables faites antérieurement aux arrêtés de

préfet seront restitués, lorsque, dans le délai de deux ans, à partir de la perception, il sera justifié que les immeubles acquis sont compris dans ces arrêtés. — La restitution des droits ne pourra s'appliquer qu'à la portion des immeubles qui aura été reconnue nécessaire à l'exécution des travaux.

59. Lorsqu'un propriétaire aura accepté les offres de l'administration, le montant de l'indemnité devra, s'il l'exige et s'il n'y a pas eu contestation de la part des tiers dans les délais prescrits par les art. 24 et 27, être versé à la caisse des dépôts et consignations, pour être remis ou distribué à qui de droit, selon les règles du droit commun.

60. Si les terrains acquis pour des travaux d'utilité publique ne reçoivent pas cette destination, les anciens propriétaires ou leurs ayants droit peuvent en demander la remise. — Le prix des terrains rétrocédés est fixé à l'amiable, et s'il n'y a pas accord, par le jury, dans les formes ci-dessus prescrites. La fixation par le jury ne peut, en aucun cas, excéder la somme moyennant laquelle les terrains ont été acquis.

61. Un avis publié de la manière indiquée en l'art. 6 fait connaître les terrains que l'administration est dans le cas de revendre. Dans les trois mois de cette publication, les anciens propriétaires qui veulent réacquérir la propriété desdits terrains sont tenus de le déclarer; et, dans le mois de la fixation du prix, soit amiable, soit judiciaire, ils doivent passer le contrat de rachat et payer le prix : le tout à peine de déchéance du privilége que leur accorde l'article précédent.

12.

62. Les dispositions des art. 60 et 61 ne sont pas applicables aux terrains qui auront été acquis sur la réquisition du propriétaire, en vertu de l'art. 50, et qui resteraient disponibles après l'exécution des travaux.

63. Les concessionnaires des travaux publics exerceront tous les droits conférés à l'administration, et seront soumis à toutes les obligations qui lui sont imposées par la présente loi.

64. Les contributions de la portion d'immeuble qu'un propriétaire aura cédée, ou dont il aura été exproprié pour cause d'utilité publique, continueront à lui être comptées pendant un an, à partir de la remise de la propriété, pour former son cens électoral. (*Cet article n'a plus d'application.*)

TITRE VII.

DISPOSITIONS EXCEPTIONNELLES.

65. Lorsqu'il y aura urgence de prendre possession des terrains non bâtis qui seront soumis à l'expropriation, l'urgence sera spécialement déclarée par une ordonnance royale.

66. En ce cas, après le jugement d'expropriation, l'ordonnance qui déclare l'urgence et le jugement seront notifiés, conformément à l'article 15, aux propriétaires et aux détenteurs, avec assignation devant le tribunal civil. L'assignation sera donnée à trois jours au moins ; elle énoncera la somme offerte par l'administration.

67. Au jour fixé, le propriétaire et les détenteurs

seront tenus de déclarer la somme dont ils demandent la consignation avant l'envoi en possession. — Faute par eux de comparaître, il sera procédé en leur absence.

68. Le tribunal fixe le montant de la somme à consigner. — Le tribunal peut se transporter sur les lieux, ou commettre un juge pour visiter les terrains, recueillir tous les renseignements propres à en déterminer la valeur, et en dresser, s'il y a lieu, un procès-verbal descriptif. Cette opération devra être terminée dans les cinq jours, à dater du jugement qui l'aura ordonnée. — Dans les trois jours de la remise de ce procès-verbal au greffe, le tribunal déterminera la somme à consigner.

69. La consignation doit comprendre, outre le principal, la somme nécessaire pour assurer pendant deux ans le payement des intérêts à 5 pour 100.

70. Sur le vu du procès-verbal de consignation, et sur une nouvelle assignation à deux jours de délai au moins, le président ordonne la prise de possession.

71. Le jugement du tribunal et l'ordonnance du président sont exécutoires sur minutes, et ne peuvent être attaqués par opposition ni par appel.

72. Le président taxera les dépens, qui seront supportés par l'administration.

73. Après la prise de possession, il sera, à la poursuite de la partie la plus diligente, procédé à la fixation définitive de l'indemnité, en exécution du titre IV de la présente loi.

74. Si cette fixation est supérieure à la somme qui

a été déterminée par le tribunal, le supplément doit être consigné dans la quinzaine de la notification de la décision du jury, et à défaut, le propriétaire peut s'opposer à la continuation des travaux.

75. Les formalités prescrites par les titres I et II de la présente loi ne sont applicables ni aux travaux militaires, ni aux travaux de la marine royale. — Pour ces travaux, une ordonnance royale détermine les terrains qui sont soumis à l'expropriation.

76. L'expropriation ou l'occupation temporaire, en cas d'urgence, des propriétés qui seront jugées nécessaires pour des travaux de fortification, continueront d'avoir lieu conformément aux dispositions prescrites par la loi du 30 mars 1831. — Toutefois, lorsque les propriétaires ou autres intéressés n'auront pas accepté les offres de l'administration, le règlement définitif des indemnités aura lieu conformément aux dispositions du titre IV ci-dessus. Seront également applicables aux expropriations poursuivies en vertu de la loi du 30 mars 1831, les articles 16, 17, 18, 19 et 20, ainsi que le titre VI de la présente loi. — Voyez ci-après la loi du 30 mars 1831, à laquelle se réfère cet article.

Loi du 30 mars 1831 sur l'expropriation temporaire.

Article 1. Lorsqu'il y aura lieu d'occuper tout ou partie d'une ou de plusieurs propriétés particulières, pour y faire des travaux de fortifications, dont l'urgence ne permettra pas d'accomplir les formalités, il sera procédé de la manière suivante :

2. L'ordonnance royale qui autorisera les travaux, et déclarera l'utilité publique, déclarera en même temps qu'*il y a urgence*.

3. Dans les vingt-quatre heures de la réception de l'ordonnance du roi, le préfet du département où les travaux de fortifications devront être exécutés transmettra ampliation de ladite ordonnance au procureur du roi, près le tribunal de l'arrondissement où seront situées les propriétés qu'il s'agira d'occuper, et au maire de la commune de leur situation. — Sur le vu de cette ordonnance, le procureur du roi requerra de suite, et le tribunal ordonnera immédiatement que l'un des juges se transportera sur les lieux, avec un expert que le tribunal nommera d'office. — Le maire fera sans délai publier l'ordonnance royale par affiches, tant à la principale porte de l'église du lieu qu'à celle de la maison commune, et par tous autres moyens possibles. Les publications et affiches seront certifiées par ce magistrat.

4. Dans les vingt-quatre heures, le juge-commissaire rendra, pour fixer le jour et l'heure de la descente sur les lieux, une ordonnance qui sera signifiée, à la requête du procureur du roi, au maire de la commune où le transport devra s'effectuer, et à l'expert nommé par le tribunal. — Le transport s'effectuera dans les dix jours de cette ordonnance, et seulement huit jours après la signification dont il vient d'être parlé. — Le maire, sur les indications qui lui seront

données par l'agent militaire chargé de la direction
des travaux, convoquera, au moins cinq jours à l'a-
vance, pour le jour et l'heure indiqués par le juge-
commissaire : 1º les propriétaires intéressés, et s'ils ne
résident pas sur les lieux, leurs agents, mandataires
ou ayants cause; 2º les usufruitiers, ou autres personnes intéressées, tels que fermiers, locataires, ou
occupants à quelque titre que ce soit. — Les personnes
ainsi convoquées pourront se faire assister par un expert ou arpenteur.

5. Un agent de l'administration des domaines et un
expert ingénieur, architecte ou arpenteur, désignés
l'un et l'autre par le préfet, se transporteront sur les
lieux au jour et à l'heure indiqués, pour se réunir au
juge-commissaire, au maire ou à l'adjoint, à l'agent
militaire et à l'expert désigné par le tribunal. — Le
juge-commissaire recevra le serment préalable des experts sur les lieux, et il sera fait mention au procès-
verbal. — L'agent militaire déterminera, en présence
de tous, par des pieux et piquets, le périmètre du terrain dont l'exécution des travaux nécessitera l'occupation.

6. Cette opération achevée, l'expert désigné par le
préfet procédera immédiatement et sans interruption,
de concert avec l'agent de l'administration du domaine, à la levée du plan parcellaire, pour indiquer
dans le plan général de circonscription les limites et
la superficie des propriétés particulières.

7. L'expert nommé par le tribunal dressera un
procès-verbal qui comprendra : 1º la désignation des

lieux, des cultures, plantations, clôtures, bâtiments et autres accessoires des fonds; cet état descriptif devra être assez détaillé pour pouvoir servir de base à l'appréciation de la valeur foncière, et, en cas de besoin, de la valeur locative, ainsi que des dommages et intérêts résultant des changements ou dégâts qui pourront avoir lieu ultérieurement; 2° l'estimation de la valeur foncière et locative de chaque parcelle de ces dépendances, ainsi que de l'indemnité qui pourra être due pour frais de déménagement, pertes de récoltes, détérioration d'objets mobiliers, ou tous autres dommages. — Ces diverses opérations auront lieu contradictoirement avec l'agent de l'administration des domaines et l'expert nommé par le préfet, avec les parties intéressées si elles sont présentes, ou avec l'expert qu'elles auront désigné. Si elles sont absentes, et qu'elles n'aient point nommé d'expert, ou si elles n'ont point le libre exercice de leurs droits, un expert sera nommé d'office par le juge-commissaire pour les représenter.

8. L'expert nommé par le tribunal devra, dans son procès-verbal, 1° indiquer la nature et la contenance de chaque propriété, la nature des constructions, l'usage auquel elles sont destinées, les motifs des déclarations diverses, et le temps qu'il serait nécessaire d'accorder aux occupants pour évacuer les lieux; 2° transcrire l'avis de chacun des autres experts, et les observations et réquisitions, telles qu'elles lui seront faites, de l'agent militaire, du maire, de l'agent du domaine, et des parties intéressées ou de leurs représentants. Cha-

cun signera ses dires, où mention sera faite de la cause qui l'en empêche.

9. Lorsque les propriétaires ayant le libre exercice de leurs droits consentiront à la cession qui leur sera demandée et aux conditions offertes par l'administration, il sera passé entre eux et le préfet un acte de vente qui sera rédigé dans la forme des actes d'administration, et dont la minute restera déposée aux archives de la préfecture.

10. Dans le cas contraire, sur le vu de la minute du procès-verbal dressé par l'expert, et de celui du juge-commissaire qui aura assisté à toutes les opérations, le tribunal, dans une audience tenue aussitôt après le retour de ce magistrat, déterminera, en procédant comme en matière sommaire, sans retard et sans frais: 1° l'indemnité de déménagement à payer aux détenteurs avant l'occupation ; 2° l'indemnité approximative et provisionnelle de dépossession, qui devra être consignée, sauf règlement ultérieur et définitif préalablement à la prise de possession. — Le même jugement autorisera le préfet à se mettre en possession, à la charge : 1° de payer sans délai l'indemnité de déménagement, soit au propriétaire, soit au locataire ; 2° de signifier avec le jugement l'acte de consignation de l'indemnité provisionnelle de dépossession. — Ledit jugement déterminera le délai dans lequel, à compter de l'établissement de ces formalités, les détenteurs seront tenus d'abandonner les lieux. — Le délai ne pourra excéder cinq jours pour les propriétés non bâties, et dix jours pour les propriétés bâties. — Le juge-

ment sera exécutoire nonobstant appel ou opposition.

11. L'acceptation de l'indemnité approximative et provisionnelle de dépossession ne fera aucun préjudice à la fixation de l'indemnité définitive. — Si l'indemnité provisionnelle n'excède pas cent francs, le payement en sera effectué sans production d'un certificat d'affranchissement d'hypothèque, et sans formalité de purge hypothécaire. — Si l'indemnité excède cette somme, le gouvernement fera, dans les trois mois de la date du jugement dont il est parlé dans l'article précédent, transcrire ledit jugement, et purgera les hypothèques légales. A l'expiration de ce délai, l'indemnité provisionnelle sera exigible de plein droit, lors même que les formalités ci-dessus n'auraient pas été remplies, à moins qu'il n'y ait des inscriptions ou des saisies-arrêts ou oppositions; dans ce cas, il sera procédé selon les règles ordinaires.

12. Aussitôt après la prise de possession, le tribunal procédera au règlement définitif de l'indemnité de dépossession dans les formes prescrites par la loi. Si l'indemnité définitive excède l'indemnité provisionnelle, cet excédant sera partagé conformément à l'article précédent.

13. L'occupation temporaire, prescrite par ordonnance royale, ne pourra avoir lieu que pour des propriétés non bâties. — L'indemnité annuelle, représentative de la valeur locative de ces propriétés et du dommage résultant du fait de la dépossession, sera réglée à l'amiable ou par autorité de justice, et payée par moitié, de six mois en six mois, au propriétaire, et

15

au fermier le cas échéant. — Lors de la remise des
terrains qui n'auront été occupés que temporairement,
l'indemnité due pour les détériorations causées par
les travaux, ou pour la différence entre l'état des lieux,
au moment de la remise et l'état constaté par le procès-verbal descriptif, sera payée sur règlement amiable
ou judiciaire, soit au propriétaire, soit au fermier ou
exploitant, et selon leurs droits respectifs.

14. Si dans le cours de la troisième année d'occupation provisoire, le propriétaire ou son ayant droit
n'est pas remis en possession, ce propriétaire pourra
exiger et l'État sera tenu de payer l'indemnité pour la
cession de l'immeuble, qui deviendra dès lors propriété
publique. — L'indemnité foncière sera réglée, non sur
l'état de la propriété à cette époque, mais sur son état
au moment de l'occupation, tel qu'il aura été constaté
par le procès-verbal descriptif. — Tout dommage causé
au fermier ou exploitant par cette dépossession définitive lui sera payé après règlement amiable ou judiciaire.

15. Dans tous les cas où l'occupation provisoire et
définitive donnerait lieu à des travaux pour lesquels
un crédit n'aurait pas été ouvert au budget de l'État,
la dépense restera soumise à l'exécution de l'art. 152
de la loi du 25 mars 1817. — *Cet article* 152 *dispose
que cette dépense sera payée en vertu d'ordonnances
du roi* (aujourd'hui en vertu de décrets de l'empereur),
*qui devront être converties en lois à la plus prochaine
session législative.*

CHAPITRE X.

NOTIONS DIVERSES.

1. ORDONNANCE DU ROI

Contenant règlement sur les saillies, balcons, bornes, auvents, enseignes, corniches, devantures, montres de boutique, échoppes, perches, étendoirs, éviers, gouttières saillantes et constructions semblables à permettre dans la ville de Paris, du 24 décembre 1823.

TITRE Ier.

DISPOSITIONS GÉNÉRALES.

Article 1. Il ne pourra être établi à l'avenir, sur les murs de face de notre bonne ville de Paris, aucune saillie autre que celles déterminées par la présente ordonnance.

2. Toute saillie sera comptée à partir du nu du mur au-dessus de la retraite.

TITRE II.

DIMENSIONS DES SAILLIES.

3. Aucune saillie ne pourra excéder les dimensions suivantes :

1° *Saillies fixes.*

Pilastres et colonnes en pierre :

	m. c.
— Dans les rues au-dessous de 8 mètres de largeur......................	0 03

m. c.

— Dans les rues de 8 à 10 mètres de largeur... 0 04
— Dans les rues de 12 mètres de largeur et au-
dessus. 0 10

Lorsque les pilastres et les colonnes auront une épaisseur plus considérable que les saillies permises, l'excédant sera en arrière de l'alignement de la propriété, et le nu du mur de face formera arrière-corps à l'égard de cet alignement; toutefois, les jambes étrières ou boutisses[1] devront toujours être placées sur l'alignement.

Dans ce cas, l'élévation des assises de retraite sera réglée à partir du sol :

m. c.

— Dans les rues de 10 mètres de largeur et au-
dessous, à.............................. 0 80
— Dans celles de 10 à 12 mètres de largeur, à. 1 00
— Dans celles de 12 mètres de largeur et au-
dessus, à............................... 1 15
Grands balcons.. .... 0 80
Herses[2], chardons[3], artichauts[4] et fraises[5]..... 0 80

[1] Pierres mises en œuvre, en sorte que la longueur entre dans le mur, et que la seule largeur paraisse au dehors.
[2] Barrières devant les grandes maisons.
[3] Crochets au haut des balustrades de fer pour empêcher de passer.
[4] Défenses de fer en forme d'artichauts, qu'on place sur les pilastres, barrières, etc.
[5] Rangs de pieux penchés qui présentent la pointe.

	m.	c.
Auvents [1] de boutique......................	0	80
Petits auvents au-dessus des croisées..........	0	25
Bornes dans les rues au-dessous de 10 mètres de largeur	0	50
Bornes dans les rues de 10 mètres et au-dessus..	0	80
Bancs de pierre aux côtés des portes des maisons.	0	60
Corniches en menuiserie sur boutique.........	0	50
Abat-jour [2] de croisée, dans la partie la plus élevée......................................	0	33
Moulinets de boulanger et poulies............	0	50
Petits balcons, y compris l'appui des croisées...	0	22
Seuils, socles [3]...............................	0	22
Colonnes isolées en menuiserie..............	0	16
Colonnes engagées en menuiserie.............	0	16
Pilastres en menuiserie......................	0	16
Barreaux et grilles de boutique..............	0	18
Appui de boutique..........................	0	16
Tuyaux de descente ou d'évier......	0	16
Cuvettes...................................	0	16
Devanture de boutique, toute espèce d'ornements compris.....	0	16
Tableaux, enseignes, bustes, reliefs, montres, attributs, y compris les bordures, supports et points d'appui..........................	0	16
Jalousies..................................	0	16

[1] Petits toits en saillie attachés au-dessus des boutiques pour garantir de la pluie.

[2] Fenêtre en forme de soupirail, dont l'appui a son embrasement en talus pour recevoir le jour d'en haut.

[3] Piédestaux plus larges que hauts, où l'on pose des statues, des vases, des colonnes et autres décorations.

	m. c.
Persiennes ou contrevents.	0 11
Appui de croisée.	0 08
Barres de supports.	0 08

(Les parements de décoration au-dessus du rez-de-chaussée n'auront que l'épaisseur des bois appliqués au mur).

2° *Saillies mobiles.*

	m. c.
Lanternes ou transparents avec potence.	0 75
Lanternes ou transparents en forme d'applique.	0 22
Tableaux, écussons[1], enseignes, montres, étalages, attributs, y compris les supports, bordures, crochets et points d'appui.	0 16
Appui de boutique, y compris les barres et crochets.	0 16
Volets, contrevents ou fermetures de boutique.	0 16

4. Les saillies déterminées par l'article précédent pourront être restreintes suivant les localités.

TITRE III.

DISPOSITIONS RELATIVES A CHAQUE ESPÈCE DE SAILLIE.

1° *Barrières au-devant des maisons.*

5. Il est défendu d'établir des barrières fixes au-devant des maisons et de leurs dépendances, quelles

---

[1] Écus où l'on met les armoiries d'une personne ou d'une famille.

qu'elles puissent être, tant dans les rues et places que sur les boulevards, à moins qu'elles ne soient reconnues nécessaires à la propreté et qu'elles ne gênent point la circulation.

La saillie de ces barrières ne pourra, dans aucun cas, excéder un mètre et demi.

6. Les propriétaires auxquels il aura été accordé la permission d'établir des barrières seront obligés de les maintenir en bon état.

2° *Bancs, pas, marches, perrons, bornes.*

7. Il ne sera permis de placer des bancs au-devant des maisons que dans les rues de dix mètres de largeur et au-dessus. Ces bancs seront en pierre, ne dépasseront pas l'alignement de la base des bornes, et seront établis dans toute leur largeur sur maçonnerie pleine et chanfreinée.

8. Il est défendu de construire des perrons en saillie sur la voie publique.

Les perrons actuellement existants seront supprimés, autant que faire se pourra, lorsqu'ils auront besoin de réparation.

Il ne sera accordé de permission que pour les pas et marches, lorsque les localités l'exigeront. Ces pas et marches ne pourront dépasser l'alignement de la base des bornes. En cas d'insuffisance de cette saillie, le propriétaire rachètera la différence du niveau en se retirant sur lui-même. — Néanmoins, les propriétaires des maisons riveraines des boulevards intérieurs de

Paris pourront être autorisés à construire des perrons au-devant desdites maisons, s'il est reconnu qu'ils soient absolument nécessaires, et que les localités ne permettent pas aux propriétaires de se retirer sur eux-mêmes. Ces perrons, quelle qu'en soit la forme, ne pourront, sous aucun prétexte, excéder un mètre de saillie, tout compris, ni approcher à plus d'un mètre de distance de la ligne extérieure des arbres de la contre-allée.

9. Il est permis d'établir des bornes aux angles saillants des maisons formant encoignure de rue; mais, lorsque ces encoignures seront disposées en pan coupé de soixante centimètres au moins et d'un mètre au plus de largeur, une seule borne sera placée au milieu du pan coupé.

3º *Grands balcons.*

10. Les permissions d'établir de grands balcons ne seront accordées que dans les rues de 10 mètres de largeur et au-dessus, ainsi que dans les places et carrefours, et ce, d'après une enquête *de commodo et incommodo* [1].

S'il n'y a point d'opposition, les permissions seront délivrées. En cas d'opposition, il sera statué par le conseil de préfecture, sauf le recours au conseil d'État.

Dans aucun cas, les grands balcons ne pourront être

---

[1] Sur la commodité et l'incommodité, l'utilité et le désavantage.

établis à moins de six mètres du sol de la voie publique.

Le préfet de police sera toujours consulté sur l'établissement des grands et petits balcons. -

4° *Constructions provisoires, échoppes*[1].

11. Il pourra être permis de masquer par des constructions provisoires ou des appentis tout renfoncement entre deux maisons, pourvu qu'il n'ait pas au delà de huit mètres de longueur, et que sa profondeur soit au moins d'un mètre. Ces constructions ne devront, dans aucun cas, excéder la hauteur du rez-de-chaussée, et elles seront supprimées dès qu'une des maisons attenantes subira retranchement.

Il est permis de masquer par des constructions légères, en forme de pan coupé, les angles de toute espèce de retranchement au-dessus de huit mètres de longueur, mais sous la même condition que ci-dessus pour leur établissement et leur suppression.

Le préfet de police sera toujours consulté sur les demandes formées à cet effet.

12. Il est expressément défendu d'établir des échoppes en bois ailleurs que dans les angles et renfoncements hors de l'alignement des rues et des places.

Toutes les échoppes existantes qui ne sont point conformes aux dispositions ci-dessus seront supprimées lorsque les détenteurs actuels cesseront de les

---

[1] Petites boutiques adossées contre un mur.

13.

occuper, à moins que l'autorité ne juge nécessaire d'en ordonner plus tôt la suppression.

5° *Auvents et corniches de boutique.*

13. Il est défendu de construire des auvents et corniches en plâtre au-dessus des boutiques. Il ne pourra en être établi qu'en bois, avec la faculté de les revêtir extérieurement de métal ; toute autre manière de les couvrir est prohibée.

Les auvents et corniches en plâtre actuellement établis au-dessus des boutiques ne pourront être réparés. Ils seront démolis lorsqu'ils auront besoin de réparation, et ne seront rétablis qu'en bois.

6° *Enseignes.*

14. Aucuns tableaux, enseignes, montres, étalages et attributs quelconques, ne seront suspendus, attachés ni appliqués, soit aux balcons, soit aux auvents. Leurs dimensions seront déterminées, au besoin, par le préfet de police, suivant les localités.

Il pourra néanmoins être placé sous les auvents des tableaux ou plafonds en bois, pourvu qu'ils soient posés dans une direction inclinée.

Tout étalage formé de pièces d'étoffes disposées en draperie et guirlande, et formant saillie, est interdit au rez-de-chaussée. Il ne pourra descendre qu'à trois mètres du sol de la voie publique.

Tout crochet destiné à soutenir des viandes en étalage devra être placé de manière que les viandes ne puissent excéder le nu des murs de face, ni faire aucune saillie sur la voie publique.

7° *Tuyaux de poêle et de cheminée.*

15. A l'avenir, et pour toutes les maisons de construction nouvelle, aucun tuyau de poêle ne pourra déboucher sur la voie publique.

Dans l'année de la publication de la présente ordonnance, les tuyaux de poêle crêtés et autres qui débouchent actuellement sur la voie publique seront supprimés, s'il est reconnu qu'ils peuvent avoir une issue intérieure. Dans le cas où la suppression ne pourrait avoir lieu, ces mêmes tuyaux seraient élevés jusqu'à l'entablement, avec les précautions nécessaires pour assurer leur solidité et empêcher l'eau rousse de tomber sur les passants.

16. Les tuyaux de cheminée en maçonnerie et en saillie sur la voie publique seront démolis et supprimés, lorsqu'ils seront en mauvais état ou que l'on fera de grosses réparations dans les bâtiments auxquels ils seront adossés.

Les tuyaux de cheminée en tôle, en poterie et en grès, ne pourront être conservés extérieurement sous aucun prétexte.

8° *Bannes* [1].

17. La permission d'établir des bannes ne sera

---

[1] Pièces de grosse toile ou de coutil que les marchands attachent sous l'auvent de leurs boutiques.

donnée que sous la condition de les placer à trois mètres au moins au-dessus du sol, dans sa partie la plus basse, de manière à ne pas gêner la circulation. Leurs supports seront horizontaux. Elles n'auront de joues qu'autant que les localités le permettront, et les dimensions en seront déterminées par l'autorité.

Les bannes devront être en toile ou en coutil, et ne pourront, dans aucun cas, être établies sur châssis.

La saillie des bannes ne pourra excéder un mètre cinquante centimètres.

Dans l'année de la publication de la présente ordonnance, toutes les bannes qui ne seront pas conformes aux conditions exigées plus haut seront changées, réduites ou supprimées.

9° *Perches et étendoirs.*

18. Les perches et étendoirs des blanchisseuses, teinturiers, dégraisseurs, couverturiers, etc., ne pourront être établies que dans les rues écartées et peu fréquentées, et après une enquête *de commodo et incommodo*, sur laquelle il sera statué comme il a été dit en l'article 10 ci-dessus.

10° *Éviers.*

19. Les éviers pour l'écoulement des eaux ménagères seront permis, sous la condition expresse que leur orifice extérieur ne s'élèvera pas à plus d'un décimètre au-dessus du pavé de la rue.

11° *Cuvettes.*

20. A l'avenir et dans toutes les maisons de construction nouvelle, il ne pourra être établi en saillie sur la voie publique aucune espèce de cuvettes [1] pour l'écoulement des eaux ménagères des étages supérieurs.

Dans les maisons actuellement existantes, les cuvettes placées en saillie seront supprimées lorsqu'elles auront besoin de réparations, s'il est reconnu qu'elles peuvent être établies à l'intérieur. Dans le cas contraire, elles seront disposées, autant que faire se pourra, de manière à recevoir les eaux intérieurement, et garnies de hausses pour prévenir le déversement des eaux et toute éclaboussure au-dessous.

12° *Constructions en encorbellement* [2].

21. A l'avenir, il ne sera permis aucune construction en encorbellement; et la suppression de celles qui existent aura lieu toutes les fois qu'elles seront dans le cas d'être réparées.

13° *Corniches ou entablements.*

22. Les entablements [3] et corniches en plâtre, au-

[1] Sortes d'entonnoirs qui se mettent au-dessus de la descente de plomb pour recevoir les eaux qui coulent le long des canaux d'un toit.

[2] En saillie portée à faux sur quelque console ou *corbeau*, au delà du nu du mur.

[3] L'entablement est la saillie qui est au haut des murailles d'un bâtiment, et qui en soutient la couverture.

dessus de seize centimètres de saillie, seront prohibés dans toutes les constructions en bois.

Il ne sera permis d'établir des corniches ou entablement de plus de seize centimètres de saillie, qu'aux maisons construites en pierre, ou moellon, sous la condition que ces corniches seront en pierre de taille ou en bois, et que la saillie n'excédera, dans aucun cas, l'épaisseur du mur à sa sommité.

On pourra permettre des corniches ou entablements en bois sur les pans de bois.

Les entablements ou corniches des maisons actuellement existantes, qui auront besoin d'être reconstruites en tout ou en partie, seront réduits à la saillie de seize centimètres, s'ils sont en plâtre, et ne pourront excéder en saillie l'épaisseur du mur à sa sommité, s'ils sont en pierre ou bois.

14° *Gouttières saillantes.*

23. Les gouttières saillantes seront supprimées en totalité dans le délai d'une année, à partir de la publication de la présente ordonnance.

Il ne sera perçu aucun droit de petite voirie pour les tuyaux de descente qui seront établis en remplacement des gouttières saillantes supprimées dans ce délai.

15° *Devantures de boutique.*

24. Les devantures de boutique, montres, bustes, reliefs, tableaux, enseignes et attributs fixes, dont la

saillie excède celle qui est permise par l'article 3 de la présente ordonnance, seront réduits à cette saillie, lorsqu'il y sera fait quelques réparations.

Dans aucun cas, les objets ci-dessus désignés qui sont susceptibles d'être réduits ne pourront subsister, savoir : les devantures de boutique, au delà de neuf années, et les autres objets, au delà de trois années, à compter de la publication de la présente ordonnance.

Les établissements du même genre qui sont mobiles seront réduits dans l'année.

Seront supprimées, dans le même délai, toutes saillies fixes placées au-devant d'autres saillies.

25. Il n'est point dérogé aux dispositions des anciens règlements concernant les saillies, ni au décret du 13 août 1810, concernant les auvents des spectacles et de l'esplanade des boulevards, en tout ce qui n'est pas contraire à la présente ordonnance.

2. DROITS DE VOIRIE A PAYER DANS LA VILLE DE PARIS.

Décret du 27 octobre 1808.

Article 1. A compter du 1er juillet prochain, les droits dus dans la ville de Paris, d'après les anciens règlements sur le fait de la voirie, pour les délivrances d'alignement, permissions de construire ou réparer, et autres permis de toute espèce, qui se requièrent en grande ou en petite voirie, seront perçus conformément au tarif joint au présent décret.

2. La perception de ces droits sera faite à la préfec-

ture du département pour les objets de grande voirie, et
à la préfecture de police pour les objets de petite voirie, par le secrétaire général de chacune de ces administrations, à l'instant même qu'il délivrera les expéditions des permis accordés.

3. Il sera tenu dans chacune des deux préfectures :
1° un registre à souche où seront inscrites, sous une
seule série de numéros pour le même exercice, les minutes desdits permis, et d'où se détacheront les expéditions à en délivrer ; 2ᶜ un registre de recettes où s'in-
scriront, 'jour par jour, les recouvrements opérés. —
Ces deux registres seront cotés et paraphés par les
préfets, chacun pour ce qui concerne son administration.

4. Le versement des sommes recouvrées s'effectuera,
de quinze jours en quinze jours, à la caisse du receveur municipal de la ville de Paris.

5. Il sera, de plus, adressé audit receveur, dans les
dix premiers jours de chaque mois, et par chacun des
préfets pour son administration, un bordereau indicatif des permis accordés dans le mois précédent, du montant des droits dus pour chacun, du recouvrement qui
en a été fait ou qui reste à faire.

6. A l'envoi du bordereau prescrit par l'article ci-
dessus, seront jointes les expéditions de permis qui se
trouveraient n'avoir pas encore été retirées par les de-
mandeurs, et dont les droits resteraient à acquitter. Le
receveur de la ville en poursuivra le recouvrement
dans les formes usitées en matière de contributions di-
rectes.

7. Il ne sera rien perçu en sus des droits portés au tarif, ou pour autres causes que celles y énoncées, même sous prétexte de droits de quittance, frais de timbre ou autres, à peine de concussion.

TARIF POUR LA GRANDE VOIRIE.

Alignements : pour chaque mètre de longueur de face, savoir :

	fr.	c.
— D'un bâtiment dans une rue de moins de 8 mètres de large......................	5	»
— D'un bâtiment dans une rue de 8 mètres jusqu'à 10 mètres.........................	6	»
— D'un bâtiment dans une rue de 10 mètres et au-dessus	7	»
— D'un mur de clôture....................	1	»
— D'une clôture provisoire en planches.......	»	25
Réparations partielles (voyez, ci-dessous, *Jambe-étrière*, *Pied-droit*, etc.).		
Avant-corps en pierre et pilastres (voyez *Colonnes*), droit fixe pour chaque............	10	»
Balcon (petit) avec construction nouvelle, pour chaque croisée..........................	5	»
Balcon (grand), pour chaque mètre de longueur..	10	»
Barrière au-devant des fouilles, cours, constructions et réparations.....................	5	»

Bâtiments (voyez *Alignements*).

Colonnes engagées en pierre formant support, droit fixe pour chaque 5 centimètres de saillie en pierre. (*Rien, attendu qu'on ne permettra pas de prendre sur la voie publique*).

fr. c.

Colonnes isolées en pierre, droit fixe. (*Même observation.*)

Contre-fiches pour constructions et réparations, droit fixe.. 5 »

Dosserets, droit fixe............................ 10 »

Encorbellement, pour chaque 5 centimètres de saillie.. 5 »

Entablement avec échafaud, droit fixe......,... 10 »

— en partie.............................. 5 »

Étais ou étrésillons (voyez *Contre-fiches*)....... 5 »

Exhaussement d'un bâtiment aligné, droit fixe... 10 »

— d'un bâtiment non aligné (voyez *Alignements.*)

Jambe-étrière reconstruite en la face d'une maison alignée, droit fixe.................. 10 »

Jambe-étrière à reconstruire suivant l'alignement (voyez *Alignements*).

Linteau.. 10 »

Mur (voyez *Alignements*).

Ouverture ou percement de boutiques ou croisées. .... 10 »

Pans de bois neuf, droit fixe non compris l'alignement. .... 20 »

— pour rétablissement partiel, droit fixe... 10 »

Pied-droit à reconstruire en la face d'une maison alignée, droit fixe...................... 10 »

— à reconstruire selon l'alignement (voyez *Alignement*).

Pilastres en pierre (voyez *Colonnes*).

Poitrail, droit fixe............................ 10 »

Réparations en la face d'un bâtiment (voyez *Alignements*).

	fr.	c.
Ravalement avec échafaud, droit fixe.............	10	»
— partiel.............................	5	»
Tour creuse ou enfoncement.................	10	»
Tour ronde. (Ne sera plus autorisée.)		
Trumeaux à reconstruire en la face d'une maison alignée, droit fixe........................	10	»
— à reconstruire suivant l'alignement (voyez *Alignements*).		

TARIF POUR LA PETITE VOIRIE.

	fr.	c.
Abat-jour.................................	4	»
Abat-vent des boutiques...................	4	»
Appui à demeure, compris les soubassements...	4	»
— sur les croisées ou fenêtres...........	2	»
— mobile.............................	4	»
Auvent ordinaire en menuiserie.............	4	»
— petit au-dessus de croisée...........	2	»
— cintré en plâtre avec fers et fentons.....	12	50
Baldaquin................................	50	»
Balcons (petits) ou balustres aux fenêtres sans construction nouvelle........................	2	»

NOTA. Pour les grands et petits balcons avec construction nouvelle, l'avis du préfet de police sera demandé.

	fr.	c.
Bancs....................................	4	»
Bannes....................................	4	»
Barreaux de boutique et de croisée...........	4	»
Barres de support........................	4	»
Barrière au-devant des maisons.............	50	»
— au-devant des démolitions, pour cause de péril..................................	5	»

fr. c.

Bornes appuyées contre le mur, en quelque nombre qu'elles soient.......................... 4 »

— isolées............................... 4 »

Bouchons de cabaret ou couronnes...... .... 4 »

Buttes formant étalage....................... 4 »

Cadran (voyez *Tableau*).

Cage (voyez *Étalage*).

Changement de menuiserie des croisées........ 4 »

Chardons de fer ou herses............. ...... 4 »

Châssis à verre, sédentaires ou mobiles........ 4 »

Clôture ou fermeture de rue pour bâtir (voyez *Pieux*).

Colonnes engagées en menuiserie, et parement de décorations............................ 20 »

— isolées.............................. 20 »

Comptoirs ou établis mobiles................. 4 »

Conduites ou tuyaux de plomb pour conduire les eaux des maisons..................... 4 »

Contre-fiches à placer en cas de péril.......... 5 »

Contrevent ou fermeture de boutique et croisées................................ ... 5 »

Corniches en bois......................... 4 »

— en plâtre......................... 10 »

Cuvettes (voyez *Conduites*).

Degrés (voyez *Marches*).

Devanture de boutique en menuiserie.......... 25 »

Dos d'âne ou étalage (voyez *Étaux*)........... 4 »

Échoppes sédentaires ou demi-sédentaires...... 10 »

— mobiles.............................. 4 »

Enseigne (voyez *Tableau*).................... 4 »

Établis (voyez *Comptoirs*)................... 4 »

Étais ou étrésillons (voyez *Contre-fiches*).

	fr.	c.
Étalage...	4	»
Étaux de boucher	4	»
Éviers et gargouilles	4	»
Fermetures de boutique (voyez *Portes*)	4	»
— de croisées fixées (voyez *Châssis*)	4	»
Gargouilles d'évier (voyez *Évier*)	4	»
Grilles de boutique ou de croisée (voyez *Barreaux*)	4	»
Grilles de caves	4	»
Herses ou chardons de fer (voyez *Chardons*)	4	»
Jalousies (voyez *Châssis de verre*)	4	»
Marches, pour chaque	5	»
— s'il n'y en a qu'une	4	»
Montre ou étalage	4	»
Moulinet de boulanger	4	»
Perches, pour chacune	10	»
Perron..	50	»
Pieux pour barrer les rues	25	»
Pilastres en bois	4	»
Plafonds.	4	»
Poêles ou tuyaux de poêle	4	»
Portes ouvrant au dehors	4	»
Potence de fer ou en bois	4	»
Poulies.	4	»
Seuil.	4	»
Siéges de pierre ou en bois	4	»
Soubassements.	5	»
Stores.	4	»
Tableau servant d'enseigne	4	»
Tapis d'étalage (voyez *Étalage*)	4	»
Tuyaux de poêle (voyez *Poêle*)	4	»
Volets servant d'enseigne	4	»

3. BALAYAGE DE LA VOIE PUBLIQUE A PARIS.

Ordonnance de police du 27 octobre 1838.

Article 1. Les propriétaires ou locataires sont tenus de faire balayer complétement, chaque jour, la voie publique au-devant de leurs maisons, boutiques, cours, jardins et autres emplacements. Le balayage sera fait jusqu'au milieu de la chaussée. Le balayage sera également fait sur les contre-allées des boulevards jusqu'aux ruisseaux des chaussées. Les boues et immondices seront mises en tas ; ces tas devront être placés de la manière suivante selon les localités, savoir : dans les rues sans trottoirs, auprès des bornes ; dans les rues à trottoirs, le long des ruisseaux, à côté de la chaussée, si la rue est à chaussée bombée, et le long des trottoirs, si la rue est à chaussée fendue ; sur les boulevards, le long des ruisseaux de la chaussée, côté des contre-allées. Dans tous les cas, les tas devront être placés à une distance d'au moins deux mètres des grilles ou des bouches d'égout. Nul ne pourra déposer les boues et immondices devant les propriétés de ses voisins.

2. Le balayage sera fait entre six et sept heures du matin, depuis le 1er avril jusqu'au 1er novembre, et entre sept et huit heures du matin, depuis le 1er novembre jusqu'au 1er avril. En cas d'inexécution, le balayage sera fait d'office aux frais des propriétaires ou locataires.

3. En outre du balayage prescrit par l'article 1, les propriétaires ou locataires seront tenus de faire grat-

ter, laver et balayer chaque jour les trottoirs existants
au-devant de leurs maisons, ainsi que les bordures desdits trottoirs, aux heures fixées par l'article précédent.
Cette disposition est applicable aux dalles établies
dans les contre-allées des boulevards; les propriétaires
ou locataires sont tenus de les faire gratter, laver et
balayer chaque jour; les boues et ordures provenant
de ce balayage seront mises en tas sur la chaussée pa-
vée, le long des ruisseaux, côté des contre-allées, conformément à l'article 1.

4. Les devantures de boutique ne pourront être la-
vées après les heures fixées pour le balayage, et l'eau
du lavage devra être balayée et coulée au ruisseau.

5. Dans les rues à chaussée bombée, chaque propriétaire ou locataire doit tenir libre le cours du ruisseau au-devant de sa maison; dans les rues à chaussée fendue, il y pourvoira conjointement avec le propriétaire ou locataire qui fait face. Pour prévenir les
inondations par suite de pluie ou de dégel, les habitants devant la propriété desquels se trouvent des
grilles d'égout, les feront dégager des ordures qui
pourraient les obstruer. Les ordures seront déposées
aux endroits indiqués par l'article 1.

6. Il est expressément défendu de jeter, dans les
égouts, des urines, des boues et immondices solides,
des matières fécales, et généralement tout corps ou
matière pouvant obstruer ou infecter lesdits égouts.

7. Il est expressément défendu de déposer dans les
rues, aucunes ordures, immondices, pailles et résidus
quelconques de ménage. Ces objets devront être portés

directement des maisons aux voitures du nettoiement, et remis aux desservants de ces voitures, au moment de leur passage annoncé par une clochette. Toutefois, les habitants des maisons qui n'ont ni cour ni porte cochère pourront déposer des ordures, paille et résidus ménagers, le matin avant huit heures, du 1er novembre au 1er avril, et avant sept heures, du 1er avril au 1er novembre. En dehors de ces heures, il est formellement interdit de faire aucun dépôt de ce genre sur la voie publique. Ces dépôts devront être faits sur les points de la voie publique désignés en l'article 1, pour les mises en tas des immondices provenant du balayage.

8. Lorsqu'un chargement ou un déchargement de marchandises, ou de tous autres objets quelconques, aura été opéré sur la voie publique dans le cours de la journée, et dans le cas où ces opérations sont permises par les règlements, l'emplacement devra être nettoyé. En cas d'inexécution, il y sera pourvu d'office et aux frais du contrevenant.

9. Il est défendu de jeter des eaux sur la voie publique; ces eaux devront être portées au ruisseau, pour être versées de manière à ne pas incommoder les passants. Il est également défendu d'y jeter et faire couler des urines et des eaux infectes.

10. Il est généralement défendu de déposer sur la voie publique les bouteilles cassées, les morceaux de verre, de poterie, de faïence et tous autres objets de même nature, pouvant occasionner des accidents. Ces objets devront être directement portés aux voitures

du nettoiement, et remis aux desservants de ces voitures.

11. Il est défendu de secouer des tapis sur la voie publique, et généralement d'y rien jeter des habitations.

12. Il est défendu de jeter des pailles ou des ordures ménagères à la rivière ou sur les berges.

13. Il est interdit aux marchands ambulants de jeter sur la voie publique des débris de légumes et de fruits, ou tous, autres résidus. Les étalagistes ou tous autres marchands du même genre sont obligés de tenir constamment propre la voie publique au-devant de l'emplacement qu'ils occupent.

14. Il est prescrit aux entrepreneurs de constructions publiques ou particulières de tenir la voie publique en état constant de propreté aux abords de leurs constructions ou chantiers, et sur tous les points qui auraient été salis par suite de leurs travaux ; il leur est également prescrit d'assurer aux ruisseaux un libre écoulement. En cas d'inexécution, le nettoiement de ces points de la voie publique sera opéré d'office et aux frais des entrepreneurs.

15. Dans le cas où des réparations à faire dans l'intérieur des maisons nécessiteraient le dépôt momentané de terres, sables, gravats et autres matériaux sur la voie publique, ce dépôt ne pourra avoir lieu que sous l'autorisation préalable du commissaire de police du quartier. La quantité des objets déposés ne devra jamais excéder le chargement d'un tombereau, et leur enlèvement complet devra toujours être effectué avant

la nuit. Si, par suite de force majeure, cet enlèvement n'avait pu être effectué complétement, les terres, sables, gravats et autres matériaux devront être suffisamment éclairés pendant la nuit. Sont formellement exceptés de la tolérance les terres, moellons et autres objets provenant des fosses d'aisances. Ces débris devront être immédiatement emportés, sans pouvoir jamais être déposés sur la voie publique. En cas d'inexécution, il sera procédé d'office, et aux frais du contrevenant, à l'enlèvement des dépôts, et au besoin à l'éclairage.

16. Il est enjoint à tous propriétaires ou locataires de maison ou terrains situés le long des rues ou portions de rues non pavées, de faire combler, chacun au droit de soi, les excavations, enfoncements et ornières, d'entretenir le sol en bon état, et de rétablir les pentes nécessaires pour procurer aux eaux un écoulement facile, et de faire, en un mot, toutes dispositions convenables, pour que la liberté, la sûreté de la circulation et la salubrité ne soient pas compromises.

17. Ceux qui transporteront des terres, sables, gravats, fumier, litière et autres objets quelconques pouvant salir la voie publique, devront charger leurs voitures de manière que rien ne s'échappe et ne puisse se répandre. Le nettoiement des rues ou parties de rues salies par les voitures en surcharge sera opéré d'office aux frais des contrevenants.

18. Les concierges, portiers ou jardiniers des établissements publics et maisons domaniales sont personnellement responsables de l'exécution des disposi-

tions ci-dessus, en ce qui concerne les établissements et maisons auxquels ils sont attachés.

19. Les contraventions aux injonctions ou défenses faites par la présente ordonnance seront constatées par des procès-verbaux ou rapports qui nous seront adressés. Les contrevenants seront traduits, s'il y a lieu, devant les tribunaux pour y être punis.

4. ARROSEMENT DE LA VOIE PUBLIQUE A PARIS.

Ordonnance du préfet de police du 1er juin 1881.

Article 1. A compter du jour de la publication de la présente ordonnance, et pendant tout le temps que dureront les chaleurs, les propriétaires ou locataires seront tenus de faire arroser, à onze heures du matin et à trois heures de l'après-midi, la partie de la voie publique au-devant de leurs maisons, boutiques, jardins et autres emplacements en dépendant ; ils feront écouler les eaux des ruisseaux pour en éviter la stagnation. Cette disposition est applicable aux propriétaires ou locataires des passages publics et à ciel ouvert existant sur des propriétés particulières, ainsi qu'aux commissionnaires des ponts pavés ou cailloutés, dont le passage est soumis à un droit de péage.

2. Il est défendu de se servir de l'eau stagnante des ruisseaux pour l'arrosement.

3. Les concierges, portiers ou gardiens des établissements publics et maisons domaniales, sont personnellement responsables de l'exécution des dispositions

ci-dessus, en ce qui concerne les établissements auxquels ils sont attachés.

5. GLACES ET NEIGES DANS LA VILLE DE PARIS.

Ordonnance du préfet de police du 7 décembre 1842.

Article 1. A Paris, dans les temps de neiges et de glaces, les propriétaires ou locataires sont tenus de faire balayer les neiges et casser les glaces au-devant de leurs maisons, boutiques, cours, jardins, et autres emplacements jusqu'au milieu de la rue ; ils doivent mettre les neiges et glaces en tas ; ces tas doivent être placés de la manière suivante, selon les localités, savoir : dans les rues sans trottoirs, auprès des bornes ; dans les rues à trottoirs, le long des ruisseaux du côté de la chaussée, si la rue est à chaussée bombée, et le long des trottoirs, si la rue est à chaussée fendue. Les habitants devront, dans tous les cas, faire gratter et nettoyer, chacun au droit de soi, les parties dallées des boulevards, et dans les rues, sur les places et sur les quais, les trottoirs ou les portions de la voie publique au-devant des maisons, dans l'alignement des trottoirs, de manière à prévenir les accidents et assurer la circulation. Les gargouilles établies sous les parties dallées des boulevards et sous les trottoirs des rues seront chaque jour dégorgées des glaces ou de tous autres objets qui pourraient gêner l'écoulement des eaux. En cas de verglas, ils doivent jeter au-devant de leurs habitations des ordures, du sable ou du mâchefer.

2. Dans les rues à chaussée bombée, chaque propriétaire ou locataire doit tenir libre le cours du ruisseau au-devant de sa maison et faciliter l'écoulement des eaux ; dans les rues à chaussée fendue, il y pourvoira conjointement avec le propriétaire ou le locataire qui lui fait face. — Pour prévenir les inondations par suite de pluie ou de dégel, les habitants, devant la maison desquels se trouvent des bouches ou des grilles d'égout, doivent les faire dégager des ordures qui pourraient les obstruer. Ces ordures seront déposées aux endroits indiqués en l'article 1.

3. Il est défendu de déposer des neiges et des glaces auprès des grilles et des bouches d'égout. Il est également défendu de pousser dans les égouts les glaces et neiges congelées, qui, au lieu de fondre, interceptent l'écoulement des eaux.

4. Il est défendu de déposer dans les rues aucunes neiges et glaces provenant des cours ou de l'intérieur des habitations.

5. Il est défendu aux propriétaires ou entrepreneurs de bains, et autres établissements tels que teinturiers, blanchisseurs, etc., qui emploient beaucoup d'eau, de laisser couler sur la voie publique les eaux de leurs établissements pendant les gelées. Les contrevenants seront requis de faire briser et enlever les glaces provenant de leurs eaux. Faute par eux d'obtempérer à cette réquisition, il y sera procédé d'office à leurs frais.

14.

6. ASSAINISSEMENT DES LOGEMENTS INSALUBRES.

Loi du 13 avril 1850.

Article 1. Dans toute commune où le conseil municipal l'aura déclaré nécessaire par une délibération spéciale, il nommera une commission chargée de rechercher et d'indiquer les mesures indispensables d'assainissement des logements et dépendances insalubres mis en location ou occupés par d'autres que le propriétaire, l'usufruitier et l'usager. — Sont réputés insalubres les logements qui se trouvent dans des conditions de nature à porter atteinte à la vie ou à la santé de leurs habitants.

2. La commission se composera de neuf membres au plus, et de cinq au moins. — En feront nécessairement partie un médecin, un architecte ou tout autre homme de l'art, ainsi qu'un membre du bureau de bienfaisance et du conseil des prud'hommes, si ces institutons existent dans la commune. — La présidence appartient au maire ou à l'adjoint. — Le médecin et l'architecte pourront être choisis hors de la commune. — La commission se renouvelle tous les deux ans par tiers ; les membres sortants sont indéfiniment rééligibles. — A Paris, la commission se compose de douze membres.

3. La commission visitera les lieux signalés comme insalubres. Elle déterminera l'état d'insalubrité, et en indiquera les causes, ainsi que les moyens d'y re-

médier. Elle désignera les logements qui ne seraient pas susceptibles d'assainissement,

4. Les rapports de la commission seront déposés au secrétariat de la mairie, et les parties intéressées mises en demeure d'en prendre communication et de produire leurs observations dans le délai d'un mois.

5. A l'expiration de ce délai, les rapports et observations seront soumis au conseil municipal qui déterminera : — 1° Les travaux d'assainissement et les lieux où ils devront être entièrement ou partiellement exécutés, ainsi que les délais de leur achèvement ; — 2° les habitations qui ne sont pas susceptibles d'assainissement.

6. Un recours est ouvert aux intéressés contre ces décisions devant le conseil de préfecture, dans le délai d'un mois à dater de la notification de l'arrêté municipal. Ce recours sera suspensif.

7. En vertu de la décision du conseil municipal ou de celle du conseil de préfecture, en cas de recours, s'il a été reconnu que les causes d'insalubrité sont dépendantes du fait du propriétaire ou de l'usufruitier, l'autorité municipale lui enjoindra, par mesure d'ordre et de police, d'exécuter les travaux jugés nécessaires.

8. Les ouvertures pratiquées pour l'exécution des travaux d'assainissement seront exemptées, pendant trois ans, de la contribution des portes et fenêtres.

9. En cas d'inexécution, dans les délais déterminés, des travaux jugés nécessaires, et si le logement continue d'être occupé par un tiers, le propriétaire ou l'usufruitier sera passible d'une amende de seize francs à cent francs. Si les travaux n'ont pas été exécutés dans

l'année qui aura suivi la condamnation, et si le logement insalubre a continué d'être occupé par un tiers, le propriétaire ou l'usufruitier sera passible d'une amende égale à la valeur des travaux, et pouvant être élevée au double.

10. S'il est reconnu que le logement n'est pas susceptible d'assainissement, et que les causes d'insalubrité sont dépendantes de l'habitation elle-même, l'autorité municipale pourra, dans le délai qu'elle fixera, en interdire provisoirement la location à titre d'habitation. — L'interdiction absolue ne pourra être prononcée que par le conseil de préfecture, et, dans ce cas, il y aura recours de sa décision devant le conseil d'État. — Le propriétaire ou l'usufruitier qui aura contrevenu à l'interdiction prononcée sera condamné à une amende de seize à cent francs, et, en cas de récidive dans l'année, à une amende égale au double de la valeur locative du logement interdit.

11. Lorsque, par suite de l'exécution de la présente loi, il y aura lieu à résiliation des baux, cette résiliation n'emportera en faveur du locataire aucuns dommages-intérêts.

12. L'article 463 du code pénal sera applicable à toutes les contraventions ci-dessus indiquées [1].

[1] Article 463 du code pénal : Dans tous les cas où la peine d'emprisonnement est portée par le code pénal, si le préjudice causé n'excède pas vingt-cinq francs, et si les circonstances paraissent atténuantes, les tribunaux sont autorisés à réduire l'emprisonnement, même au-dessous de six jours, et l'amende même au-dessous de seize francs. Ils pour-

13. Lorsque l'insalubrité est le résultat de causes extérieures et permanentes, ou lorsque ces causes ne peuvent être détruites que par des travaux d'ensemble, la commune pourra acquérir, suivant les formes et après l'accomplissement des formalités prescrites par la loi du 3 mai 1841, la totalité des propriétés comprises dans le périmètre des travaux. — Les portions de ces propriétés qui, après l'assainissement opéré, resteraient en dehors des alignements arrêtés pour les nouvelles constructions, pourront être revendues aux enchères publiques, sans que, dans ce cas, les anciens propriétaires ou leurs ayants droit puissent demander l'application des articles 60 et 61 de la loi du 3 mai 1841 [1].

14. Les amendes, prononcées en vertu de la présente loi, seront attribuées en entier au bureau ou établissement de bienfaisance de la localité où sont situées les habitations à raison desquelles ces amendes auront été encourues.

7. ALIGNEMENT.

Toute propriété confinant une voie publique, dépendant de la grande comme de la petite voirie, fleuve, rivière, canal, route ou chemin, est assujettie à la demande préalable d'un alignement, soit

ront aussi prononcer séparément l'une ou l'autre de ces peines, sans qu'en aucun cas, elle puisse être au-dessous des peines de simple police.

[1] Cette loi est rapportée chapitre IX.

qu'il s'agisse de la clore ou de réparer d'anciennes clôtures, d'y élever des constructions ou de réparer des bâtiments déjà existants, soit qu'il s'agisse d'y faire des plantations, toutes les fois que ces clôtures, constructions ou plantations sont faites sur la partie qui confine la voie publique.

L'alignement, en matière de grande voirie, est donné par le préfet, sauf recours au ministre des travaux publics. — La grande voirie comprend les routes royales et départementales, et les chemins de grande communication. — Les chemins vicinaux, rues et autres voies publiques appartiennent à la petite voirie. — En matière de petite voirie, l'alignement est donné par le maire, sauf recours au préfet et au ministre des travaux publics. — A Paris, toutes les voies publiques sont assimilées à à la grande voirie.

Nul ne peut construire et réparer un édifice joignant la voie publique sans avoir préalablement demandé au maire, et obtenu de lui la fixation de l'alignement, soit qu'il existe, soit qu'il n'existe pas pour la commune un plan général d'alignement approuvé par l'autorité supérieure. Les maires statuent seuls sans l'intervention du conseil municipal.

L'alignement donné à une époque, suivant le plan alors fixé, peut être changé par un nouveau plan. (Voyez en outre les articles suivants de la loi du 16 septembre 1801, et les avis du conseil d'État, ci-après rapportés.)

Loi du 11 septembre 1807.

Article 50. Lorsqu'un propriétaire fait volontairement démolir sa maison, ou lorsqu'il est forcé de la démolir pour cause de vétusté, il n'a droit à indemnité que pour la valeur du terrain délaissé, si l'alignement qui lui est donné par les autorités compétentes le force à reculer sa construction.

51. Les maisons et bâtiments dont il serait nécessaire de faire démolir et d'enlever une portion, pour cause d'utilité publique légalement reconnue, seront acquis en entier si le propriétaire l'exige, sauf à l'administration publique ou aux communes à revendre les portions de bâtiment ainsi acquises, et qui ne seront pas nécessaires pour l'exécution du plan.

52. Dans les villes, les alignements pour l'ouverture des nouvelles rues, pour l'élargissement des anciennes qui ne font point partie d'une grande route, ou pour tout autre objet d'utilité publique, seront donnés par les maires conformément au plan dont les projets auront été adressés aux préfets, transmis avec leur avis au ministre de l'intérieur, et arrêtés en conseil d'État. — En cas de réclamation de tiers intéressés, il sera de même statué en conseil d'État sur le rapport du ministre de l'intérieur.

53. Au cas où, par les alignements arrêtés, un propriétaire pourrait recevoir la faculté de s'avancer sur la voie publique, il sera tenu de payer la valeur du terrain qui lui reste. Au cas où le propriétaire ne voudrait pas acquérir, l'administration publique est au-

torisée à le déposséder de l'ensemble de sa propriété, en lui payant la valeur telle qu'elle était avant l'entreprise des travaux.

Avis du conseil d'État du 7 août 1839.

Le conseil d'État est d'avis que le plan des alignements d'une ville, approuvé conformément aux dispositions de l'article 52 de la loi du 16 septembre 1807, peut toujours être modifié lorsque l'intérêt public l'exige, et après l'accomplissement des formalités prescrites par ledit article; que l'effet de la modification du plan est de soumettre, comme le plan primitif, les propriétés comprises dans l'alignement aux servitudes des voiries.

Avis du conseil d'État du 21 août 1839.

Le conseil d'État est d'avis que l'administration n'a pas le droit de prohiber les réparations confortatives, aux constructions qui se trouvent en retraite sur l'alignement.

Un décret du président de la république, en date du 26 mars 1852, a apporté quelques dispositions nouvelles en ce qui concerne l'alignement des rues de Paris. Voici ce décret :

Décret du 26 mars 1852.

Article 1. Les rues de Paris continueront d'être soumises au régime de la grande voirie.

2. Dans tout projet d'expropriation pour l'élargissement, le redressement ou la formation des rues de Paris, l'administration aura la faculté de comprendre la totalité des immeubles atteints, lorsqu'elle jugera que les parties restantes ne sont pas d'une étendue ou d'une forme qui permette d'y élever des constructions salubres. — Elle pourra pareillement comprendre dans l'expropriation des immeubles en dehors des alignements, lorsque leur acquisition sera nécessaire pour la suppression, d'anciennes voies publiques jugées inutiles. — Les parcelles de terrain acquises en dehors des alignements, et non susceptibles de recevoir des constructions salubres, seront réunies aux propriétés contiguës, soit à l'amiable, soit conformément à l'article 53 de la loi du 16 septembre 1807 (cet article est rapporté plus haut). — La fixation du prix de ces terrains sera faite suivant les mêmes formes et devant la même juridiction que celle des expropriations ordinaires. — L'article 58 de la loi du 3 mai 1841 (voyez chapitre IX) est applicable à tous les actes et contrats relatifs aux terrains acquis pour la voie publique par simple mesure de voirie.

3. A l'avenir, l'étude de tout plan d'alignement de rue devra nécessairement comprendre le nivellement; celui-ci sera soumis à toutes les formalités qui régissent l'alignement. — Tout constructeur de maisons, avant de se mettre à l'œuvre, devra demander l'alignement et le nivellement de la voie publique au-devant de son terrain, et s'y conformer.

4. Il devra pareillement adresser à l'administration

un plan et des coupes côtés des constructions qu'il projette, et se soumettre aux prescriptions qui lui seront faites, dans l'intérêt de la sûreté publique et de la salubrité. — Vingt jours après le dépôt de ces plans et coupes au secrétariat de la préfecture de la Seine, le constructeur pourra commencer ces travaux d'après son plan, s'il ne lui a été notifié aucune injonction. — Une coupe géologique des fouilles, pour fondation de bâtiment, sera dressée par tout architecte constructeur, et remise à la préfecture de la Seine.

5. La façade des maisons sera constamment tenue en bon état de propreté. Elles seront grattées, repeintes ou badigeonnées, au moins une fois tous les dix ans, sur l'injonction qui sera faite au propriétaire par l'autorité municipale. — Les contrevenants seront passibles d'une amende qui ne pourra excéder cent francs.

6. Toute construction nouvelle dans une rue pourvue d'égouts devra être disposée de manière à y conduire les eaux pluviales et ménagères. — La même disposition sera prise pour toute maison ancienne en cas de grosses réparations, et, en tout cas, avant dix ans.

7. Il sera statué, par un décret ultérieur, rendu dans la forme des règlements d'administration publique, en ce qui concerne la hauteur des maisons, les combles et les lucarnes.

8. Les propriétaires riverains des voies publiques empierrées supporteront les frais de premier établissement des travaux, d'après les règles qui existent à l'égard des propriétaires riverains des rues pavées.

9. Les dispositions du présent décret pourront être appliquées à toutes les villes qui en feront la demande, par des décrets spéciaux rendus dans la forme des règlements d'administration publique.

APPENDICE.

—

DU LOUAGE D'OUVRAGE ET D'INDUSTRIE.

———

Le contrat de louage comprend non-seulement le louage des maisons, des meubles et des biens ruraux, qui a été traité dans cet ouvrage, mais encore le louage d'*ouvrage et d'industrie*, dont il y a trois espèces principales : 1° le louage des gens de travail, qui s'engagent au service de quelqu'un ; 2° celui des voituriers, tant par terre que par eau, qui se chargent du transport des personnes ou des marchandises ; 3° celui des entrepreneurs d'ouvrages par suite de devis ou marchés. Sans entrer dans l'explication des principes applicables à ces trois espèces de louage d'ouvrage ou d'industrie, nous donnerons ici le texte des articles du code Napoléon qui les régissent.

SECTION I.

DU LOUAGE DES DOMESTIQUES ET OUVRIERS.

Article 1780. On ne peut engager ses services qu'à temps, ou pour une entreprise déterminée.

1781. Le maître est cru sur son affirmation pour la quotité des gages ; pour le payement du salaire de l'année ; et pour les à-compte des années courantes.

SECTION II.

DES VOITURIERS PAR TERRE ET PAR EAU.

1782. Les voituriers par terre et par eau sont assujettis, pour la garde et la conservation des choses qui leur sont confiées, aux mêmes obligations que les aubergistes, dont il est parlé au titre *du dépôt et du séquestre.*

1783. Ils répondent non-seulement de ce qu'ils ont déja reçu dans leur bâtiment ou voiture, mais encore de ce qui leur a été remis sur le port ou l'entrepôt, pour être placé dans leur bâtiment ou voiture.

1784. Ils sont responsables de la perte ou des avaries des choses qui leur sont confiées, à moins qu'ils ne prouvent qu'elles ont été perdues ou avariées par cas fortuit ou force majeure.

1785. Les entrepreneurs de voitures publiques par terre et par eau, et ceux des roulages publics, doivent tenir registre de l'argent, des effets et des paquets dont ils se chargent.

1786. Les entrepreneurs et directeurs de voitures et roulages publics, les maîtres de barques et navires, sont en outre assujettis à des règlements particuliers, qui font loi entre eux et les autres citoyens.

SECTION III.

DES DEVIS ET MARCHÉS.

1787. Lorsqu'on charge quelqu'un de faire un ouvrage, on peut convenir qu'il fournira seulement son travail ou son industrie, ou bien qu'il fournira aussi la matière.

1788. Si, dans le cas où l'ouvrier fournit la matière, la chose vient à périr, de quelque manière que ce soit, avant d'être livrée, la perte en est pour l'ouvrier, à moins que le maître ne fût en demeure de recevoir la chose.

1789. Dans le cas où l'ouvrier fournit seulement son travail ou son industrie, si la chose vient à périr, l'ouvrier n'est tenu que de sa faute.

1790. Si, dans le cas de l'article précédent, la chose vient à périr, quoique sans aucune faute de l'ouvrier, avant que l'ouvrage ait été reçu, et sans que le maître fût en demeure de le vérifier, l'ouvrier n'a point de salaire à réclamer, à moins que la chose n'ait péri par le vice de la matière.

1791. S'il s'agit d'un ouvrage à plusieurs pièces ou à la mesure, la vérification peut s'en faire par partie; elle est censée faite pour toutes les parties payées, si le maître paye l'ouvrier en proportion de l'ouvrage fait.

1792. Si l'édifice construit à prix fait périt en tout ou en partie par le vice de la construction, même par le vice du sol, les architecte et entrepreneur en sont responsables pendant dix ans.

1793. Lorsqu'un architecte ou un entrepreneur s'est chargé de la construction à forfait d'un bâtiment, d'après un plan arrêté et convenu avec le propriétaire du sol, il ne peut demander aucune augmentation de prix, ni sous le prétexte de l'augmentation de la main-d'œuvre ou des matériaux, ni sous celui de changements ou d'augmentations faits sur le plan, si ces changements ou augmentations n'ont pas été autorisés par écrit, et le prix convenu avec le propriétaire.

1794. Le maître peut résilier, par sa seule volonté, le marché à forfait, quoique l'ouvrage soit déjà commencé, en dédommageant l'entrepreneur de toutes ses dépenses, de tous ses travaux, et de tout ce qu'il aurait pu gagner de cette entreprise.

1795. Le contrat de louage d'ouvrage est dissous par la mort de l'ouvrier, de l'architecte ou entrepreneur.

1796. Mais le propriétaire est tenu de payer en proportion du prix porté par la convention, à leur succession, la valeur des ouvrages faits et celle des matériaux préparés, lors seulement que ces travaux ou ces matériaux peuvent lui être utiles.

1797. L'entrepreneur répond du fait des personnes qu'il emploie.

1798. Les maçons, charpentiers et autres ouvriers qui ont été employés à la construction d'un bâtiment, ou d'autres ouvrages faits à l'entreprise, n'ont d'action contre celui pour lequel les ouvrages ont été faits que jusqu'à concurrence de ce dont il se trouve débiteur envers l'entrepreneur, au moment où leur action est intentée.

1799. Les maçons, charpentiers, serruriers et autres ouvriers qui font directement des marchés à prix fait, sont astreints aux règles prescrites dans la présente section; ils sont entrepreneurs dans la partie qu'ils traitent.

TABLE ALPHABÉTIQUE

DES MATIÈRES.

15.

FIN DE LA TABLE ALPHABÉTIQUE.

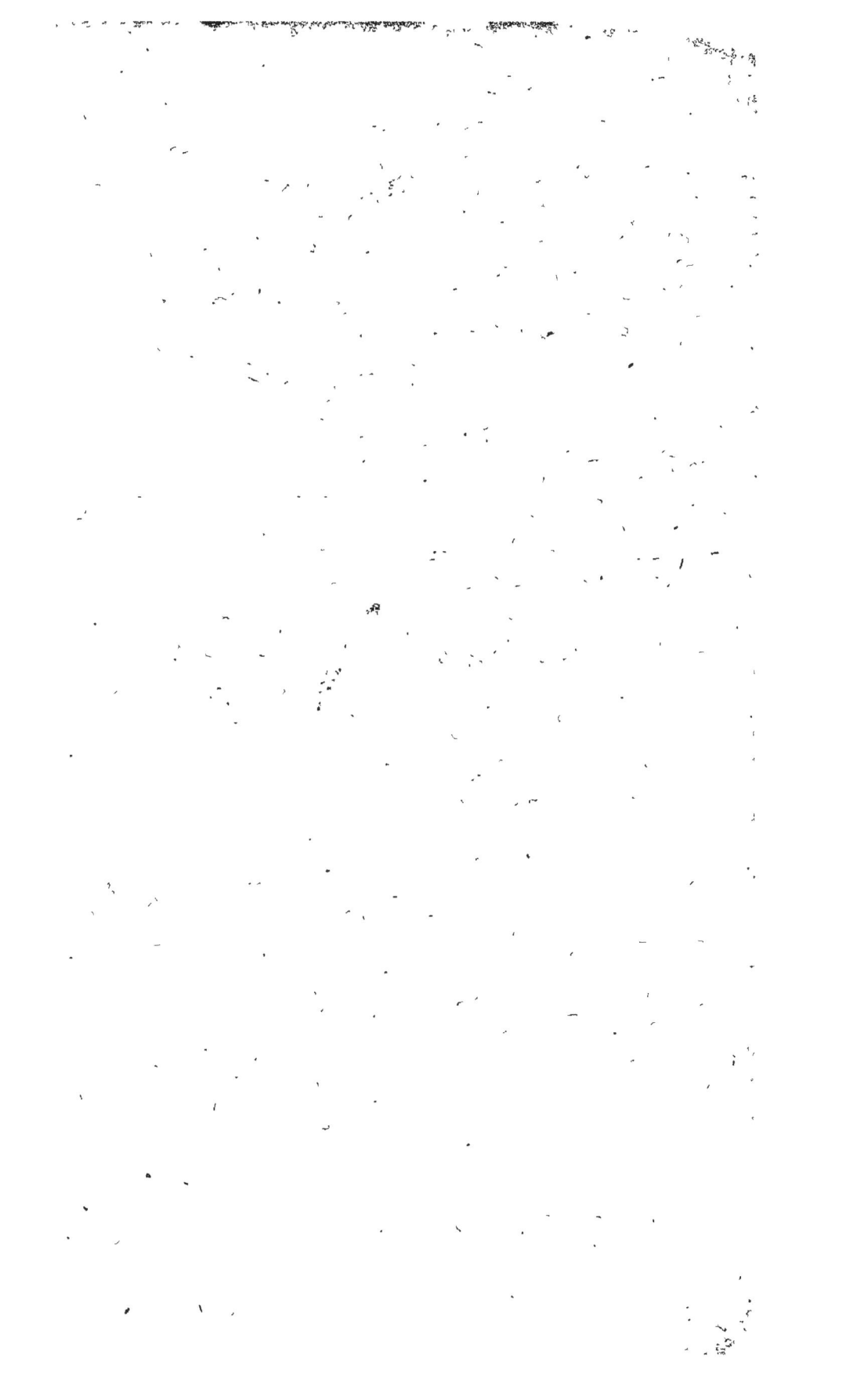

TABLE DES MATIÈRES.

FIN DE LA TABLE.

Paris. — Imprimerie de P.-A. BOURDIER et Cᵉ, 30, rue Mazarine.

DICTIONNAIRE NATIONAL

OUVRAGE ENTIÈREMENT TERMINÉ

MONUMENT ÉLEVÉ A LA GLOIRE DE LA LANGUE ET DES LETTRES FRANÇAISES

Ce grand Dictionnaire classique de la Langue française contient, pour la première fois, outre les mots mis en circulation par la presse, et qui sont devenus une des propriétés de la parole, les noms de tous les Peuples anciens, modernes ; de tous les Souverains de chaque Etat ; des Institutions politiques ; des Assemblées délibérantes ; des Ordres monastiques, militaires ; des Sectes religieuses, politiques, philosophiques ; des grands Evénements historiques : Guerres, Batailles, Siéges, Journées mémorables, Conspirations, Traités de paix, Conciles ; des Titres, Dignités, Fonctions, des Hommes ou Femmes célèbres en tout genre ; des Personnages historiques de tous les pays et de tous les temps : Saints, Martyrs, Savants, Artistes, Ecrivains ; des Divinités, Héros et Personnages fabuleux de tous les peuples ; des Religions et Cultes divers, Fêtes, Jeux, Cérémonies publiques, Mystères, enfin la Nomenclature de tous les Chefs-lieux, Arrondissements, Cantons, Villes, Fleuves, Rivières, Montagnes de la France et de l'Etranger ; avec les Etymologies grecques, latines, arabes, celtiques, germaniques, etc., etc.

Cet ouvrage classique est rédigé sur un plan entièrement neuf, plus exact et plus complet que tous les dictionnaires qui existent, et dans lequel toutes les définitions, toutes les acceptions des mots et les nuances infinies qu'ils ont reçues sont justifiées par plus de quinze cent mille exemples extraits de tous les écrivains, moralistes et poëtes, philosophes et historiens, etc., etc. Par M. BESCHERELLE aîné, principal auteur de la *Grammaire nationale*. 2 magnifiques vol. in-4 de plus de 3,000 pages, à 4 col., imprimés en caractères neufs et très-lisibles, sur papier grand raisin, glacé, contenant la matière de plus de 300 volumes in-8   50 fr.

Demi-reliure chagrin.. . . . . 60 fr.

GRAMMAIRE NATIONALE

Ou Grammaire de Voltaire, de Racine, de Bossuet, de Fénelon, de J. J. Rousseau, de Bernardin de Saint-Pierre, de Chateaubriand, de Casimir Delavigne, et de tous les écrivains les plus distingués de la France ; par MM. BESCHERELLE FRÈRES et LITAIS DE GAUX. 1 fort vol. grand in-8, 12 fr.; net.. . . . . 10 fr.

Complément indispensable du DICTIONNAIRE NATIONAL.

DICTIONNAIRE USUEL DE TOUS LES VERBES FRANÇAIS

Tant réguliers qu'irréguliers, entièrement conjugués, par BESCHERELLE frères. 2 vol. in-8 à 2 colonnes. . . . . 12 fr.

Ce livre est indispensable à tous les écrivains et à toutes les personnes qui s'occupent de la langue française, car le verbe est le mot qui, dans le discours, joue le plus grand rôle; il entre dans toutes les propositions, pour être le lien de nos pensées et y répandre la clarté et la vie; aussi les Latins lui avaient donné le nom de *verbum* pour exprimer qu'il est le mot nécessaire, le mot par excellence. La conjugaison des verbes est sans contredit ce qu'il y a de plus difficile dans notre langue, puisqu'on y compte plus de trois cents verbes irréguliers. A l'aide de ce dictionnaire, tous les doutes sont levés, toutes les difficultés vaincues.

LE VÉRITABLE MANUEL DES CONJUGAISONS

Ou Dictionnaire des 8,000 verbes, par BESCHERELLE frères. Troisième édition. 1 vol. in-18. 5 fr. 75

GRAND DICTIONNAIRE ESPAGNOL-FRANÇAIS
ET FRANÇAIS-ESPAGNOL

Avec la prononciation dans les deux langues, plus exact et plus complet que tous ceux qui ont paru jusqu'à ce jour, rédigé d'après les matériaux réunis par D. VICENTE SALVA, et les meilleurs dictionnaires anciens et modernes, par F. DE P. NORIEGA et GUIM. 1 fort vol. grand in-8 jésus d'environ 1,600 pages à 3 colonnes. . . . . 18 fr.

PETIT DICTIONNAIRE NATIONAL

Contenant la définition très-claire et très-exacte de tous les mots de la langue usuelle; l'explication la plus simple des termes scientifiques et techniques; la prononciation figurée dans tous les cas douteux ou difficiles, etc.; à l'usage de la jeunesse, des maisons d'éducation qui ont besoin de renseignements prompts et précis sur la langue française; par BESCHERELLE aîné, auteur du *Grand Dictionnaire national*, etc. 1 fort volume in-32 jésus de plus de 600 pages. . . . . 2 fr. 25

NOUVEAU DICTIONNAIRE ANGLAIS-FRANÇAIS
ET FRANÇAIS-ANGLAIS

Contenant tout le vocabulaire de la langue usuelle, et donnant la prononciation figurée de tous les mots anglais et celle des mots français dans les cas douteux ou difficiles, par CLIFTON. 1 beau volume grand in-32 de 1,000 pages environ.. . . . . 4 fr. 50

NOUVEAU DICTIONNAIRE ALLEMAND-FRANÇAIS
ET FRANÇAIS-ALLEMAND

Du langage littéraire, scientifique et usuel; contenant à leur ordre alphabétique tous les mots usités et nouveaux de ces deux idiomes; les noms propres de personnes, de pays, de villes, etc.; la solution des difficultés que présentent la prononciation, la grammaire et les idiotismes; et suivi d'un tableau de verbes irréguliers, par K. ROTTECK (de Berlin). 1 fort vol. grand in-32 jésus (édition galvanoplastique). . . . . . 4 fr. 50

NOUVEAU DICTIONNAIRE DE POCHE FRANÇAIS-ESPAGNOL
ET ESPAGNOL-FRANÇAIS

Avec la prononciation dans les deux langues, rédigé d'après les matériaux réunis, par D. VICENTE SALVA, et les meilleurs dictionnaires parus jusqu'à ce jour. 1 fort vol. gr. in-32, format dit Cazin, d'environ 1,100 pag. 5 fr.

GRAND DICTIONNAIRE ITALIEN-FRANÇAIS
ET FRANÇAIS-ITALIEN

Par Barberi, continué et terminé par Basti et Cerati. 2 gros vol. in-4, contenant 2,500 pages, 45 fr.; net. . . . . 25 fr.

LE NOUVEAU MAITRE ITALIEN

Abrégé de la Grammaire des Grammaires italiennes, simplifié et mis à la portée de tous les commençants, divisé par leçons, avec des thèmes gradués pour s'exercer à parler dès les premières leçons et s'habituer aux inversions italiennes, par J. Ph. Barberi, auteur du *Grand Dictionnaire italien-français.* 1 fort vol. in-8, 6 fr.; net. . . . . . . 4 fr.

DICTIONNAIRE USUEL DE GÉOGRAPHIE MODERNE

Contenant : les articles les plus nécessaires de la géographie ancienne, ce qu'il y a de plus important dans la géographie historique du moyen âge, le résumé de la statistique générale des grands États et des villes les plus importantes du globe, par M. D. de Rienzi. Nouvelle édition. 1 fort vol. in-8, à 2 col., orné de 9 cartes col. . . . . 8 fr.

DICTIONNAIRE GÉOGRAPHIQUE, STATISTIQUE ET POSTAL
DES COMMUNES DE FRANCE

Dédié au commerce, à l'industrie et à toutes les administrations publiques, par M. A. Peigné, auteur du *Dictionnaire portatif de la langue française* et de plusieurs ouvrages d'instruction; avec la carte des postes. Cet ouvrage, par la multiplicité et l'exactitude des renseignements qu'il fournit, est indispensable à tout commerçant, voyageur, industriel et employé d'administration, dont il est le *vade mecum.* . . . . . 5 fr.

GUIDES POLYGLOTTES, MANUELS DE LA CONVERSATION
ET DU STYLE ÉPISTOLAIRE

A l'usage des voyageurs et de la jeunesse des écoles, par MM. Clifton, Vitali, Corona, Bustamente, Ebeling, Carolino Duarte. Grand in-32, format dit Cazin, papier satiné, élégamment cartonnés. Le vol. . . 2 fr.

Jolie reliure toile. . . . . 50 c. le vol. en plus.

Français-Anglais. 1 vol in-32.	**English-Portuguese.** 1 vol. in-32.
Français-Italien. 1 vol. in-32.	**Español-Inglés.** 1 vol. in-32.
Français-Allemand. 1 vol. in-32.	**Anglais-Allemand.** 1 vol. in-32.
Français-Espagnol. 1 vol. in-32.	**Español-Italiano.** 1 vol. in-32.
Français-Portugais. 1 vol. in 32.	
Español-Francés. 1 vol. in-32.	**Portuguez-Francez.** 1 vol. in-32.
English-French. 1 vol. in-32.	**Portuguez-Inglez.** 1 vol. in-32.

GUIDE EN SIX LANGUES. — Français - anglais - allemand - italien-espagnol-portugais. 1 fort vol. in-16 de 550 pages. Prix. . . . . . . 5 fr.

Nous appelons d'une manière toute spéciale l'attention sur nos *Guides polyglottes.* Le soin intelligent et scrupuleux qui en a dirigé l'exécution leur assure, parmi les livres de ce genre, une incontestable supériorité. Le texte original a été fait et préparé, avec beaucoup d'adresse et d'habileté, par un maître de conférences à l'Ecole normale supérieure. Les besoins de la conversation usuelle y sont très-heureusement prévus. Les dialogues, au lieu de se traîner dans l'ornière des banalités ennuyeuses, ont un à-propos, une vivacité, un sel, qui amusent et réveillent le lecteur. L'auteur a eu l'art de joindre l'*agréable* à l'*utile.*

GÉOGRAPHIE UNIVERSELLE

Par MALTE-BRUN, description de toutes les parties du monde sur un nouveau plan, d'après les grandes divisions du globe; précédée de l'Histoire de la Géographie chez les peuples anciens et modernes, et d'une Théorie générale de la Géographie mathématique, physique et politique. Sixième édition, revue, corrigée et augmentée, mise dans un nouvel ordre et enrichie de toutes les nouvelles découvertes, par J. J. N. HUOT. 6 beaux vol. grand in-8, enrichis de 41 gravures sur acier. . 60 fr.

Avec un superbe atlas entièrement établi à neuf. 1 vol. in-folio, composé de 72 magnifiques cartes coloriées, dont 14 doubles. . . . , . . . 80 fr.

On se plaignait généralement de la sécheresse de la géographie, lorsque, après quinze années de lectures et d'études, Malte-Brun conçut la pensée de renfermer dans une suite de discours historiques l'ensemble de la géographie ancienne et moderne, de manière à laisser, dans l'esprit d'un lecteur attentif, l'image vivante de la terre entière, avec toutes ses contrées diverses, et avec les lieux mémorables qu'elles renferment et les peuples qui les ont habitées ou qui les habitent encore.

Il s'est dit : « La géographie n'est-elle pas la sœur et l'émule de l'histoire? Si l'une a le pouvoir de ressusciter les générations passées, l'autre ne saurait-elle fixer, dans une image mobile, les tableaux vivants de l'histoire en retraçant à la pensée cet éternel théâtre de nos courtes misères? cette vaste scène, jonchée des débris de tant d'empires, et cette immuable nature, toujours occupée à réparer, par ses bienfaits, les ravages de nos discordes? Et cette description du globe n'est-elle pas intimement liée à l'étude de l'homme, à celle des mœurs et des institutions? n'offre-t-elle pas à toutes les sciences politiques des renseignements précieux? aux diverses branches de l'histoire naturelle un complément nécessaire? à la littérature elle-même, un vaste trésor de sentiments et d'images? »

DICTIONNAIRE DE LA CONVERSATION ET DE LA LECTURE

52 vol. grand in-8 de 500 pages à 2 col., contenant la matière de plus de 300 vol. . . . . 208 fr.

OEuvre éminemment littéraire et scientifique, produit de l'association de toutes les illustrations de l'époque, sans acception de partis ou d'opinions, le *Dictionnaire de la Conversation* a depuis longtemps sa place marquée dans la bibliothèque de tout homme de goût, qui aime à retrouver formulées en préceptes généraux ses idées déjà arrêtées sur l'histoire, les arts et les sciences.

SUPPLÉMENT AU

DICTIONNAIRE DE LA CONVERSATION ET DE LA LECTURE

Rédigé par tous les écrivains dont les noms figurent dans cet ouvrage, et publié sous la direction du même rédacteur en chef. 16 vol. gr. in-8 de 500 pages, conformes aux 52 vol. publiés de 1832 à 1839. . 80 fr.

Le *Supplément*, aujourd'hui TERMINÉ, se compose de *seize volumes* formant les tomes LIII à LXVIII de cette Encyclopédie si populaire.

Ce *Supplément* a réparé toutes les erreurs, toutes les omissions qui avaient échappé dans le travail si rapide de la rédaction des 52 premiers volumes. Tous les *renvois* que le lecteur cherchait vainement dans l'ouvrage principal se trouvent traités dans le *Supplément*, quelques articles jugés insuffisants ont été refaits.

Qui ne sait l'immense succès du *Dictionnaire de la Conversation?* Plus de 19,000 exemplaires des tomes I à LII ont été vendus; mais, aujourd'hui, les seuls exemplaires qui conservent toute *leur valeur primitive* sont ceux qui possèdent le *Supplément*, en d'autres termes, les tomes LIII à LXVIII.

Comme les seize volumes supplémentaires n'ont été tirés qu'à 3,000, ils ne tarderont pas à être épuisés.

Nous nous bornerons à prévenir les possesseurs des tomes I à LII qu'avant peu de temps il nous sera impossible de compléter leurs exemplaires et de leur fournir les tomes LIII à LXVIII ; car ils s'épuisent plus rapidement que nous ne l'avions pensé.

Prix des seize vol. du *Supplément* (tomes LIII à LXVIII), 80 fr.; le v. 5 fr.

COURS COMPLET D'AGRICULTURE

Ou Nouveau Dictionnaire d'agriculture théorique et pratique, d'économie rurale et de médecine vétérinaire ; sur le plan de l'ancien Dictionnaire de l'abbé Rosnier.

Par M. le baron de MOROGUES, ex-pair de France, membre de l'Institut, de la Société nat. et cent. d'agriculture ;
M. MIRBEL, de l'Académie des sciences, professeur de culture au Jardin des Plantes, etc.;

Par M. le vicomte HÉRICART DE THURY, président de la Société nationale d'agriculture;
M. PAYEN, de la Société nationale d'agriculture, professeur de chimie industrielle et agricole;
M. MATHIEU DE DOMBASLE, etc.

Ce cours a eu pour base le travail composé par les membres de l'ancienne section d'agriculture de l'Institut : MM. DE SISMONDI, BOSC, THOUIN, CHAPTAL, TESSIER, DESFONTAINES, DE CANDOLLE, FRANÇOIS DE NEUFCHATEAU, PARMENTIER, LA ROCHEFOUCAULD, MOREL DE VINDÉ, HUZARD père et fils, APPERT, VILMORIN, BRONGNIART, LENOIR, NOISETTE, etc., etc. 4e édition, revue et corrigée. Broché en 20 vol. grand in-8, à 2 colonnes, avec environ 4,000 sujets gravés, relatifs à la grande et à la petite culture, à l'économie rurale et domestique, etc. Complet, 112 fr. 50 ; net. . . . . . 90 fr.

DICTIONNAIRE D'HIPPIATRIQUE ET D'ÉQUITATION

Ouvrage où se trouvent réunies toutes les connaissances équestres et hippiques, par F. CARDINI, lieutenant-colonel en retraite. 2 vol. grand in-8, ornés de 70 figures. Deuxième édit., corrigée et considérablement augmentée, 20 fr.; net. . . . . 15 fr.

OUVRAGES RELIGIEUX
ÉLÉVATIONS A DIEU SUR TOUS LES MYSTÈRES DE LA RELIGION CHRÉTIENNE

Par BOSSUET. 1 vol. grand in-8, même format que les *Méditations sur l'Évangile*, orné de 10 magnifiques gravures anglaises sur acier, d'après LE GUIDE, POUSSIN, VANDERWERF, MARATTE, COPLEY, MELVILLE, etc. 16 fr.

MÉDITATIONS SUR L'ÉVANGILE

Par BOSSUET, revues sur les manuscrits originaux et les éditions les plus correctes, et illustrées de 14 magnifiques gravures sur acier, d'après RAPHAEL, RUBENS, POUSSIN, REMBRANDT, CARRACHE, LÉONARD DE VINCI, etc. 1 vol. grand in-8 jésus. . . . . 18 fr.

Cette superbe réimpression des deux chefs-d'œuvre de Bossuet, imprimée avec le plus grand soin par Simon Raçon, est destinée à prendre place parmi les plus beaux livres de l'époque.

LES SAINTS ÉVANGILES

Par l'abbé DASSANCE, selon saint Matthieu, saint Marc, saint Luc et saint Jean. 2 splendides vol. grand in-8, illustrés de 12 gravures sur acier, et ornés de vues. Édition CURMER. Brochés, 48 fr.; net. . . . . . 30 fr.

LES ÉVANGILES

Par F. LAMENNAIS. Traduction nouvelle, avec des notes et des réflexions. Deuxième édition, illustrée de 10 gravures sur acier, d'après CIGOLI, LE GUIDE, MURILLO, OVERBECK, RAPHAEL, RUBENS, etc. 1 vol. in-8, cavalier vélin. 10 fr.; net. 8 fr.

LES VIES DES SAINTS

Pour tous les jours de l'année, nouvellement écrites par une réunion d'ecclésiastiques et d'écrivains catholiques, classées pour chaque jour de l'année par ordre de dates, d'après les martyrologes et GODESCARD ; illustrées d'environ 1,800 gravures. L'ouvrage complet forme 4 beaux vol. grand in-8 ; chaque vol. se compose d'un trimestre et forme un tout complet. 10 fr. le vol. Complet. . . . . 40 fr.

Les *Vies des Saints* avaient déjà obtenu l'approbation des archevêques de Paris, de Cambrai, de Tours, de Bourges, de Reims, de Sens, de Bordeaux, etc., etc.

IMITATION DE JÉSUS-CHRIST

Traduite par l'abbé DASSANCE, avec approbation de Monseigneur l'archevêque de Paris. Édition CURMER, avec encadrements variés, frontispice or et couleur, et 10 gravures sur acier. 1 vol. grand in-8. . . 20 fr.

Reliure chagrin, tranche dorée. . . . . 12 fr. »
— demi-chagrin, tranche dorée, plats toile. 5 50

LES FEMMES DE LA BIBLE

Par M. l'abbé G. DARBOY. Collection de portraits des femmes remarquables de l'Ancien et du Nouveau Testament (gravés par les meilleurs artistes, d'après les dessins de G. STAAL), avec textes explicatifs rappelant les principaux événements du peuple de Dieu, et renfermant des appréciations sur le caractères des Femmes célèbres de ce peuple. 2 vol. grand in-8 jésus Le vol. . . . . 20 fr.

LES SAINTES FEMMES

Par M. l'abbé DARBOY. Collection de portraits, gravés sur acier, des femmes remarquables de l'Église ; ouvrage approuvé par Monseigneur l'archevêque de Paris. 1 vol. grand in-8 jésus. . . . . 20 fr.

LE CHRIST, LES APOTRES ET LES PROPHÈTES

Par l'abbé DARBOY. Collection de portraits de l'Écriture sainte les plus remarquables, gravés par les meilleurs artistes. 1 volume grand in-8 jésus.. . . . . 20 fr.

LA VIERGE

Histoire de la Mère de Dieu et de son culte, par l'abbé ORSINI. Nouvelle édition, illustrée de gravures sur acier et de sujets dans le texte. 2 beaux vol. grand in-8 jésus. . . . . 24 fr.

SAINT VINCENT DE PAUL

Histoire de sa vie, par l'abbé ORSINI. 1 magnifique vol. grand in-8 jésus, illustré de 10 splendides gravures sur acier, tirées sur chine avant la lettre, d'après KARL GIRARDET, LELOIR, MEISSONNIER, STAAL, etc., gravées par nos meilleurs artistes. . . . . 12 fr.

PRIX DE LA RELIURE DES SEPT VOLUMES CI-DESSUS

Reliure toile mosaïque, plaque spéciale, tranche dorée.. . . . . . 6 fr.
Reliure demi-chagrin, tranche dorée. . . . . 6 »

LA SAINTE BIBLE

L'Ancien et le Nouveau Testament complets ; traduction nouvelle par GENOUDE. 5 vol. grand in-8 à 2 colonnes, illustrés de 8 magnifiques gravures anglaises et de 350 gravures sur bois. . . . . 24 fr.

Demi-rel. chagrin, plats toile, doré sur tranche, 5 vol. rel. en 2. 6 fr. le vol.

HISTOIRE ECCLÉSIASTIQUE
Par l'abbé Fleury, augmentée de 4 livres (les livres CI, CII, CIII et CIV), publiés pour la première fois d'après un manuscrit appartenant à la Bibliothèque impériale, avec une table générale des matières. Paris, 1856. 6 vol. gr. in-8 jésus, à 2 col. ; au lieu de 60 fr., net.. . **30 fr.**

ŒUVRES COMPLÈTES DE CHATEAUBRIAND
Nouvelle édition, précédée d'une étude littéraire sur Chateaubriand par M. Sainte-Beuve, de l'Académie française. 12 vol. in-8, papier cavalier vélin, orné d'un beau portrait de Chateaubriand. Chaque vol.. **5 fr.**

Notre édition réunit à la fois les avantages d'un prix modéré, d'une excellente typographie et d'une correction faite d'après les meilleurs textes. Elle sera enrichie d'une étude très-complète sur Chateaubriand par M. Sainte-Beuve, et de notes inédites extrêmement curieuses.

Nous avons eu soin de faire faire des titres particuliers et des couvertures spéciales pour chaque volume formant un tout complet.

EN VENTE

LE GÉNIE DU CHRISTIANISME. 1 vol.

LES MARTYRS. 1 vol.

L'ITINÉRAIRE DE PARIS A JÉRUSALEM. 1 vol.

ATALA, RENÉ, LE DERNIER ABENCERRAGE, LES NATCHEZ, POÉSIES. 1 vol.

VOYAGE EN AMÉRIQUE, EN ITALIE ET EN SUISSE. 1 vol.

Chaque volume, avec 3, 4 ou 5 gravures, se vend séparément.. . . . . 6 fr.

Demi-reliure, plats toile, doré sur tranche. . . . . 3 fr.

MAGNIFIQUE COLLECTION DE GRAVURES
Comme ornement et complément de notre édition, nous publions une splendide collection composée d'environ 40 gravures, dessinées par Staal, etc., exécutées spécialement pour cette édition, et avec le plus grand soin, par MM. F. Delannoy, A. Thibault, Outhwaite, Massard, etc., d'après les dessins originaux de G. Staal, Racinet, etc. Rien n'a été négligé pour rendre ces gravures dignes des *Œuvres de Chateaubriand*. 12 livr. composées de chacune 3 ou 4 grav. Chaque livraison. **1 fr.**

HISTOIRE DE FRANCE
Par Anquetil, avec continuation jusqu'à nos jours par Baude, l'un des principaux auteurs du *Million de Faits* et de *Patria*. 8 vol. grand in-8, imprimés à 2 col., illustrés de 120 gravures environ, renfermant la collection complète des portraits des rois, 50 fr.; net. . . . . . **40 fr.**

HISTOIRE DE FRANCE D'ANQUETIL
Continuée depuis la Révolution de 1789 par Léonard Gallois. Édition ornée de 50 gravures en taille-douce. 5 vol. grand in-8 jésus à 2 colonnes, contenant la matière de 40 vol. in-8 ordinaires. 62 fr. 50 ; net. **40 fr.**

Demi-reliure, dos chagrin, le vol. . . . . 3 fr. 50

ABRÉGÉ CHRONOLOGIQUE DE L'HISTOIRE DE FRANCE
Par le président Hénault, continué par Michaud. 1 vol. grand in-8 illustré de gravures sur acier. . . . . **12 fr.**

Demi-reliure, chagrin. . . . . 3 fr. 50

— avec les plats toile, tr. dor. . . . . 6 fr. »

HISTOIRE DE LA RÉVOLUTION FRANÇAISE

Par M. Louis Blanc, auteur de l'*Histoire de Dix ans*. Chaque volume se vend séparément.. . . . . 5 fr.

Le dixième volume est en vente.

CAMPAGNE DE PIÉMONT ET DE LOMBARDIE

Par Amédée de Cesena. 1 vol. grand in-18 jésus.. . . . . 20 fr.

L'histoire de cette campagne est une histoire éminemment populaire, qui doit éveiller un intérêt universel. Les éditeurs n'ont rien négligé pour que cet ouvrage joignît au mérite de l'à-propos tous les avantages d'une exécution sérieuse, et devînt un livre, non pas seulement de circonstance et d'un intérêt éphémère, mais digne de tenir une place honorable dans les bibliothèques. — Au point de vue littéraire et politique, le nom de l'auteur est à la fois une promesse et une garantie. Les incidents de la campagne sont retracés dans ce livre avec une verve et un entrain qui donnent beaucoup de charme au récit. L'ouvrage est orné des portraits de l'Empereur, de l'Impératrice et de Victor-Emmanuel, admirablement gravés sur acier par Delannoy, d'après Winterhalter, de plans et de cartes, de types militaires des trois armées et de planches sur acier représentant les batailles de *Magenta* et de *Solferino* et la *Rentrée des Troupes à Paris*. Le livre renferme aussi la liste complète et nominale des décorés et des médaillés de l'armée d'Italie, et, par cela même, devient pour eux un titre de famille.

GALERIES HISTORIQUES DE VERSAILLES

Ce grand et important ouvrage a été entrepris aux frais de la liste civile du roi Louis-Philippe, et rédigé d'après ses instructions. Il renferme la description de 1,200 tableaux ; des notices historiques sur plus de 676 écussons armoriés de la salle des Croisades, et des aperçus biographiques sur presque tous les personnages célèbres depuis les temps les plus reculés de la monarchie française. Cet ouvrage, véritable histoire de France, illustrée par les maîtres les plus célèbres en peinture et en sculpture, et destiné à être donné en cadeau à tous les hommes éminents de notre époque, n'a jamais été mis en vente. 10 vol. in-8 imprimés en caractères neufs sur beau papier, avec un magnifique album in-4 contenant 100 gravures. . . . . 80 fr.

VERSAILLES ANCIEN ET MODERNE

Par le comte Alexandre de la Borde. Paris, Gavard, 1842. 1 vol. grand in-8 jésus, vélin, au lieu de 30 fr., net. . . . . 12 fr. 50

Ce volume, de 916 pages de texte, est orné de plus de 800 gravures sur acier et sur bois.

SOUVENIRS D'UN AVEUGLE

Voyage autour du monde, par J. Arago, sixième édition, revue. augmentée, enrichie de notes scientifiques, par F. Arago, de l'Institut. 2 vol. grand in-8 raisin, illustrés de 23 planches et portraits à part, et de 110 vignettes dans le texte, 20 fr.; net. . . . . 15 fr.

Reliure toile, tranche dorée, le volume. . . . . 3 fr. 50
Reliure demi-chagrin, plats en toile, tr. dorée, les 2 vol. en un. 4 50

ABRÉGÉ MÉTHODIQUE DE LA SCIENCE DES ARMOIRIES

Suivi d'un glossaire des attributs héraldiques, d'un traité élémentaire des ordres modernes de la chevalerie, et de notions sur l'origine des noms de famille et des classes nobles, les anoblissements, les preuves et les titres de noblesse, les usurpations et la législation nobiliaire, etc., par M. Maigne. 1 vol. grand in-18 jésus, orné d'environ 300 vignettes dans le texte, gravées par M. Dufrénoy. . . . . 6 fr.

DICTIONNAIRE DE LA NOBLESSE ET DU BLASON

Par JOUFFROY D'ESCHAVANNES, héraldiste, historiographe, secrétaire-archi-
viste de la Société orientale de Paris. 1 vol. grand in-8, ill. de 2 pl.
de blason col. et d'un grand nombre de grav. 15 fr.; net. . .   10 fr.

ORDRES DE CHEVALERIE ET MARQUES D'HONNEUR

Histoire, costume et décoration, par M. WAHLEN, chevalier de plusieurs
ordres. Ouvrage publié sur les documents officiels, avec un supplément
renfermant toutes les nouvelles décorations jusqu'à ce jour, et les costumes des principaux ordres. Superbe volume grand in-8, illustré de
110 planches coloriées à l'aquarelle. Au lieu de 75 fr., net.. .   40 fr.

COSTUMES DU MOYEN AGE

D'après les monuments, les peintures et les monuments contemporains, et
pris en grande partie parmi les monuments de la célèbre bibliothèque
des ducs de Bourgogne; précédés d'une dissertation sur les mœurs, les
usages de cette époque. 2 magnifiques volumes illustrés de 150 gravures soigneusement coloriées à l'aquarelle. 90 fr.; net. . . .   45 fr.

L'ITALIE CONFÉDÉRÉE

Histoire politique, militaire et pittoresque de la campagne de 1859, par
AMÉDÉE DE CESENA 4 vol. grand in-8 jésus, illustrés de gravures sur acier,
de types militaires des différents corps des armées française, sarde et
autrichienne, dessinés par CH. VERNIER ; des plans de Vérone, de Mantoue
et de Venise, etc., et d'une carte du nord de l'Italie indiquant les limites
actuelles du royaume de Sardaigne et des États de la confédération,
dressés par VUILLEMIN. Prix de chaque volume. . . . .   6 fr.
   L'histoire de cette campagne est une histoire éminemment populaire, qui
doit éveiller un intérêt universel.
   Les éditeurs n'ont rien négligé pour que cet ouvrage joignît au mérite de
l'actualité la plus palpitante tous les avantages d'une exécution sérieuse. et
devînt un livre, non pas seulement de circonstance et d'un intérêt éphémère,
mais digne de tenir une place honorable dans les bibliothèques. — Le livre renferme aussi la liste complète et nominale des décorés et des médaillés de l'armée
d'Italie, et, par cela même, devient pour eux un titre de famille.

MÉMORIAL DE SAINTE-HÉLÈNE

Par feu le comte de LAS CASES, nouvelle édition revue avec soin, augmentée du Mémorial de la Belle-Poule, par M. EMMANUEL DE LAS CASES. 2 vol.
grand in-8, avec portraits, vignettes nouvelles, gravés sur acier, par
BLANCHARD. Dessins de PAUQUET, FRÈRE et DAUBIGNY. 24 fr.; net. .   14 fr.

HISTOIRE UNIVERSELLE

Par le comte DE SÉGUR, de l'Académie française ; contenant l'histoire des
Égyptiens, des Assyriens, des Mèdes, des Perses, des Juifs, de la Grèce,
de la Sicile, de Carthage et de tous les peuples de l'antiquité, l'histoire
romaine et l'histoire du Bas-Empire. 9ᵉ édit., ornée de 30 grav. sur
acier, d'après les grands maîtres. 3 vol. grand in-8. . . .   37 fr. 50
   On peut acheter séparément chaque volume, qui forme un tout complet :
Histoire ancienne, contenant l'histoire des Egyptiens, des Assyriens, des Mèdes,
des Perses, des Grecs, des Carthaginois, des Juifs. 1 vol. . . . . . . 12 fr. 50
Histoire romaine, contenant l'histoire de l'empire romain, depuis la fondation
de Rome jusqu'à Constantin. 1 vol.. . . . . 12 fr. 50
Histoire du Bas-Empire, depuis Constantin jusqu'à la fin du second empire
grec. . . . . 12 fr. 50
   L'Histoire universelle de Ségur est devenue, pour la jeunesse, un livre classique. Le nombre des éditions qui se sont succédé en atteste le mérite et le succès .

1.

HISTOIRE DES DUCS DE BOURGOGNE

Par M. DE BARANTE, membre de l'Académie française. Septième édition.
12 vol. in-8, caractères neufs, imprimés sur papier vélin satiné des
Vosges, ornés de 104 grav. et d'un grand nombre de cartes. Prix , le
vol.. . . . . 5 fr.

La place de cet ouvrage est marquée dans toutes les bibliothèques. Il joint au
mérite et à l'exactitude historique une grande vérité de couleur et un grand
charme de narration.

HISTOIRE DES RÉPUBLIQUES ITALIENNES DU MOYEN AGE

Par SIMONDE DE SISMONDI. Nouvelle édition, ornée de gravures sur acier.
10 vol. in-8, 50 fr.; net. . . . . 40 fr

HISTOIRE D'ITALIE

Depuis les premiers temps jusqu'à nos jours, par le docteur HENRI LEO et
BOTTA, traduite de l'allemand et enrichie de notes très-curieuses par
M. DOCHEZ. 3 vol. grand in-8; au lieu de 45 fr., net. . . . . 15 fr.

HISTOIRE DE PORTUGAL

Par HENRI SCHŒFER, traduite par HENRI SOULANGE-BODIN. 1 vol. grand in-8;
au lieu de 15 fr., net. . . . . 5 fr.

HISTOIRE D'ESPAGNE

Depuis les temps les plus reculés jusqu'à nos jours, d'après les meilleurs
auteurs, par CH. PAQUIS et DOCHEZ. 2 vol. grand in-8; au lieu de 30 fr.,
net. . . . . 10 fr

HISTOIRE DES CAUSES DE LA RÉVOLUTION FRANÇAISE

Par A. GRANIER DE CASSAGNAC. 4 vol. in-8. . . . . 20 fr.

LAMARTINE

Histoire de la Révolution de 1848. Nouvelle édition, complétement revue
par l'auteur. 2 volumes in-8, papier cavalier vélin. . . . . . 12 fr.
MÊME OUVRAGE. 2 vol. grand in-18 jésus, le vol. . . . . 3 fr. 50

RAPHAEL

Pages de la vingtième année, par LAMARTINE. Deuxième édition. 1 vol. in-8,
cavalier vélin. . . . . 5 fr.

HISTOIRE DE RUSSIE

Par A. DE LAMARTINE. Paris, PERROTIN, 1856. 2 vol. in-8, 10 fr.; net. 5 fr.

M. de Lamartine a voulu compléter son Histoire de l'empire ottoman par une
Histoire de la Russie. — Ces deux volumes sont indispensables aux nombreux
possesseurs de l'Histoire de la Turquie.

HISTOIRE DE LA PEINTURE EN ITALIE

Depuis la Renaissance des beaux-arts jusque vers la fin du dix-huitième
siècle, par LANZI; traduite de l'italien sur la troisième édition, sous les
yeux de plusieurs professeurs, par madame A. DIEUDÉ. Paris DUFART,
1824. 5 vol. in-8; au lieu de 35 fr. . . . . 18 fr.

Cette traduction est la seule complète qui ait été publiée de l'ouvrage de Lanzi.
Cet ouvrage est indispensable aux artistes et à tous ceux qui ont le goût des
beaux-arts.

VOYAGE DANS L'INDE

Par le prince A. Soltykoff; illustré de lithographies à deux teintes, par Derudder, etc., d'après les dessins de l'auteur. 1 vol. gr. in-8 jés.   20 fr.

Reliure t. mosaïque, riche plaque spéciale, genre indien, tr. dor., le vol. 6 fr.

VOYAGE EN PERSE

Par le même; illustré, d'après les dessins de l'auteur, de magnifiques lithographies par Trayer, etc. 1 vol. gr. in-8 jésus. . . . . .   10 fr.

Reliure toile mosaïque, riche plaque spéciale, genre indien, tr. dorée, 6 fr.

ŒUVRES COMPLÈTES DE BUFFON

Avec la nomenclature linnéenne et la classification de Cuvier. Édition nouvelle, revue sur l'édition in-4 de l'Imprimerie impériale, annotée par M. Flourens, membre de l'Académie française, etc., etc., etc.
Les *OEuvres complètes de Buffon* forment 12 v. grand in-8 jésus, illustrés de 162 planches, 800 sujets coloriés, gravés sur acier, d'après les dessins originaux de M. Victor Adam. Imprimés en caractères neufs, sur papier pâte vélin, par la typographie J. Claye. . . . . .   120 fr

M. le ministre de l'instruction publique a souscrit, pour les bibliothèques, à cette magnifique publication (aujourd'hui complétement achevée), reconnue par les hommes les plus compétents comme une édition modèle des œuvres du grand naturaliste. Le nom et le travail de M. Flourens la recommandent d'une façon toute particulière, et lui donnent un cachet spécial.
Pour satisfaire à de nombreuses demandes nous avons ouvert une souscription par demi-volumes du prix de 5 fr.
Les souscripteurs peuvent retirer, dès à présent, les 24 demi-volumes.

LEÇONS ÉLÉMENTAIRES D'HISTOIRE NATURELLE

Traité de conchyliologie, précédé d'un aperçu sur toute la zoologie, à l'usage des étudiants et des gens du monde, par M. Chenu, conservateur du Musée d'histoire naturelle de M. Delessert. 1 vol. in-8, orné de 1,000 vignettes sur cuivre et sur bois, dans le texte, et d'un atlas de 12 planches en taille-douce coloriées. Prix, broché, 15 fr.; net. . . . . . .   8 fr.
Atlas en planches noires, broché, 12 fr.; net. . . . .   5 fr.

LE MUSÉUM D'HISTOIRE NATURELLE

Histoire de la fondation et des développements successifs de l'établissement, biographie des hommes célèbres qui y ont contribué par leur enseignement ou par leurs découvertes; description des galeries, du jardin, des serres et de la ménagerie, par Paul-Antoine Cap. Paris, Curmer. 1 magnifique volume très-grand in-8 jésus sur papier superfin. 15 magnifiques planches coloriées à l'aquarelle, 20 grandes planches gravées sur acier, une grande quantité de bois gravés, illustrations par Ad. Féart, Freemann, Pauquet, etc. Au lieu de 24 fr., net. . . . .   16 fr.

HISTOIRE NATURELLE DES MAMMIFÈRES

Classés méthodiquement, avec l'indication de leurs mœurs et de leurs rapports avec les Arts, le Commerce et l'Agriculture, par Paul Gervais : illustrations par MM. Werner, Freemann, Oudart, Delahaye, de Bar et autres éminents artistes; gravures par MM. Annedouche, Quartley, Gusman Brunier, Hildebrand, Gauchard, Sargent et l'élite des graveurs français et étrangers. Paris, Curmer, 1855. 2 magnifiques vol. très-grand in-8 jésus; au lieu de 25 fr., le vol. net. . . . .   16 fr.

Ces volumes contiennent 58 planches gravées sur acier et coloriées, entièrement inédites, et environ 150 gravures sur bois séparées du texte, imprimées à deux teintes; un nombre considérable de gravures sur bois, inédites.

L'AFRIQUE FRANÇAISE, L'EMPIRE DU MAROC ET LES DÉSERTS DU SAHARA

Édition illustrée d'un grand nombre de gravures sur acier, noires et coloriées, par Christian. 1 volume grand in-8 jésus. . . . . . . 15 fr.

CASIMIR DELAVIGNE

Œuvres complètes, comprenant le Théatre, les Messéniennes et les Chants sur l'Italie. Nouvelle édition, illustrée de 12 belles vignettes gravées sur acier d'après A. Johannot. 1 beau vol. gr in-8 jésus. 1855. . 12 fr. 50

ŒUVRES DE P. ET TH. CORNEILLE

Précédées de la vie de P. Corneille, par Fontenelle, et des discours sur la poésie dramatique. Nouvelle édition ornée de gravures sur acier. Un beau volume grand in-8. . . . . 12 fr. 50

ŒUVRES DE J. RACINE

Avec un essai sur la vie et les ouvrages de J. Racine, par Louis Racine; ornées de 13 vignettes, d'après Gérard, Girodet, Desenne, etc. 1 beau vol. grand in-8, jésus. . . . . 12 fr. 50

ŒUVRES COMPLÈTES DE BOILEAU

Avec une notice et notes de tous les commentateurs, illustrées de 7 gravures sur acier, nouvelle édition. 1 vol. grand in-8. . . . 12 fr. 50

MOLIÈRE

Œuvres complètes, précédées d'une notice sur la vie et les ouvrages de Molière, par Sainte-Beuve, illustrées de 800 dessins, par Tony Johannot. Nouvelle édition. 1 vol. gr. in-8 jésus, imprimé par Plon frères. 20 fr.

Reliure demi-chagrin, pour chacun des cinq ouvrages, le vol. . . . 3 fr. 50
Même reliure, plats en toile, tranche dorée. . . . . 6 »

COURS ÉLÉMENTAIRE D'HISTOIRE NATURELLE

A l'usage des Lycées et des maisons d'éducation, rédigé conformément au programme de l'Université. Le cours comprend :

Zoologie, par M. Milne-Edwards, membre de l'Institut, professeur au Jardin des Plantes.

Botanique, par M. A. de Jussieu, de l'Institut, professeur au Jardin des Plantes.

Minéralogie et Géologie, par M. F. S. Beudant, de l'Institut, inspecteur général des études. 3 forts vol. in 12 ornés de plus de 2,000 figures intercalées dans le texte.

Chaque volume se vend séparément. Broché. . . . . 6 fr. »
Cartonné à l'anglaise. 7 fr. »
La Géologie seule. Brochée. . . . . 4 fr. »
Ouvrage adopté par l'Université et approuvé par Mgr l'archevêque de Paris.

NOTIONS PRÉLIMINAIRES D'HISTOIRE NATURELLE

Pour servir d'introduction au *Cours élémentaire d'histoire naturelle*, rédigées conformément au programme officiel de l'enseignement dans les lycées (section des sciences). 3 vol. in-18 jésus, illustrés d'un grand nombre de figures intercalées dans le texte.

Zoologie, par M. Milne-Edwards. . . . . 3 fr. »
Botanique, par M. Payer, professeur à la Faculté des sciences de Paris (*sous presse*).
Géologie, par M. E. B. de Chancourtois. . . . . 1 fr. 25

COURS ÉLÉMENTAIRE DE CHIMIE

Par M. V. Regnault, de l'Institut, directeur de la Manufacture impériale de Sèvres, professeur au Collége de France et à l'Ecole polytechnique. 4 vol. in-18 jésus, ornés de 700 figures dans le texte. 5ᵐᵉ édit. 20 fr.

PREMIERS ÉLÉMENTS DE CHIMIE

A l'usage des facultés, des établissements d'enseignement secondaire, des écoles normales et des écoles industrielles; par M. V. Regnault. In-18 jésus, illustré d'un grand nombre de figures dans le texte. . . 5 fr.

COURS ÉLÉMENTAIRE DE MÉCANIQUE

Théorique et appliquée, à l'usage des lycées, des écoles normales, des facultés, etc.; par M. Delaunay, de l'Institut, ingénieur des Mines, professeur à la Faculté des sciences de Paris et à l'Ecole polytechnique, etc. 1 vol. in-18 jésus illustré de 540 figures dans le texte. 4ᵐᵉ édition. 8 fr.

COURS ÉLÉMENTAIRE D'ASTRONOMIE

Concordant avec les articles du programme officiel pour l'enseignement de la cosmographie dans les lycées; par *le même*. 1 volume in-18 jésus, illustré de planches en taille-douce et d'un grand nombre de figures intercalées dans le texte, deuxième édition. . . . . 7 fr. 50

ÉLÉMENTS DE BOTANIQUE

Première Partie : Organographie, par M. Payer, de l'Institut, professeur de botanique à la Faculté des sciences et à l'Ecole normale supérieure. 1 volume grand in-18, avec 668 fig. intercalées dans le texte. . 5 fr.

SOUS PRESSE :

2ᵉ Partie : **Anatomie, physiologie, organogénie, pathologie et tératologie végétales.**

5ᵉ Partie : **Les principaux groupes du règne végétal**, considérés au point de vue de leur classification naturelle (*Phytographie*); de leur application à la médecine et à l'industrie (*Botanique appliquée*), et de leur distribution à la surface du sol (*Géographie botanique*).

COURS ÉLÉMENTAIRE D'AGRICULTURE

Destiné aux élèves des écoles d'agriculture et des écoles normales primaires, aux propriétaires, cultivateurs; par MM. Girardin, correspondant de l'Institut, professeur, et Dubreuil, professeur d'agriculture et de sylviculture, chargé du cours d'arboriculture au Conservatoire impérial des arts et métiers. 2 forts volumes in-18 jésus, illustrés de 842 figures dans le texte. 2ᵉ édition.. . . . . 15 fr.

COURS ÉLÉMENTAIRE THÉORIQUE ET PRATIQUE D'ARBORICULTURE

Comprenant l'étude des pépinières d'arbres et d'arbrisseaux forestiers, fruitiers et d'ornement ; celle des plantations d'alignement forestières et d'ornement; la culture spéciale des arbres à fruits à cidre, et de ceux à fruits de table. Précédé de quelques notions d'anatomie et de physiologie végétales; par M. A. Dubreuil, professeur d'agriculture et de sylviculture. 4ᵉ édition, considérablement augmentée. 1 très-fort vol. in-18 jésus, illustré de 811 figures dans le texte et de 5 planches gravées sur acier. Publié en deux parties. . . . . 12 fr.

Ouvrage approuvé par l'Université et couronné par les sociétés d'horticulture de Paris, de Rouen et de Versailles.

INSTRUCTION ÉLÉMENTAIRE POUR LA CONDUITE
DES ARBRES FRUITIERS

Greffe, — Taille, — Restauration des arbres mal taillés ou épuisés par la vieillesse, — Culture, récoltes et conservation des fruits ; par *le même*. Ouvrage destiné aux jardiniers, aux élèves des fermes écoles et des écoles normales primaires. 1 volume in-18 jésus, illustré de figures dans le texte. Deuxième édition. . . . . 2 fr. 50

OUVRAGES EN VOIE D'EXÉCUTION :
COURS ÉLÉMENTAIRE DE PHYSIQUE

Par M. V. REGNAULT, de l'Institut, directeur de la manufacture impériale de Sèvres, professeur au Collége de France et à l'École polytechnique. 2 volumes in-18 jésus, illustrés de figures dans le texte.

PREMIERS ÉLÉMENTS DE PHYSIQUE

Rédigés sur le nouveau programme ; par *le même*. 1 volume grand in-18, avec figures dans le texte.

EXPOSITION ET HISTOIRE DES PRINCIPALES DÉCOUVERTES
SCIENTIFIQUES MODERNES

Par M. Louis FIGUIER, docteur ès sciences. Cinquième édition. 4 volumes in-18 jésus. Brochés. . . . . 14 fr.

CES QUATRE VOLUMES CONTIENNENT :

LE PREMIER : Machine à vapeur. — Bateaux à vapeur. — Chemins de fer.
LE DEUXIÈME : Machine électrique. — Bouteille de Leyde. — Paratonnerre. — Pile de Volta.
LE TROISIÈME : Photographie. — Télégraphie aérienne et électrique. — Galvanoplastie et dorure chimique. — Poudres de guerre et poudre-coton.
LE QUATRIÈME : Aérostats. — Eclairage au gaz. — Ethérisation. — Planète Leverrier.

APPLICATIONS NOUVELLES DE LA SCIENCE

A l'industrie et aux arts en 1855, par *le même*. In-18. . . . . . 3 fr.

TRAITÉ DE MÉCANIQUE RATIONNELLE

Contenant les éléments de mécanique exigés pour l'admission à l'Ecole polytechnique et toute la partie théorique du cours de mécanique et machines de cette école ; par M. CH. DELAUNAY, de l'Institut, professeur à l'Ecole polytechnique et à la Faculté des sciences de Paris, deuxième édition. 1 vol. in-8. . . . . 8 fr.

LEÇONS ÉLÉMENTAIRES DE BOTANIQUE

Fondées sur l'analyse de 50 plantes vulgaires et formant un traité complet d'organographie et de physiologie végétales, à l'usage des étudiants et des gens du monde ; par M. EMM. LEMAOUT. Deuxième édition, 1 volume grand in-8 raisin, illustré d'un atlas de 50 planches et de 700 figures dans le texte. Avec atlas noir. . . . . 10 fr.
— Colorié. . . . . 16 fr.

ATLAS ÉLÉMENTAIRE DE BOTANIQUE

Avec le texte en regard, comprenant l'organographie, l'anatomie et l'iconographie des familles d'Europe, à l'usage des étudiants et des gens du monde ; par M. LEMAOUT. 1 volume in-4, contenant 2,540 figures dessinées par MM. STEINHEIL et J. DECAISNE. Br. . . . . 15 fr.

DES FUMIERS CONSIDÉRÉS COMME ENGRAIS

Par M. J. P. L. GIRARDIN, professeur de chimie à l'Ecole municipale de Rouen et à l'Ecole d'agriculture et d'économie rurale de la Seine–Inférieure, correspondant de l'Institut de France, de la Société centrale d'agriculture de Paris, etc. Cinquième édition, revue, corrigée et augmentée ; avec 14 figures dans le texte.. . . . . 1 fr. 25

Ouvrage adopté par le Conseil général de la Seine-Inférieure, par la Société centrale d'agriculture de Rouen, par l'Association normale, et couronné par la Société d'agriculture du Cher.

MANUEL DE GÉOLOGIE ÉLÉMENTAIRE

Ou changements anciens de la terre et de ses habitants, tels qu'ils sont démontrés par les monuments géologiques, par sir Ch. LYELL, membre de la Société royale de Londres. Traduit de l'anglais par M. Hogard, aide de minéralogie au Muséum d'histoire naturelle. 2 forts volumes in-8, illustrés de 720 figures. . . . . 20 fr.

—— Supplément au manuel de géologie.. . . . . 1 fr. 25

PRINCIPES DE GÉOLOGIE

Ou illustrations de cette science empruntées aux changements moderne. que la terre et ses habitants ont subis ; par Ch. LYELL, esq., ouvrage traduit de l'anglais sur la sixième édition, et sous les auspices de M. Arago, par madame TULLIA MEULIEN, traducteur des ELÉMENTS DE GÉOLOGIE, du même auteur. 4 forts vol. in-12, ornés de cartes coloriées, de vignettes sur acier et de grav. sur bois, cartonnés en toile anglaise. . . 30 fr.

GÉOLOGIE APPLIQUÉE

Ou Traité du gisement et de l'exploitation de minéraux utiles, par M. A. BURAT, ingénieur, professeur de géologie et d'exploitation des mines à l'Ecole centrale des Arts et Manufactures. Quatrième édition, divisée en deux parties : — Géologie ; — Exploitation. 2 forts vol. in-8, illustrés. 20 fr.

DE LA HOUILLE

Traité théorique et pratique des combustibles minéraux ; par M. A. BURAT. 1 fort vol. in-8, orné de planches gravées sur acier et de nombreuses vignettes intercalées dans le texte. . . . . 12 fr.

L'étude des combustibles minéraux, et surtout du terrain houiller dans lequel ces combustibles sont presque tous concentrés, est une des branches les plus importantes de la géologie. Le terrain houiller forme un lien entre la science et l'industrie ; car, si la découverte d'une mine est une conquête industrielle, elle ne fait pas moins d'honneur à la science, puisqu'on ne peut entreprendre aucune recherche utile sans prendre pour guide les travaux géologiques.

TRAITÉ D'HYDRAULIQUE

A l'usage des Ingénieurs, par le même. Deuxième édition, considérablement augmentée. In-8, avec planches gravées. . . . . 10 fr.

TRAITÉ ÉLÉMENTAIRE DES CHEMINS DE FER

Par M. A. PERDONNET, ancien élève de l'Ecole polytechnique, professeur à l'Ecole centrale des Arts et Manufactures, membre du comité de direction du chemin de fer de l'Est. 2e édition. 2 très-forts vol. in-8 de 700 à 800 pages, illustrés de portraits et vues pittoresques gravés sur acier, de cartes géographiques, et d'un très-grand nombre de figures intercalées dans le texte. Broché. . . . . 30 fr.

BIOGRAPHIE UNIVERSELLE

Biographie portative universelle, contenant 29,000 noms, suivie d'une table chronologique et alphabétique, où se trouvent répartis en cinquante-quatre classes différentes les noms mentionnés dans l'ouvrage, par L. Lalanne, L. Renier, Th. Bernard, Ch. Laumier, E. Janin, A. Delloye, etc. 1 vol. de 1,000 pages, contenant la matière de 12 vol., 12 fr.; net. 9 fr.

UN MILLION DE FAITS

Aide-mémoire universel des sciences, des arts et des lettres, par MM. J. Aycard, Desportes, Léon Lalanne, Ludovic Lalanne, Gervais, A. le Pileur, Ch. Martins, Ch. Vergé et Jung.

MATIÈRES TRAITÉES DANS LE VOLUME :

Arithmétique. — Algèbre. — Géographie élémentaire, analytique et descriptive. — Calcul infinitésimal. — Calcul des probabilités. — Mécanique. — Astronomie. — Tables numériques et moyens divers pour abréger les calculs. — Physique générale. — Météorologie et physique du globe. — Chimie. — Minéralogie et géologie. — Botanique. — Anatomie et physiologie de l'homme. — Hygiène. Zoologie. — Arithmétique sociale. — Technologie (arts et métiers). — Agriculture. — Commerce. — Législation. — Art militaire. — Statistique.. — Philosophie. — Philologi'. — Paléographie. — Littérature. — Beaux-Arts. — Histoire. — Géographie. — Ethnologie. — Chronologie. — Biographie. — Mythologie. — Education.

Un fort vol. petit in-8, de 1,720 col., orné de grav., 12 fr ; net. . . 9 fr.

PATRIA

La France ancienne et moderne, morale et matérielle, ou collection encyclopédique et statistique de tous les faits relatifs à l'histoire physique et intellectuelle de la France et de ses colonies. 2 forts vol. petit in-8, de 3,200 col. de texte, y compris plus de 500 col. pour une table analytique des matières, une table des figures, un état des tableaux numériques, et un index alphabéthique ; ornés de 330 grav., de cartes et de planches col., et contenant la matière de 16 forts vol. in-8., 18 fr.; net. . 9 fr.

NOMS DES PRINCIPAUX AUTEURS :

MM. J. Aycard, prof. de physique à l'Ecole polytechnique ; A. Delloye, élève de l'Ecole des Chartes ; Denne-Baron ; Desportes ; Paul Gervais, docteur ès sciences : Jung ; Léon Lalanne, ingénieur des ponts et chaussées ; Ludovic Lalanne; le Chatelier, ing. des mines ; A. le Pileur ; Ch. Louandre ; Ch. Martins, docteur ès sciences, prof. à la Faculté de médecine de Paris ; Victor Raulin, prof.; P. Régnier, de la Comédie-Française ; Léon Vaudoyre, architecte du gouvernement ; Ch. Vergé, avocat à la cour impériale de Paris.

DIVISION PRINCIPALE DE L'OUVRAGE :

Géographie physique et mathématique, physique du sol, météorologie, géologie, géographie botanique, zoologie, agriculture, industrie minérale, travaux publics, finances, commerce et industrie, administration intérieure, état maritime, législation, instruction publique, géographie médicale, population, ethnologie, géographie politique, paléographie et numismatique, chronologie et histoire, histoire des religions, langues anciennes et modernes, histoire littéraire, histoire de l'agriculture, histoire de la sculpture et des arts plastiques, histoire de la peinture et des arts du dessin ; histoire de l'art musical ; histoire du théâtre, colonies, etc.

Ces trois ouvrages réunis forment une véritable Encyclopédie portative. Le savoir est aujourd'hui tellement répandu, qu'il n'est plus permis de rien ignorer; mais, la mémoire la plus exercée ne pouvant bien rarement retenir tous les détails de la science, ces ouvrages sont pour elle d'un secours précieux, et sont surtout devenus indispensables à tous ceux qui cultivent les sciences ou qui se livrent à l'instruction de la jeunesse.

PRIX DE LA RELIURE DE CES TROIS OUVRAGES :

Cartonnage à l'anglaise, en sus par vol. . . . . 1 fr. 50
Demi-rel., maroquin soigné, en sus par vol. . . . . 2 fr. »

ENCYCLOPÉDIE THÉORIQUE ET PRATIQUE DES CONNAISSANCES UTILES

Composée de traités sur les connaissances les plus indispensables; ouvrage entièrement neuf, avec environ 1,500 gravures intercalées dans le texte, par MM. Alcan, Albert-Aubert, L. Baude, Bellanger, Berthelet, Am. Burat, Chenu, Deboutteville, Delafond, Deyeux, Dubreuil, Fabre d'Olivet, Foucault, H. Fournier, Génin, Giguet, Girardin, Léon Lalanne, Ludovic Lalanne, Elizé Lefèvre, Henri Martin, Martins, Mathieu, Moll, Moreau de Jonnès, Péclet, Persoz, Louis Reybaud, Trébuchet, L. de Wailly, Wolowski, etc. 2 volumes grand in-8. . . . . 25 fr.
    Reliure demi-chagrin, le volume. . . . . 3 fr.

ENSEIGNEMENT ÉLÉMENTAIRE UNIVERSEL

Ou Encyclopédie de la jeunesse. Ouvrage également utile aux jeunes gens, aux mères de famille, aux personnes qui s'occupent d'éducation et aux gens du monde; par MM. Andrieux de Brioude, docteur en médecine, et Louis Baude, professeur au collège Stanislas. 1 seul vol. grand in-8, contenant la matière de 6 vol., enrichi de 400 gravures servant d'explication au texte. Broché, 10 fr.; net. . . . . 6 fr.

L'ILLUSTRATION

34 vol. (1842-1859), ornés de plus de 6,900 gravures sur tous les sujets actuels. Evénements politiques, fêtes et cérémonies religieuses, portraits des personnages célèbres, inventions industrielles, vues pittoresques, cartes géographiques, compositions musicales, tableaux de mœurs, scènes de théâtre, monuments, costumes, décors, tableaux, statues, modes, caricatures, etc., etc. Le vol. broché. . . . . 18 fr.

SÉRIE DE LA GUERRE DE CRIMEE

Des Indes, de la Chine, de la Cochinchine et de l'Italie. Six années. 12 volumes (tomes XXIII à XXXIV). Le vol. . . . . 16 fr.
    Nos traités nous permettent d'offrir ces douze volumes à des conditions extrêmement favorables.
    Ces douze volumes forment à eux seuls l'ensemble le plus complet de l'histoire des six dernières années. Nulle part on ne trouve un récit plus détaillé, une représentation plus complète et plus variée des faits de guerre accomplis en Crimée. Les événements de l'Inde, de la Chine et de l'Italie, etc., ont eu jusqu'aujourd'hui leur place dans ces derniers volumes.
    Les éditeurs ont pris leurs mesures de telle sorte, que les tomes XXIII à XXXIV peuvent être fournis dès à présent.
    Reliure en percaline, fers, et tranches dorées. . . . . . . 6 fr. par vol.
    Comme il nous reste très-peu d'exemplaires complets de la collection de l'Illustration et que parmi les volumes dépareillés plusieurs sont épuisés, nous prions MM. les libraires de ne pas vendre de volumes sans s'être assurés s'ils pourront les remplacer.

TABLEAU DE PARIS

Par Edmond Texier, ouvrage illustré de 1,500 gravures, d'après les dessins de Blanchard, Cham, Champin, Forest, Français, Gavarni, etc., etc. 2 vol. in-fol. du format de l'Illustration. . . . . 50 fr.
    Reliure riche, dor. sur tranche, mosaïque, avec les armes de la ville de Paris.
    Le volume. 6 fr.

TABLEAU HISTORIQUE, POLITIQUE ET PITTORESQUE DE LA TURQUIE ET DE LA RUSSIE

Par MM. Joubert et Félix Mornand. 1 vol. in-folio (format de l'*Illustration*), orné d'une carte et d'un gr. nombre de vignettes, 7 fr. 50 ; net.   6 fr.

Reliure percaline anglaise, dor. sur tranche . . . . 4 fr.

VOYAGE ILLUSTRÉ DANS LES CINQ PARTIES DU MONDE

De 1846 à 1849, par Adolphe Joanne. 1 vol. in-folio (format de l'*Illustration*), illustré d'environ 700 gravures. . . . . 15 fr.

Relié toile, tranche dorée.. . . . . 20 fr.

GALERIE DE PORTRAITS POUR LES MÉMOIRES DU DUC DE SAINT-SIMON

S'adaptant à toutes les éditions. La Galerie de portraits de Saint-Simon se compose de 38 portraits représentant les personnages les plus célèbres du temps et gravés avec une exactitude remarquable, d'après les tableaux originaux du Musée de Versailles. La collection forme 10 livraisons. Prix de la livraison. . . . . 1 fr.

GALERIE DE PORTRAITS

Pour les Mémoires de Tallemant des Réaux. La galerie se compose de 10 portraits représentant les personnages les plus célèbres du temps et gravés avec une exactitude remarquable, d'après les tableaux originaux du Musée de Versailles. La collection forme 5 livraisons. Prix de la livraison. . . . . 1 fr.

GALERIE DE FEMMES CÉLÈBRES

Tirée des Causeries du lundi, par M. Sainte-Beuve, de l'Académie française. 1 beau vol. gr. in-8 jésus, orné de 12 magnifiques portraits dessinés par Staal et gravés sur acier par Massard, Thibault, Gouttière, Geoffroy, Gervais, Outhwaite, etc. . . . . 20 fr.

Un texte délicieux, chef-d'œuvre de grâce et de délicatesse, une typographie magnifique, rehaussée par toutes les splendeurs du dessin et de la gravure, se réunissent pour assigner à ce volume une place d'honneur et de prédilection dans la bibliothèque des dames et des demoiselles, et dans celle de tous les hommes de goût, de tous les amateurs de beaux livres.

LES ÉTOILES DU MONDE

Galerie historique des femmes les plus célèbres de tous les temps et de tous les pays, avec dix-sept magnifiques gravures anglaises et un frontispice, d'après les dessins de Staal. Le texte, par MM. Alexandre Dumas, Dufail, d'Araquy, de Genrupt, Miss Clarke, etc., etc., offre une lecture des plus intéressantes et des plus variées. Ce livre, destiné à un succès de vogue, est un des plus beaux cadeaux qui puissent être offerts. 1 superbe vol. grand in-8 jésus. . . . . 20 fr.

Reliure des 2 vol. ci-dessus, toile mosaïque, fers spéciaux.. . . . . 6 fr.
Demi-reliure, plats toile dorée.. . . . . 6 fr.

GALERIE DES FEMMES DE WALTER SCOTT

Illustrée de 28 portraits gravés sur acier par les plus célèbres graveurs anglais ; le texte par MM. Dumas, Emile Souvestre, Frédéric Soulié, J. Janin, Louis Reybaud, Michel Masson ; mesdames A. Tastu, Desbordes-Valmore, Elisa Voïart. 1 vol. grand in-8. . . . . 10 fr.

Reliure toile mosaïque, t. d. . . . . 5 fr.

CORINNE

Par madame la baronne DE STAEL. Nouvelle édition, richement illustrée de 250 bois dans le texte et de 8 grandes gravures sur bois par KARL GI-RARDET, BARRIAS, STAAL, tirées à part. Paris, LECOU, 1853. 1 magnifique vol. grand in-8 jésus vélin, glacé, satiné, imprimé par PLON frères; au lieu de 15 fr., net.. . . . . ·. 10 fr.

Demi-chagrin, plats en toile, tr. dor. . . . . 5 fr.

LES MILLE ET UNE NUITS

Contes arabes traduits par GALLAND, édition illustrée par les meilleurs ar-tistes français et étrangers, revue et corrigée sur l'édition princeps de 1704; augmentée d'une Dissertation sur les Mille et une Nuits, par M. le baron SILVESTRE DE SACY. Paris, BOURDIN. 3 beaux vol. grand in-8 jésus vélin, illustrés de 1,200 dessins; au lieu de 30 fr., net. . 20 fr.

Les exemplaires sont intacts, sans aucune piqûre.

LES MILLE ET UN JOURS

Contes persans, turcs et chinois, traduits par PÉTIS DE LA CROIX, CARDANNE, CAYLUS, etc. 1 magnifique vol. grand in-8 jésus vélin. Edition illustrée de 400 dessins par nos premiers artistes; au lieu de 15 fr., net. 10 fr.

LA MOSAIQUE

Nouveau Magasin pittoresque universel. Livre de tout le monde et de tous les pays. 3 beaux vol. grand in-8 jésus, imprimés à 2 colonnes et illus-trés de 500 dessins; au lieu de 30 fr., net. . . . . 15 fr

CHANTS ET CHANSONS POPULAIRES DE LA FRANCE

996 chansons et chansonnettes, chants guerriers et patriotiques, chan-sons bachiques, burlesques et satiriques. Nouvelle édition, illustrée de 336 belles gravures sur acier, d'après MM. E. DE BEAUMONT, DAUBIGNY, DUBOULOZ, E. GIRAUD, MEISSONNIER, PASCAL, STAAL, STEINHEIL et TRIMOLET, gravées par les meilleurs artistes. 2 beaux vol. grand in-8, avec riches couvertures et frontispice gravés, contenant 996 chansons. — Le pre-mier volume est composé de chansons, romances et complaintes, rondes et chansonnettes; le deuxième volume de chants guerriers et patrio-tiques, chansons bachiques, burlesques et satiriques. Prix de chaque volume. . . . . 11 fr.

Demi-reliure, plats toile, tranche dorée (2 vol. en un). . . . . . 6 fr.

ŒUVRES CHOISIES DE GAVARNI

Revues, corrigées et nouvellement classées par l'auteur, publiées dans le format du *Diable à Paris*, et accompagnées de notices par MM. DE BAL-ZAC, THÉOPHILE GAUTHIER, GÉRARD DE NERVAL, JULES JANIN, ALPHONSE KARR, etc. 2 vol. grand in-8, renfermant chacun 80 grandes vignettes, à. . 10 fr.

Le Carnaval à Paris. — Paris le matin. — Les Etudiants. 1 vol.
La Vie de jeune homme. — Les Débardeurs. 1 vol.

Reliure en toile, tranche dorée. le vol. . . . . 5 fr.

LES CONTES DROLATIQUES

Colligez ès abbayes de Touraine et mis en lumière par le sieur DE BALZAC, pour l'esbattement des pantagruelistes et non aultres. Cinquième édition, illustrée de 425 dessins par GUSTAVE DORÉ. 1 magnifique vol. in-8, pa-pier vélin, glacé, satiné; au lieu de 12 fr., net, ... 10 fr.

LE DIABLE BOITEUX

Par LESAGE, illustré par TONY JOHANNOT, précédé d'une notice sur Lesage par JULES JANIN. Paris, BOURDIN, 1845. 1 vol. grand in-8 jésus, couverture glacée, or et couleur; au lieu de 10 fr., net.. . . . . 6 fr.

LA CHINE OUVERTE

Texte par OLD-NICK, illustrations par BORGET. 1 vol. grand in-8, 250 sujets, dont 50 tirés à part, 15 fr.; net. . . . . 10 fr.

Reliure, toile mosaïque, tranche dorée. . . . . 4 fr.

PERLES ET PARURES

Dessins par GAVARNI, texte par MÉRAY et le comte FŒLIX. 2 beaux vol. grand in-8, illustrés de 30 gravures sur acier, par CH. GEOFFROY, imprimés sur chine avec le plus grand soin. Brochés, les 2 vol., 30 fr.; net.. 20 fr.

LES PAPILLONS

Métamorphoses terrestres des peuples de l'air. Dessins par J. J. GRANDVILLE, continués par A. VARIN, texte par EUGÈNE NUS, ANTONY MÉRAY et le comte FŒLIX. 2 beaux vol. grand in-8, 30 fr.; net. . . . . . . 20 fr.

Reliure des deux ouvrages ci-dessus, par vol., toile mosaïque. . . . 5 fr.

PHYSIOLOGIE DU GOUT

Par BRILLAT-SAVARIN, illustrée par BERTALL. 1 beau vol. in-8, illustré d'un grand nombre de gravures sur bois intercalées dans le texte, et de 8 sujets gravés sur acier, par CH. GEOFFROY, imprimés sur chine. 10 fr.

L'ANE MORT.

Par J. JANIN. 1 vol. grand in-8 jésus vélin, illustré de nombreux dessins et de gravures à part, à deux teintes, par TONY JOHANNOT, couverture glacée, imprimée en or. Paris, BOURDIN, 1842; au lieu de 10 fr., net. 5 fr.

DON QUICHOTTE DE LA MANCHE.

Traduction nouvelle, précédée d'une notice sur la vie et les ouvrages de l'auteur, par LOUIS VIARDOT, ornée de 800 dessins par TONY JOHANNOT. 1 vol. grand in-8 jésus. Prix, broché. . . . . 20 fr.

Reliure demi-chagrin, le volume. . . . . 3 fr. 50

JÉROME PATUROT

A *la recherche d'une position sociale*, par LOUIS REYBAUD; illustré par J. J. GRANDVILLE 1 vol. grand in-8, orné de 163 bois dans le texte, et de 35 grand bois tirés hors texte, gravés par BEST et LELOIR, d'après les dessins de J. J. GRANDVILLE. Prix, broché, avec couverture ornée d'après GRANDVILLE, 15 fr.; net. . . . . 12 fr.

Reliure percaline, ornée du blason de *Paturot*, tirée en couleurs, d'après les dessins de Grandville; filets, tranche dorée. . . . . 5 fr. 50

HISTOIRE PITTORESQUE DES RELIGIONS

Doctrines, Cérémonies et Coutumes religieuses de tous les peuples du monde. par F. T. B. CLAVEL, illustrée de 29 gravures sur acier. 2 vol. grand in-8, 20 fr.; net. 15 fr.

ENCYCLOPÉDIANA

Recueil d'anecdotes anciennes, modernes et contemporaines, etc., édition illustrée de 125 vignettes. 1 vol. in-8 de 840 pages. . . . . . 4 fr. 50

COLLECTION D'OUVRAGES ILLUSTRÉS POUR LES ENFANTS

JOLIS VOLUMES GRAND IN-18 ANGLAIS

Brochés, 3 fr. 50 c. — Reliés toile, dorés sur tranche, 5 fr.

Abrégé de l'Ami des enfants et des adolescents, par BERQUIN, illustré de bois dans le texte. 1 vol.

Silvio Pellico. — Mes Prisons, suivies des Devoirs des hommes. Traduction nouvelle, par le comte H. DE MESSEY. 1 vol. gr. in-18 jésus, orné de 8 jolies vignettes sur acier.

Voyages de Gulliver, par SWIFT. Traduction nouvelle, précédée d'une Notice biographique et littéraire par WALTER SCOTT. 1 vol. grand in-18 jésus, orné de 8 jolies vignettes.

Les Prix de Vertu, par MM. de BARANTE, THIERS, etc. 2 v. avec portraits sur acier et gravures sur bois.

LE LANGAGE DES FLEURS

Par madame CHARLOTTE DE LA TOUR ; nouvelle édition, ornée de 12 magnifiques planches en noir. 1 vol. grand in-18 jésus. . . . . . 3 fr. 50
Le même ouvrage, gravures coloriées avec le plus grand soin.   5 fr.

COLLECTION DE JOLIS VOLUMES IN-8 ANGLAIS

BROCHÉS : 3 FR. LE VOL.

Reliés toile mosaïque, dorés sur tranches, 5 fr.

Astronomie pour la jeunesse, par BERQUIN, illustrée de bois dans le texte. 1 vol.

Histoire naturelle pour la jeunesse par BERQUIN, ill. de bois dans le texte. 1 vol.

Fables de Florian, illustrées d'un grand nombre de bois dans le texte. 1 vol.

Le Livre des jeunes filles, par l'abbé DE SAVIGNY, 200 bois dans le texte. 1 vol.

Paul et Virginie, par BERNARDIN DE SAINT-PIERRE, 100 vignettes par BERTALL. 1 vol.

Mystères du collége, par D'ALBANÈS, illustrés de 100 vignettes dans le texte. 1 vol.

La Pantoufle de Cendrillon, par A. HOUSSAYE, illustrée de 100 vignettes. 1 vol.

Alphabet français, nouvelle Méthode de lecture en 80 tableaux, illustré de 29 gravures, par madame DE LANSAC. 1 vol.

Les Nains célèbres, par A. D'ALBANÈS et G. FATH. 100 vignettes. 1 vol.

La Mythologie de la jeunesse, par L. BAUDET, 120 vignettes par SÉGUIN. 1 vol.

L'AMI DES ENFANTS

Par BERQUIN. 1 vol. grand in-8, illustré de 150 gravures. . . . . 10 fr.

Ce livre, qui répond si bien à son titre, est toujours, en effet, la lecture privilégiée de l'enfance, surtout lorsque les gravures viennent expliquer le texte.
Le livre de Berquin, animé et rehaussé par des vignettes qui mettent les divers sujets en action, et qui en doublent par conséquent le mérite aux yeux des jeunes lecteurs, est resté, comme il restera longtemps, l'un des livres de prédilection de l'enfance.

ROBINSON SUISSE

Par M. WYSS, avec la suite donnée par l'auteur, traduit de l'allemand par madame ELISE VOIART ; précédé d'une Notice de CHARLES NODIER. 1 vol. grand in-8 jésus, illustré de 200 vignettes d'après les dessins de M. CH. LEMERCIER. . . . . 10 fr.

AVENTURES DE ROBINSON CRUSOÉ

Par de Foe, illustrées par Grandville. 1 beau vol. grand in-8 raisin. 10 fr.

VOYAGES ILLUSTRÉS DE GULLIVER

Dessins par Grandville. 1 beau vol. in-8, sur papier satiné et glacé. 10 fr.

FABLES DE FLORIAN

1 vol. in-8, illustré par Grandville de 80 grandes gravures et 25 vignettes dans le texte. . . . . 10 fr.

LES VEILLÉES DU CHATEAU

Ou Cours de morale à l'usage des enfants, par Mᵐᵉ la comtesse de Genlis, Nouvelle édition, illustrée de dessins par Staal, gravés par Carbonneau, Delangle, Gusman, Lambert, Leclerc, Manini, Piaud, Vinet et Yon. 1 vol. grand in-8 raisin, imprimé avec le plus grand soin, papier satiné glacé . . . . 10 fr.

> Demi-reliure des quatre volumes ci-dessus, plats toile, doré sur tranche, ou reliure toile mosaïque doré sur tranche, à . . . . 4 fr.

FABLES DE LA FONTAINE

Illustrations de Grandville. 1 superbe vol. grand in-8, sur papier jésus, glacé, satiné, avec encadrement des pages et un sujet à chaque fable. Édition unique par le talent, la beauté et le soin qui y ont été apportés. 18 fr.; net. . . . . 15 fr.

GRANDVILLE

Album de 120 sujets tirés des Fables de la Fontaine. 1 vol. gr. in-8. 6 fr.

> Cette charmante collection de gravures, contenant une partie des illustrations du célèbre artiste, peut convenir à tous ceux qui n'ont pas la magnifique édition du la Fontaine de Grandville. Elle peut être offerte aux enfants, qui ont souvent entre les mains des éditions plus ordinaires, et qui seront charmés de faire connaissance avec les délicieuses vignettes de Grandville, en attendant qu'on leur offre la grande édition.

PAUL ET VIRGINIE

Suivi de la Chaumière indienne, par J. H. Bernardin de Saint-Pierre. Édition Furne; illustrée d'un grand nombre de vignettes sur bois par Tony Johannot, Meissonnier, Français, Isabey, etc., etc., de sept portraits sur acier et d'une carte de l'île de France; précédée d'une notice historique et littéraire sur Bernardin de Saint-Pierre, par M. C. A. Sainte-Beuve, de l'Académie française; augmentée d'un abrégé de la Flore de l'île de France. 1 beau vol. grand in-8 . . . . 15 fr.

AVENTURES DE TÉLÉMAQUE

Par Fénelon, avec des notes géographiques et littéraires. 2 grands vol. in-8. Véritable édition de luxe à bon marché, 15 fr.; net. . . . . . 7 fr. 50

MUSÉE UNIVERSEL

Histoire, littérature, sciences, arts, industrie, voyages, nouvelles. 1 vol. grand in-8, illustré de 283 belles gravures sur bois, et d'un portrait de Cuvier, sur acier, peint par Mᵐᵉ de Mirbel, gravé par Richomme. . 6 fr.

LE VICAIRE DE WAKEFIELD

Par Goldsmith, traduction par Ch. Nodier. Nouvelle édition illustrée de 10 grav. sur acier, par Tony Johannot. 1 vol. grand in-8 jésus. 10 fr.

REVUE CATHOLIQUE

Recueil illustré d'environ 800 gravures. 1 vol. grand in-8 . . . . . 5 fr.
    Reliure toile, tranche dorée. . . . . 3 fr. 50

PAUL ET VIRGINIE

Suivi de la *Chaumière indienne*, par BERNARDIN DE SAINT-PIERRE. Édition
V. LECOU; nouvelle édition, richement illustrée de 180 bois dans le texte
et de 14 gravures sur chine tirées à part. 1 volume grand in-8
jésus. . . . . 8 fr.

SILVIO PELLICO

Mes Prisons, traduction de M. ANTOINE DE LATOUR, illustrées par TONY
JOHANNOT de 100 beaux dessins gravés sur bois. Nouvelle édition. Paris,
1855. 1 volume grand in-8 jésus vélin, glacé, satiné. . . . 10 fr.
    Relié toile, tranche dorée, plaque spéciale. . . . . 5 fr.

HISTOIRE DE LA DÉCOUVERTE ET DE LA CONQUÊTE DE L'AMÉRIQUE

Par J. H. CAMPE, précédée d'un essai sur la vie et les ouvrages de l'auteur
par CH. SAINT-MAURICE. 1 volume grand in-8 raisin, illustré de 120 bois
dans le texte et à part. . . . . 10 fr.

FREMIERS VOYAGES EN ZIGZAG

Excursions d'un pensionnat en vacances dans les cantons suisses et sur le
revers italien des Alpes, par R. TOPFFER, magnifiquement illustrés, d'après
les dessins de l'auteur, de 54 grands dessins par CALAME, et d'un grand
nombre de bois dans le texte ; nouvelle édition, imprimée par Plon frères.
1 volume grand in-8 jésus, papier glacé satiné. . . . . 12 fr.

NOUVEAUX VOYAGES EN ZIGZAG

À la Grande Chartreuse, au mont Blanc, dans les vallées d'Herenz, de
Zermatt, au Grimsel et dans les Etats Sardes, par R. TOPFFER, splendide-
ment illustrés de 48 gravures sur bois tirées à part, et de 520 sujets
dans le texte, dessinés d'après les dessins originaux de Topffer, par
MM. CALAME, KARL GIRARDET, FRANÇAIS, D'AUBIGNY, DE BAR, FOREST, HADAMARD,
ELMERIC, STOPP, GAGNET, VEYRASSAT, et gravés par nos meilleurs artistes.
1 volume grand in-8 jésus, papier glacé et satiné, imprimé par Plon
frères. . . . . 12 fr

LES NOUVELLES GÉNEVOISES

Par TOPFFER, illustrées d'après les dessins de l'auteur, au nombre de 610
dans le texte et 40 hors texte; gravures par BEST, LENOIR, HOTELIN et
RÉGNIER. 1 charmant volume in-8 raisin. Broché. . . . . 12 fr.
    PRIX DE LA RELIURE POUR LES TROIS OUVRAGES CI-DESSUS :
    Reliure toile mosaïque, plaque spéciale tr. d. le vol. . . . . 6 fr.
    — demi-chagrin, plats toile, tr. dorée. . . . . 6 fr.

PICCIOLA

Par X. B. SAINTINE. Nouvelle édition, illustrée par TONY JOHANNOT et NAN-
TEUIL. 1 vol. grand in-8 . . . . 10 fr.

HISTOIRE DE PARIS

Par TH. LAVALLÉE. 207 vues par CHAMPIN. 1 vol. grand in-8 jésus. . 12 fr.

HISTOIRE DE L'EMPIRE OTTOMAN

Depuis les temps les plus anciens jusqu'à nos jours, par M. Théophile
Lavallée. 1 magnifique volume grand in-8, accompagné de 18 belles
gravures anglaises sur acier, représentant des scènes historiques, des
vues, des portraits, etc., 18 fr. ; net. . . . . 15 fr.

L'auteur a résumé avec son talent d'historien très-apprécié le tableau de ce
pays, dont l'étude est une des nécessités de notre époque.

HISTOIRE DE LA MAISON ROYALE DE SAINT-CYR
(1686-1738)

Par Théophile Lavallée. Paris, Furne, 1856. 1 magnifique volume grand
in-8 jésus vélin glacé satiné, et illustré de vignettes sur acier, de plans
et de fac-simile. . . . . 10 fr.

Ouvrage couronné par l'Académie française, et recommandé par Monseigneur
l'Archevêque de Paris.

HISTOIRE DE LA MARINE CONTEMPORAINE

De 1784 à 1848, par Léon Guérin. Paris, 1855. 1 fort volume grand in-8
jésus vélin, de près de 750 pages, illustré de gravures sur acier, plans,
etc.; au lieu de 15 fr., net. . . . . 12 fr. 50

L'ESPAGNE PITTORESQUE, ARTISTIQUE ET MONUMENTALE

Mœurs, usages et costumes, par MM. Manuel de Cuendias et V. de Féréal.
1 volume grand in-8, orné de 50 planches à part, dont 25 costumes
coloriés et 25 vues et monuments à deux teintes ; du portrait de la reine
Isabelle, et de 100 vignettes dans le texte, par C. Nanteuil. 20 fr.;
net. . . . . 15 fr.

L'ESPAGNE est un de ces beaux ouvrages, imprimés à la presse à bras, sur papier de luxe, qui deviennent de plus en plus rares, et que l'invasion de la fabri-
cation à bon marché ne permet plus de reproduire dans les mêmes conditions.

BIBLIOTHÈQUE CHOISIE

Collection des meilleurs ouvrages français et étrangers, anciens et modernes, format grand in-18 (dit anglais), papier jésus vélin. Cette collection
est divisée par séries. La première et la deuxième série contiennent des
volumes de 400 à 500 pages, aux prix de 3 fr. 50 c. le volume pour la
première série, et net 3 fr. pour la deuxième série. La troisième et la
quatrième série se composent de volumes de 250 à 300 pages environ,
aux prix de 2 fr. net pour la troisième série et 1 fr. 50 net pour la quatrième série. La majeure partie des volumes est ornée d'une vignette ou
d'un portrait sur acier.

PREMIÈRE SÉRIE. — Volumes à 3 fr. 50 cent.

Causeries du Lundi, par M. Sainte-
Beuve, de l'Académie française. Ce
charmant recueil, renfermant des appréciations aussi justes que spiri-
tuelles sur les personnages les plus
éminents, se compose de 13 vol.
grand in-18. Chaque volume, contenant des articles complets, se vend
séparément.

Portraits littéraires, par M. Sainte-
Beuve, suivis des *Portraits de femmes*,
des *Derniers Portraits*. 4 vol. grand
in-18.

Portraits contemporains et divers,
par M. Sainte-Beuve. 3 forts vol.
grand in-18.

Matinées littéraires. Cours complet
de littérature moderne, par Ed. Men-
nechet. Troisième édition. 4 vol. gr.
in-18. . . . . 14 fr.

Histoire de France depuis la fondation de la monarchie, par Ed. Menne-
chet. Troisième édition. 2 forts vol.
grand in-8 jésus. . . . . . . 8 fr.
Ouvrage dédié aux pères de famille
et couronné par l'Académie française.

Étude sur Virgile, suivie d'une *Étude sur Quintus de Smyrne*, par M. Sainte-Beuve, de l'Académie française. 1 vol.

Essais d'histoire littéraire, par M. Géruzez. 2 vol. 1er vol: *Moyen âge et Renaissance*. 2e vol. : *Temps modernes*.

Le Livre des affligés, Douleurs et Consolations, par le vicomte Alban de Villeneuve-Bargemont. 2 vol. gr. in-18, ornés de vignettes.

Les Prix de vertu, par MM. de Barante, Thiers, de Ségur, Villemain, de Jouy, Nodier, de Salvandy, Flourens, Scribe, Dupin, etc., etc. 2 volumes ornés de vignettes.

Œuvres de J. Reboul, de Nîmes. Poésies diverses ; le Dernier Jour, poëme. 1 vol. avec portrait.

Histoire de la Révolution de 1848, par Lamartine. Quatrième édit. 2 vol. grand in-18 jésus.

Histoire intime de la Russie sous les empereurs Alexandre et Nicolas, par J. M. Schnitzler. 2 forts vol.

Messieurs les Cosaques, par MM. Taxile Delord, Clément Caraguel et Louis Huart. 2 vol. grand in-18 anglais, ill. de 100 vignettes par Cham.

Le Whist rendu facile, suivi des Traités du Whist de Gand, du Boston de Fontainebleau et du Boston russe ; par un amateur Deuxième édition, revue et en partie refondue. 1 vol. grand in-18 anglais.

Pierre Dupont. *Études littéraires*, vers et prose. 1 vol.

Correspondance de Jacquemont avec sa famille et plusieurs de ses amis pendant son voyage dans l'Inde (1828-1832). Nouvelle édition, augmentée de lettres inédites et d'une carte. 2 vol.

Mémoires de Beaumarchais, nouvelle édition, précédée d'une appréciation tirée des *Causeries du Lundi*, par M. Sainte-Beuve, de l'Académie française. 1 vol. gr. in-18 Depuis longtemps, les Mémoires de Beaumarchais n'avaient pas été imprimés séparément, et ils sont demandés en librairie.

Causeries de chasseurs et de gourmets. 1 fort vol.

La Musique ancienne et moderne, par Scudo. Nouveaux mélanges de critique et de littérature musicales. 1 v.

Cours d'hygiène, par le docteur A. Tessereau, professeur d'hygiène ; ouvrage couronné par l'Académie impériale de médecine. 1 vol.

Voyage dans l'Inde et en Perse, par Soltykoff. 1 vol. orné d'une carte.

Lamennais. *Paroles d'un croyant*. — *Une voix de Prison*. — *Le Livre du Peuple*. 1 vol. grand in-18 jésus.

Les Femmes de la Révolution, par J. Michelet, membre de l'Institut. 1 beau vol. gr. in-18 jésus, papier vélin, glacé satiné.

Œuvres de E. T. A. Hoffmann, traduites de l'allemand par Loeve-Weiman. Contes fantastiques. 2 vol.

Souvenirs de la marquise de Créqui (1718-1803). Nouvelle édition, revue, corrigée et augmentée de notes. 10 vol. brochés en 5 vol. avec gravures sur acier.

Nouveau Siècle de Louis XIV, ou Choix de chansons historiques et satiriques, presque toutes inédites, de 1634 à 1712, accompagnées de notes. 1 vol.

Excursion en Orient, l'Égypte, le mont Sinaï, la Palestine, la Syrie, le Liban, par M. le comte Ch. de Pardieu. 1 vol.

Lettres adressées à M. Villemain, secrétaire perpétuel de l'Académie française, sur la *Méthode* en général et sur la définition du mot *fait*, etc., par M. E. Chevreul, de l'Académie des sciences. 1 vol.

Éducation progressive, ou Étude du cours de la vie, par madame Necker de Saussure. 2 vol. Ouvrage qui a obtenu le prix Monthyon.

Diodore de Sicile. Traduction nouvelle, avec une préface, des notes importantes et des index, par M. Ferdinand Hœfer. 4 volumes gr. in-18.

Jérusalem délivrée, traduction en prose, par M. V. Philippon de la Madelaine ; augmentée d'une description de Jérusalem, par M. de Lamartine, 1 vol.

Les Commencements du monde, Genèse selon les sciences, par Paul de Jolvencel. « *J'écris pour les femmes et les jeunes filles*. » 2 vol. grand in-18.

Genèse selon les sciences. 1 vol.

La Vie, par *le même*. 1 vol.

DEUXIÈME SÉRIE. — Volumes, au lieu de 3 fr. 50 c., net, 3 fr.

Œuvres politiques de Machiavel. Traduction revue et corrigée, contenant le *Prince* et le *Discours sur Tite-Live*. 1 vol.

Mémoires, Correspondances et Ouvrages inédits de Diderot, publiés sur les manuscrits confiés, en mourant, par l'auteur, à Grimm. 2 v.

Œuvres de Rabelais, augmentées de plusieurs fragments et de deux chapitres du cinquième livre restitués d'après un manuscrit de la Bibliothèque impériale, et précédées d'une notice historique sur la vie et les ouvrages de Rabelais. Nouv. édit., revue sur les meilleurs textes, et particulièrement sur les travaux de J. le Duchat, de S. de l'Aulnaye et de P. L. Jacob, bibliophile; éclaircie, quant à l'orthographe et à la ponctuation, accompagnée de notes succinctes et d'un glossaire, par LOUIS BARRÉ, ancien professeur de philosophie. 1 fort vol. gr. in-18, de 650 pages.

Contes de Boccace, traduits par SABATIER, de Castres. 1 vol.

Les Mondes nouveaux, voyage anecdotique dans l'Océan Pacifique, par PAULIN NIBOYET. 1 vol. in-18.

Primel et Nola, par BRIZEUX. 1 vol.

De l'Éducation des femmes, par madame DE RÉMUSAT, avec une Préface par M. CH. DE RÉMUSAT. Paris, 1843. 1 vol. in-18.

Œuvres morales de Plutarque. Traduites du grec par RICARD. Nouvelle édition, revue et corrigée. Paris, Lefèvre, 1844, 5 forts vol. gr. in-18 jésus vélin, glacé, satiné, de plus de 600 pages chacun.

Histoire générale de Polybe. Traduction nouvelle, plus complète que les précédentes, précédée d'une Notice, accompagnée de Notes et suivie d'un Index, par M. FÉLIX BOUCHOT. 3 v. grand in-18 jésus vélin.

Lettres sur l'Angleterre (*Souvenirs de l'Exposition universelle*), par EDMOND TEXIER. 1 vol.

Térence, traduit par NISARD. 1 vol.

TROISIÈME SÉRIE. — Volumes, au lieu de 3 fr. 50 c., net, 2 fr.

Vies des Dames galantes, par le seigneur DE BRANTÔME. Nouvelle édition, revue et corrigée sur l'édition de 1740, avec des remarques historiques et critiques. 1 vol.

Légendes du Nord, par M. MICHELET. 1 vol.

Curiosités dramatiques et littéraires, par M. HIPPOLYTE LUCAS. 1 v.

Théâtre de Corneille, nouvelle édition, collationnée sur la dernière édition publiée du vivant de l'auteur. 1 beau vol. gr. in-18 de 540 pages.

Œuvres de Boileau, nouvelle édition conforme au texte donné par M. BERRIAT SAINT-PRIX, précédée d'une Notice sur la vie et les ouvrages de Boileau, par C. A. SAINTE-BEUVE, de l'Académie française. 1 fort vol. in-18 jésus, papier glacé.

Raphaël, Pages de la vingtième année, par A. DE LAMARTINE, 3e édition. 1 vol.

Hégésippe Moreau (Œuvres contenant le *Myosotis*, etc. 1 vol. gr. in-18 jésus.

Œuvres de Gilbert. Nouvelle édition, précédée d'une notice historique sur Gilbert, par CHARLES NODIER. 1 beau vol. grand in-18 jésus.

La Princesse de Clèves, suivie de **la Princesse de Montpensier**, par madame DE LA FAYETTE. Nouvelle édit. 1 beau volume grand in-18 jésus.

Histoire de Manon Lescaut et du chevalier des Grieux, par l'abbé PRÉVOST. Nouvelle édition, collationnée avec le plus grand soin sur l'édition publiée à Amsterdam en 1753, précédée d'une notice historique sur l'abbé Prévost, par JULES JANIN. 1 vol.

Le Secrétaire universel. Renfermant des modèles de lettres sur toutes sortes de sujets, lettres de bonne année, de fête, de condoléance, de félicitations, d'excuses, de reproches, de remercîments, de recommandations; lettres d'amour et de mariage, lettres d'affaires et de commerce, pétitions à l'Empereur, à l'Impératrice, aux ministres, etc.; billets d'invitations, lettres de faire part, modèles d'actes sous seing privé, avec des instructions détaillées sur ces actes, choix de lettres des écrivains les plus célèbres, etc., etc., par M. ARMAND DUBOIS. 1 beau vol. grand in-18 jésus.

Simple Histoire, par mistriss Inchbald, traduction nouvelle, par Léon de Wailly. 1 vol. grand in-18 jésus, vélin.

Lettres sur la Russie, 2ᵉ édition, entièrement refondue et considérablement augmentée, par X. Marmier. 1 vol.

Du Danube au Caucase, voyages et littérature, par X. Marmier. 1 vol.

Nouveaux Souvenirs de Voyage et Traditions populaires, par X. Marmier. 1 vol. grand in-18, jésus vélin.

Les Perce-Neige, nouvelles du Nord, traduites par X. Marmier, auteur des *Lettres sur la Russie*. 1 vol.

La Cabane de l'oncle Tom. Cet ouvrage, dû à la plume de madame Henriette Stowe, est un des écrits de notre époque qui ont obtenu le plus de succès. La version que nous offrons au public est la plus exacte et la plus complète. 1 vol. in-12.

A travers Champs, souvenirs et propos divers, par M. Th. Muret. 2 vol. gr. in-18 jésus.

Dictionnaire du Pêcheur. Traité de la pêche en eau douce et en eau salée, par Alphonse Karr. 1 vol.

Histoire du procès Lesurques, rédigé d'après les pièces du procès et les documents émanés de la famille Lesurques, par Armand Fouquier, rédacteur de la Collection des Causes célèbres de tous les peuples. 1 vol. in-18 Charpentier.

Anacréon, traduit en vers par M. Henri Vesseron. Nouvelle édition. 1 vol. grand in-18.

Histoire de Napoléon, par Élias Regnault, ornée de 8 gravures sur acier, d'après Raffet et de Rudder. 4 vol. contenant la matière de 8 vol. in-8.

Congrès de Vérone. Guerre d'Espagne, négociations, colonies espagnoles, par Chateaubriand. 2 vol.

QUATRIÈME SÉRIE. — Volumes, au lieu de 3 fr. 50 c. et 1 fr. 75 c., net, 1 fr. 50 c.

Application de la géographie à l'histoire, ou Étude élémentaire de géographie et d'histoire générale comparées, par Edouard Braconnier, membre de l'Université et de plusieurs sociétés savantes. Ouvrage classique précédé d'une Introduction par Bescherelle aîné, de la Bibliothèque du Louvre. 2 vol.

Voyage à Venise, par Arsène Houssaye. 1 vol. imprimé sur papier vélin.

Œuvres de George Sand. *Indiana*, 1 vol. — *Jacques*, 1 vol. — *André, la Marquise, Métella, Lavinia, Mattéa*. 1 vol. — *Lélia et Spiridion*, 2 vol. — *Simon, l'Uscoque*, 1 vol. — *Le Compagnon du tour de France*, 1 vol.

De l'Instruction publique en France, par E. de Girardin. 1 vol.

Inondations de 1856. Voyage de S. M l'Empereur, par Ch. Robin, auteur de l'*Histoire de la Révolution de 1848*. 1 joli vol. gr. in-18 anglais.

Mémorial de Sainte-Hélène, par le comte de Las Cases. Nouvelle édition revue par l'auteur. 9 vol. 9 gravures.

Les Satiriques des dix-huitième et dix-neuvième siècles. Première série, contenant Gilbert, Despaze, M. J. Chénier, Rivarol, Satires diverses. 1 vol.

Comédies de S. A. R. la princesse Amélie de Saxe, traduites de l'allemand par Pitre-Chevalier. 1 vol. avec portrait.

L'Ane mort et la Femme guillotinée, par J. Janin. 1 vol. avec vign.

Le Chevalier de Saint-Georges, par Roger de Beauvoir. 2ᵉ édit. 4 vol. avec vignettes.

Une Soirée au Théâtre-Français (24 avril 1841) : le Gladiateur, le Chêne du roi, par Alexandre Soumet et madame Gabrielle d'Altenheim. 1 vol.

Une Journée d'Agrippa d'Aubigné. Drame en 5 actes, en vers; par Edouard Foussier. 1 vol. gr. in-18.

BIBLIOTHÈQUE DE POCHE

Par une société de gens de lettres et d'érudits. Paris, PAULIN et LECHEVA-LIER, 1845 à 1855. La Bibliothèque de poche, variétés curieuses et amu-santes des sciences, des lettres et des arts, se compose des 10 volumes suivants, format grand in-18, le volume. . . . . 2 fr.

Curiosités littéraires, LUDOVIC LA-LANNE. 1 vol.

Acrostiches, anagrammes, centons, imitation, emprunt, similitude d'idées, analogie de sujets, plagiat, supposition d'auteurs, idées bizarres et singuliè-res ouvrages allégoriques, méprises, bévues, mystifications, académies, sociétés et réunions, odes burles-ques, etc., etc.

Curiosités bibliographiques, par LU-DOVIC LALANNE. 1 vol.

Particularités relatives aux ancien-nes écritures. — Matières et instru-ments propres à l'écriture. — Des formes des livres et des lettres dans l'antiquité. — Copistes et manuscrits. — Bévues des copistes, écritures abré-gées et secrètes. — Des livres d'images et des Donats. — Editions grecques, caractères hébraïques, chronologie de l'imprimerie, éditions du quinzième siècle. — Libraires dans l'antiquité, au moyen âge, au dix-septième siècle, au dix-huitième siècle, etc., etc.

Curiosités biographiques. 1 vol.

Particularités physiques relatives à quelques personnages célèbres. — Bi-zarreries, habitudes et goûts irrégu-liers de quelques personnages célè-bres. — Fécondité de quelques écri-vains.—Surnoms historiques.— Morts singulières de quelques personnages célèbres.—Personnages célèbres morts de chagrin, de joie, de peur, etc.

Curiosités des Traditions, des Mœurs et des Légendes, par LU-DOVIC LALANNE. 1 vol.

De la croyance des chrétiens aux traditions païennes. — Des présages. — De la divination par la Bible. — Des prophéties et des prédictions. — Des visions. — De la magie. — Des sor-ciers, des esprits familiers. — Des saints et des reliques. — Des miracles au moyen âge, etc., etc.

Curiosités militaires. 1 vol.

Armes défensives. — Armes offen-sives.—Chars et éléphants de guerre. —Machines de guerre. — Feu grégeois, fusées. — Poudre à canon. — L'artil-lerie à diverses époques. — Arquebu-ses et mousquets, fusils, pistolets. — Projectiles.—Armées dans l'antiquité.

Armées du moyen âge. — Armées en France depuis le treizième siècle. — Siéges à diverses époques. — Pri-sonniers de guerre. — Discipline. — Horreurs de la guerre. — Mélanges.

Curiosités de l'Archéologie et des Beaux-Arts. 1 vol.

Architecture :—Villes de l'antiquité. Villes du moyen âge. — Edifices reli-gieux. — Habitations. — Palais. — Théâtres. — Ponts. — Puits. — Maté-riaux. — Constructions.

Sculpture :— Statues.—Bas-reliefs. Portes sculptées.

Peinture : — Procédés divers de peinture.—Peintures chez les anciens. —Différences d'inventions. — Impié-tés naïves. — Peintures singulières. —Trompe-l'œil. — Peintures licen-cieuses. — Modèles. — Portraits. — Musées. — Mosaïques. — Céramiques. — Emaux. — Ornements d'or et d'ar-gent. — Verrerie. — Vitraux peints. — Broderies. — Tapisseries. — Toiles peintes. — Numismatique. — Sceaux. — Gravure.—Inscriptions.— Erreurs archéologiques, etc., etc.

Curiosités philologiques, géogra-phiques et ethnologiques. 1 vol.

Philologie.— Prolégomènes.—Lan-gues anciennes. — Langue française. — Orthographe. — Versification. — Etymologies — Noms propres.—Néo-logisme. — Philologie conjecturale. — Philologie emblématique. — Sin-gularités.—Mélanges. — Géographie. — Ethnologie.

Curiosités historiques. 1 vol.

Incertitudes de l'Histoire. — Per-pétuité des traditions. — Rapproche-ments historiques. — Grands événe-ments produits par de petites causes. —Coups de main.—Compilations, etc. — Misères royales. — Couleurs na-tionales. — Insignes. — Devises. — Impôts singuliers. — Redevances bi-zarres. — Dénominations singulières données aux partis. — Morts mysté-rieuses et étranges. — Invraisemblan-ces historiques, etc., etc.

Curiosités des Inventions et des Découvertes. 1 vol.

Préambule. — Alimentation. — Vê-tement. — Métallurgie. — Art céramique. — Chauffage et éclairage. — Distribution d'eau.—Moyens de transport. — Communication de la pensée. — Guerre. — Inventions diverses. — Sciences.

Curiosités anecdotiques. 1 vol.

Poëtes. — Philosophes. — Académiciens. — Diplomates. — Hommes d'Etat. — Hommes de guerre. —Avo-

cats. — Procureurs. — Gens de robe. — Jésuites.—Prédicateurs.—Théâtre. — Acteurs. — Actrices. — Bouffonneries. — Gasconnades. — Facéties. — Fourberies. — Pressentiments. —Originalités. — Bizarreries. — Aventures amoureuses. — Mésaventures et vengeances conjugales. — Bons mots. — Épigrammes, etc., etc.

Chaque vol. se vend séparément 2 fr.

ŒUVRES DE M. FLOURENS

SECRÉTAIRE PERPÉTUEL DE L'ACADÉMIE DES SCIENCES, MEMBRE DE L'ACADÉMIE FRANÇAISE, ETC.

Il serait inutile d'insister ici sur le mérite des œuvres de M. FLOURENS. Leur succès et leur débit en disent plus que tous les éloges. La vogue populaire ne leur est pas moins assurée que le succès scientifique.

De la Vie et de l'Intelligence. 2ᵉ édition. 1 vol. gr. in-18 angl. 3 fr. 50

Circulation du sang (histoire de sa découverte). 2ᵉ édition, revue et aug. 1 vol. grand in-18 anglais. 3 fr. 50

Cet ouvrage est le plus complet, le meilleur à tous les points de vue, qui ait été publié sur cette matière.

Éloges historiques, lus dans les séances publiques de l'Académie des sciences. 2 vol. grand in-18. Chaque volume. . . . . 3 fr. 50

On se rappelle le succès qu'ont obtenu, dans les séances publiques de l'Académie des sciences, les charmants *Éloges historiques* du secrétaire perpétuel, M. Flourens. Ce sont autant de petits chefs-d'œuvre dont l'ensemble offre une lecture aussi attrayante que variée.

Éloge historique de François Magendie, suivi d'une discussion sur les titres respectifs de MM. BELL et MAGENDIE à la découverte des fonctions distinctes des racines des nerfs. 1 vol. grand in-18 anglais. . . 2 fr.

De la Longévité humaine et de la quantité de vie sur le globe, 4ᵉ édition, revue et augmentée. 1 vol. grand in-18 anglais. . . . . . 3 fr. 50

Des manuscrits de Buffon, avec des Fac-simile de Buffon et de ses collaborateurs. 1 volume grand in-18 jésus. . . . . 3 fr. 50

Histoire des travaux et des idées de BUFFON. 2ᵉ édition, revue et aug. 1 vol. grand in-18 anglais. 3 fr. 50

Cuvier. — Histoire de ses travaux. 5ᵉ édition, revue et augmentée. 1 vol. grand in-18. . . . . . . 3 fr. 50

Fontenelle, ou de la Philosophie moderne relativement aux sciences physiques. 1 vol. gr. in-18 angl. 2 fr.

De l'Instinct et de l'intelligence des animaux. 3ᵉ édition, entièrement refondue et augmentée. 1 vol. grand in-18 anglais. . . . . 2 fr.

Examen de la Phrénologie. 5ᵉ édition, augmentée d'un Essai physiologique sur la folie. 1 vol. grand in-18 anglais.. . . . . 2 fr.

ŒUVRES DE F. LAMENNAIS

Essai sur l'Indifférence en matière de religion. Nouvelle édition, 4 vol. gr. in-18 jésus, à . . . . . 3 fr. 50

LE MÊME OUVRAGE, format in-8, imprimé sur beau papier, le volume. . 5 fr.

Paroles d'un Croyant — Une Voix de prison — Le Livre du Peuple. — Esclavage moderne. 1 vol. gr. in-18 . . . . 3 fr. 50

Affaires de Rome. 1 vol. grand in-18 jésus. . . . . 3 fr. 50

LE MÊME OUVRAGE, format in-8, imprimé sur beau papier, le volume. . 5 fr.

La réimpression de ces trois ouvrages était fort demandée. Elle répond donc à un besoin réel et ne peut manquer d'être bien accueillie.

ESSAI BIOGRAPHIQUE SUR M. F. DE LAMENNAIS

Par A. Blaize. 1 vol. in-8. . . . . 5 fr.

MÉMOIRES COMPLETS ET AUTHENTIQUES DU DUC DE SAINT-SIMON

Sur le siècle de Louis XIV et la Régence, publiés sur le manuscrit original entièrement écrit de la main de l'auteur. Nouvelle édition, revue et corrigée. 40 vol. brochés en 20 vol. dont 1 de tables, avec 38 portraits gravés sur acier.. . . . . 70 fr.

ŒUVRES DE JOSEPH GARNIER

PROFESSEUR D'ÉCONOMIE POLITIQUE A L'ÉCOLE IMPÉRIALE DES PONTS ET CHAUSSÉES
SECRÉTAIRE PERPÉTUEL DE LA SOCIÉTÉ D'ÉCONOMIE POLITIQUE

Traité d'Économie politique, Exposé didactique des principes et des applications de cette science et de l'organisation économique de la Société. Adopté dans plusieurs écoles ou universités. 1 fort v. gr. in-18. 4 fr. 50

Du Principe de population. Énergie de ce principe. — Avantages et maux qui peuvent en résulter. — Obstacles qu'il rencontre ou qu'on peut lui opposer. — Remèdes pour en contre-balancer les effets. — Théories économiques, politiques, morales et socialistes auxquelles il a donné lieu : Contrainte morale ; — Réformes économiques, politiques et sociales ; — Émigration ; — Charité ; — Socialisme ; — Droit au travail, etc. 1 vol. in-18 jésus. . . . . 3 fr. 50

Traité d'Éléments de finances, faisant suite au Traité d'Économie politique. (Statistique, Impôts, Emprunts, Misère, etc.) 1 v. in-18 jés. 3 fr. 50
Ces trois ouvrages constituent un cours d'études pour les questions qu'embrasse l'Économie politique.

Abrégé des Éléments d'Économie politique, ou premières Notions sur l'organisation de la société laborieuse et sur l'emploi de la richesse individuelle et sociale, suivies d'un Vocabulaire des termes d'économie politique, etc. 1 vol. grand in-32. 2 fr.

Traité de Mesures métriques (Mesures. — Poids. — Monnaies). Exposé succinct et complet du système français métrique et décimal ; avec gr. dans le texte. 1 vol. in-18. . . 75 c.

MANUEL DU CAPITALISTE

Ou Comptes faits des intérêts à tous les taux, pour toutes sommes, de 1 jusqu'à 366 jours, ouvrage utile aux négociants, banquiers, commerçants de tous les états, trésoriers, receveurs généraux, comptables, généralement aux employés des administrations de finances et de commerce et à tous les particuliers, par Bonnet, auteur du *Manuel monétaire.* Nouvelle édition, augmentée d'une Notice sur l'intérêt, l'escompte, etc., par M. Joseph Garnier, revue, pour les calculs, par M. X. Rymkiewicz, calculateur au Crédit foncier de France. 1 beau vol. in-8.. . . . . . . 6 fr.

Ce livre, éminemment commode pour les opérations financières, qui ont pris une si grande extension, est devenu, par le soin extrême donné à sa révision, et par les excellentes additions et corrections qu'on y a faites, un ouvrage de première utilité pour tous les comptables, tous les négociants, tous les banquiers, toutes les administrations financières.

TRAITÉ DE CHIMIE APPLIQUÉE AUX ARTS

Par M. Dumas, sénateur, ancien ministre, membre de l'Académie des sciences et de l'Académie de médecine, etc. 8 vol. in-8 et 2 atlas in-4; édition de Liége, introduite en France avec l'autorisation de l'auteur, 150 fr.; net. . . . . 125 fr.

Cet ouvrage, dont l'édition française est aujourd'hui totalement épuisée, et que recommande si puissamment le nom de M. Dumas, fait autorité dans la science. Il est indispensable aux industriels comme aux savants.

DE L'UNITÉ SPIRITUELLE

Ou de la Société et de son but au delà du temps ; par M. Ant. Blanc Saint-Bonnet. 2ᵉ édit. 3 vol. in-8 de 1,800 pages, gr. raisin. . , . . 24 fr.

LE JARDINIER DE TOUT LE MONDE

Traité complet de toutes les branches de l'horticulture, par A. Ysabeau 1 fort vol. grand in-18, ill. de gravures sur bois dans le texte. 3 fr 50

LA MÉDECINE USUELLE

GUIDE MÉDICAL DES FAMILLES

Par A. Ysabeau. Contenant l'exposé de tous les soins nécessaires à la conservation de la santé, depuis la naissance jusqu'aux limites extrêmes de la longévité humaine. 1 beau vol. gr. in-18. . . . . 3 fr. 50

LE DROIT USUEL, OU L'AVOCAT DE SOI-MÊME

Nouveau Guide en affaires, contenant toutes les notions de droit et tous les modèles d'actes dont on a besoin pour gérer ses affaires, soit en matière civile, soit en matière commerciale, etc., par Durand de Nancy. 1 beau vol. grand in-18. . . . . 3 fr. 50

GUIDE DU PROPRIÉTAIRE ET DU LOCATAIRE

Par le même. 1 beau vol. gr. in-18. . . . . 2 fr. 50

DES OPÉRATIONS DE BOURSE

Manuel des fonds publics et des Sociétés par actions dont les titres se négocient dans les Bourses françaises, par M. A. Courtois fils. Troisième édition, entièrement refondue. 1 vol. grand in-18 jésus. . . . 5 fr. 50

Le rapide succès de ce livre en indique assez le mérite. Les améliorations importantes apportées à cette nouvelle édition en font un ouvrage nouveau.

ANNUAIRE DE LA BOURSE ET DE LA BANQUE

Guide universel des capitalistes et des actionnaires, par une société de jurisconsultes et de financiers ; sous la direction de M. A. F. de Birieux, avocat, rédacteur principal. 4 vol. in-12, 20 fr.; net. . . . . . 10 fr.

NOUVEAU MANUEL THÉORIQUE ET PRATIQUE DE LA TENUE DES LIVRES

En partie double, d'après le système du Journal Grand-Livre, par M. P. Ravier, professeur de tenue des livres et de droit commercial au collége de Mâcon, arbitre de commerce à Lyon. 2ᵉ édition. 1 vol. in-8. . 4 fr.

VIGNOLE — TRAITÉ ÉLÉMENTAIRE PRATIQUE D'ARCHITECTURE

Ou étude des cinq ordres, d'après Jacques Barozzio de Vignole. Ouvrage divisé en 72 planches, comprenant les cinq ordres, avec l'indication des ombres nécessaires au lavis, le tracé des frontons, etc., et des exemples relatifs aux ordres ; composé, dessiné et mis en ordre par J. A. Leveil, architecte, et gravé sur acier par Hibon. 1 vol. in-4. . . . . . 10 fr.

Le beau travail de M. Leveil est le plus complet, le mieux exécuté, en même temps que le plus exact qu'on ait publié jusqu'ici d'après Barozzio de Vignole. Les planches se distinguent par une élégance et un fini remarquables. Elles sont d'ailleurs plus nombreuses que dans les autres traités sur la matière. Le texte, au lieu d'être groupé en tête de l'ouvrage, se trouve au bas des pages auxquelles il s'applique ; ce qui en rend l'usage infiniment plus commode et plus facile.

TRADUCTIONS NOUVELLES DES AUTEURS LATINS

AVEC LE TEXTE EN REGARD

OU

BIBLIOTHÈQUE LATINE-FRANÇAISE

PUBLIÉE PAR M. C. L. F. PANCKOUCKE

CHAQUE AUTEUR SE VEND SÉPARÉMENT

Au lieu de SEPT francs le volume in-8, TROIS francs CINQUANTE centimes

Papier des Vosges, non mécanique, caractères neufs.

Nous avons l'honneur de prévenir MM. les amateurs de livres que nous venons d'acquérir la BIBLIOTHÈQUE LATINE, dite de PANCKOUCKE, formée des principaux auteurs latins : cette collection a acquis dans le monde savant une haute réputation, tant par la fidélité de la traduction et par l'exactitude du texte qui se trouve en regard que par les notices et les notes savantes qui l'accompagnent, et surtout par la précision de leur rédaction. Nous avons diminué de moitié le prix de publication de chaque volume.

La plupart de ces ouvrages, convenables aux études des colléges, sont adoptés par le Conseil de l'Université.

PREMIÈRE SÉRIE
ŒUVRES COMPLÈTES DE CICÉRON
TRADUITES EN FRANÇAIS. 36 VOL. IN-8.

Les *Œuvres complètes de Cicéron*. publiées au prix de 7 fr. le volume, ont été jusqu'ici d'une acquisition difficile. Nous avons pensé en assurer le débit et les rendre accessibles à tous les amateurs de la belle et grande latinité au moyen d'un rabais considérable sur le prix de l'ouvrage. Les *Œuvres de Cicéron* doivent figurer au premier rang dans la bibliothèque de tout homme lettré ; mais beaucoup d'acheteurs reculaient devant une acquisition très-coûteuse. En faciliter l'achat et le rendre abordable par l'attrait du bon marché est donc une combinaison qui ne peut manquer de réussir.

ŒUVRES COMPLÈTES DE TACITE
TRADUITES EN FRANÇAIS. 7 VOL. IN-8.

Tacite, signalé par Racine comme le plus grand peintre de l'antiquité, est un des auteurs latins qu'on recherche le plus, et dont les œuvres sont d'un débit constant et assuré. Cette édition est fort estimée, soit pour la traduction, soit pour la correction du texte. Le format (bibliothèque Panckoucke) en est commode et maniable.

ŒUVRES COMPLÈTES DE QUINTILIEN
TRADUITES EN FRANÇAIS. 6 VOL. IN-8.

Les *Œuvres de Quintilien* font loi en matière de critique comme en matière d'éducation. Elles s'adressent donc à un grand nombre de lecteurs, et le bon marché, de même que l'excellence de la traduction, doit en faciliter la vente.

Justin, traduction nouvelle par MM. J. Pierrot, et Boitard, avec une notice par M. Laya. 2 vol.

Florus, traduction nouvelle par M. Racon, avec une Notice par M. Villemain, de l'Académie française. 1 vol.

Velleius Paterculus, traduction nouvelle par M. Després. 1 vol.

Valère Maxime, traduction nouvelle par M. Frémion. 3 vol.

Pline le Jeune, traduction nouvelle de de Sacy, revue et corrigée par M. J. Pierrot. 3 vol.

Juvénal, traduction de M. Dusaulx, revue par M. J. Pierrot. 2 vol.

Perse, Turnus, Sulpicia, traduction nouvelle par M. A. Pierrot. 1 vol.

Ovide, *Métamorphoses,* par M. Gros, inspecteur de l'Académie. 3 vol.

Lucrèce, traduction nouvelle en prose par M. de Pongerville, de l'Académie française, avec une Notice et l'Exposition du système d'Épicure, par M. Ajasson de Grandsagne. 2 vol.

Claudien, traduction nouvelle par M. Héguin de Guerle, et Alph. Trognon. 2 vol.

Valerius Flaccus, traduit pour la première fois en prose par M. Caussin de Perceval. 1 vol.

Stace, traduction nouvelle, 4 vol.

— Tome I. Silves, par MM. Rinn et Achaintre.

— Tomes II, III, IV. La Thébaïde, par MM. Achaintre et Boutteville, professeur. L'Achilléide, par M. Boutteville.

Phèdre, traduction nouvelle par M. E. Panckoucke. Avec un fac-simile. 1 vol.

DEUXIÈME SÉRIE

Les auteurs désignés par un * sont traduits pour la première fois en français.

Poetæ Minores : Arborius* Calpurnius, Eucheria *, Gratius Faliscus, Lupercus Servastus *, Nemesianus, Pentadius *, Sabinus *, Valerius Cato *, Vestritius Spurinna * et le Pervigilium Veneris; traduction de M. Cabaret-Dupaty, professeur au lycée de Grenoble. 1 vol.

Jornandès, traduction de M. Savagnier, professeur d'histoire en l'université. 1 vol.

Censorinus *, traduction de M. Mangeart, ancien professeur de philosophie; — **Julius Obsequens, Lucius Ampellus *,** traduction de M. Verger, de la Bibliothèque impériale. 1 vol.

Ausone, traduction de M. E. F. Corpet. 2 vol.

P. Mela, Vibius Sequester *, Ethicus Ister *, P. Victor *, traduction de M. Louis Baudet, professeur. 1 vol.

R. Festus Avienus *, Cl. Rutilius Numatianus, etc., traduction de MM. Eug. Despois et Ed. Saviot, anciens élèves de l'École normale. 1 vol.

Varron, Économie rurale, traduction de M. Rousselot, professeur. 1 vol.

Eutrope, Messala Corvinus *, Sextus Rufus, traduction de M. N. A. Dubois, professeur. 1 vol.

Palladius, *Écon. rurale,* trad. de M. Cabaret-Dupaty, prof. 1 vol.

Columelle, *Économ. rurale,* traduct. de M. Louis Dubois, auteur de plusieurs ouvrages d'agriculture, de littérature et d'histoire. 3 vol.

Histoire Auguste, tome Ier. **Spartianus, Vulcatius Gallicanus, Trebellius Pollion,** trad. de M. Fl. Legay, prof. au collège Rollin.

— Tome II : **Lampridius,** traduction de M. Laas d'Aguen, membre de la Société Asiatique; — **Flavius Vopiscus,** trad. de MM. Taillefert, professeur au lycée de Vendôme, et J. Chenu.

— Tome III : **Julius Capitolinus,** traduct. de M. Valton, prof. au lycée de Charlemagne. 3 vol.

C. Lucilius, trad. de M. E. F. Corpet; — **Lucilius junior, Salius Bassus, Cornelius Severus, Avianus *, Dionysius Caton,** traduct. de M. J. Chenu. 1 vol.

Priscianus, traduct. de M. Corpet; — **Serenus Sammonicus *, Macer *, Marcellus *,** trad. de M. Baudet. 1 v.

Macrobe, t. Ier (*Les Saturnales,* t. Ier), traduct. de M. Ubicini Martelli; — t. IIe (*Les Saturnales,* t. II), traduct. de M. Henri Descamps; — t. III et dernier (*De la différence des verbes grecs et latins ; Commentaire du Songe de Scipion*), traduct. de MM. Laas d'Aguen et N. A. Dubois. 3 vol.

Sextus Pompeius Festus *, traduct. de M. Savagner. 2 v.

Aulu-Gelle, t. Ier, traduct. de M. E. de Chaumont, profess. au lycée d'Angoulême. — T. IIe, trad. de M. Félix Flambart. — T. IIIe, traduct. de M. Buisson. 3 vol.

(Ne se vend pas séparément de la collection.)

Vitruve, *Architecture*, avec de nombreuses figures, trad. de M. C. L. MAUFRAS, prof. au collége Rollin. 2 vol.

C. J. Solin*, trad. de M. ALPH. AGNANT, agrégé des classes supérieures. 1 vol.

Frontin, *Les Stratagèmes et les Aqueducs de Rome*, traduction de M. CH. BAILLY. 1 vol.

Sulpice Sévère, traduction de M. HERDENT. — **Paulin de Périgueux***, **Fortunat***, trad. de M. E. F. CORPET. 2 vol.

(Cet ouvrage ne se vend pas séparément.)

Sextus Aurelius Victor, trad. de M. N. A. DUBOIS, profess. 1 vol.

N. B. — Il existe encore dans nos magasins trois ou quatre collections complètes de la Bibliothèque latine, composée de 211 volumes, au prix de 1,055 fr.

RÉIMPRESSION

DES

CLASSIQUES LATINS DE LA COLLECTION PANCKOUCKE

FORMAT GRAND IN-18 JÉSUS A 3 FR. 50 LE VOLUME

ŒUVRES COMPLÈTES D'HORACE. Nouvelle édition, précédée d'une Étude sur Horace, par H. RIGAULT. 1 vol. . . . . . 3 fr. 50

ŒUVRES COMPLÈTES DE SALLUSTE. Traduction par DUROZOIR. Nouvelle édition, revue par MM. CHARPENTIER et Félix LEMAISTRE, et précédée d'un nouveau travail sur Salluste, par M. CHARPENTIER. 1 vol. 3 fr. 50

ŒUVRES CHOISIES D'OVIDE (les *Amours*, l'*Art d'aimer*, etc.). Nouvelle édition, revue par M. FÉLIX LEMAISTRE, et précédée d'une Etude sur Ovide, par M. J. JANIN. 1 vol. 3 fr. 50

ŒUVRES COMPLÈTES DE TITE LIVE. Traduct. par MM. LIEZ, DUBOIS, VERGER et CORPET. Nouvelle édition, revue par E. PESSONNEAUX, BLANCHET et CHARPENTIER, et précédée d'une Etude sur Tite Live, par M. CHARPENTIER. 6 vol. à . . . . . 3 fr. 50

ŒUVRES COMPLÈTES DE SÉNÈQUE LE PHILOSOPHE. Nouvelle édition, revue par MM. CHARPENTIER et FÉLIX LEMAISTRE. 4 vol. à . . 3 fr. 50

CATULLE, TIBULLE ET PROPERCE, Traduct. par MM. HÉGUIN DE GUERLE, VATATOUR et GENOUILLE. Edit. revue par M. VATATOUR. 1 vol. 3 fr. 50

CÉSAR. Traduct. par M. ARTAUD. 1 volume . . . . 3 fr. 50

JUVÉNAL. Traduction de DUSAULX, revue par MM. JULES PIERROT et FÉLIX LEMAISTRE. 1 vol. . . . . . 3 fr. 50

LUCRÈCE. Traduct. nouvelle par LAGRANGE, nouvelle édit. 1 vol. 3 fr. 50

PÉTRONE, Trad. par M. HÉGUIN DE GUERLE. 1 vol. . . . . . . 3 fr. 50

ŒUVRES DE VIRGILE. Edit. revue par M. F. LEMAISTRE, avec une Etude par M. SAINTE-BEUVE. 1 vol. (par exception). . . . . 4 fr. 50

CLASSIQUES LATINS

Français et latin, format in-24 sur jésus (ancien in-12, édition Lefèvre). Prix de chaque vol., 3 fr. 50 c.; net. . . . . 2 fr. 50

TACITE. Traduction de DUREAU DE LA MALLE, revue et corrigée, augmentée de la Vie de Tacite, du Discours préliminaire de Dureau de la Malle, des Suppléments de Brottier. 3 vol.

TÉRENCE. Ses comédies. Traduction nouvelle avec des notes, par M. CORLET. 1 vol. de plus de 600 pages.

PLAUTE. Son Théâtre. Trad. de M. NAUDET. 4 vol.

PLINE L'ANCIEN. L'histoire des Animaux, traduction de GUÉROULT, 1 vol. de près de 700 pages.

MORCEAUX EXTRAITS DE PLINE le Naturaliste. Traduction de GUÉROULT. 1 vol.

Q. HORATII FLACCI

Opera omnia, ex recensione Joannis Gasparis Orelli. 1 vol. in-24, édition Lefèvre. 1851, 4 fr.; net. . . . . 3 fr.

Édition recommandable par l'exécution typographique et la correction du texte.

CLASSIQUES FRANÇAIS

Format in-24 jésus (ancien in-12, édition Lefèvre), le vol. . . . 2 fr. 50

MONTAIGNE. Ses Essais et ses Lettres, avec les notes ou remarques de tous les commentateurs : Coste, Naigeon, A. Dubal, MM. E. Johanneau, Victor le Clerc; et une table analytique des matières. 5ᵉ édit. 3 vol.

BOSSUET. Oraisons funèbres, Panégyriques et Sermons. 4 vol.

FLEURY. Discours sur l'histoire ecclésiastique, Mœurs des Israélites, Mœurs des Chrétiens, etc. 2 vol.

ŒUVRES DE J. DELILLE, avec des notes de Delille, Choiseul-Gouffier, Feletz, Aimé, Martin. 2 vol.

ESSAI SUR L'ÉLOQUENCE DE LA CHAIRE, par Maury. 1 vol.

OUVRAGES COMPLETS AU RABAIS

Bibliothèque Cazin. — 1 fr. le vol.; net, 75 c.

Didier (Ch.). Rome souterraine. 2 vol.
Galland. Les Mille et une Nuits. 6 vol.
Godwin (W.). Caleb Williams, traduit de l'anglais. 3 vol.
Eugène Sue. Paula Monti. 2 vol.
— Thérèse Dunoyer. 2 vol.
— Jean Cavalier. 4 vol.
— Latréaumont. 2 vol.
— Les Mystères de Paris. 10 vol.
— Le Juif Errant. 10 vol.
— Mathilde. 6 vol.
— Arthur. 4 vol.
— Deleytar. 1 vol.
— La Salamandre. 2 vol.
— La Coucaratcha. 2 vol.
Soulié (Fr.). Les Mémoires du Diable. 5 vol.

Louis Reybaud. Jérôme Paturot à la recherche d'une position sociale. 2 volumes. . . . . 2 fr.
Jacob (P. L.) (Bibliophile). Soirées de Walter Scott à Paris. Scènes historiques et chroniques de France, le Bon Vieux Temps. 4 vol.
Tressan. Roland furieux, traduit de l'Arioste. 4 vol.
— Le petit Jehan de Saintré. 1 vol.
Benjamin Constant. Adolphe, suivi de la tragédie de *Walstein*. 1 vol.
Karr (Alph.). Sous les Tilleuls. 2 vol.
Contes de Boccace. 4 vol.
Résumé de l'Histoire de France, par Félix Bodin. 12ᵉ édition. 1 vol. in-52.

ORIGINE DE TOUS LES CULTES, OU RELIGION UNIVERSELLE

Par Dupuis (de l'Institut). Nouvelle édition, revue et corrigée avec soin, enrichie d'un nouvel atlas astronomique composé de 24 pl. gravées d'après les monuments, par Couché fils, et de la gravure du Zodiaque de Denderah. 7 forts vol. in-8 et atlas in-4, au lieu de 50 fr.; net. . 30 fr.

— 36 —

CLASSIQUES FRANÇAIS

Format in-32, imprimés par MM. F. Didot, à 1 fr. 50 c. le vol. ; net. 75 c

Esprit des Lois, de Montesquieu. 6 vol.

Œuvres diverses de Montesquieu. 2 vol.

Œuvres de Regnard. 4 vol.

Œuvres de Ducis. 7 vol.

Œuvres de Destouches. 5 vol.

Théâtre choisi de Voltaire. 6 vol.

La Nouvelle Héloïse. 6 vol.

Œuvres de Saint-Réal. 2 vol.

Épîtres, Stances et Odes de Voltaire. 2 vol.

Poésies et Discours en vers de Voltaire. 1 vol.

Temple du Goût et Poésies mêlées, idem. 1 vol.

BIBLIOTHÈQUE D'UN DÉSŒUVRÉ

Série d'ouvrages in-32, format Elzévirien

Œuvres complètes de Béranger, avec ses 10 dernières Chansons. 1 vol. in-32. . . . . 5 fr. 50

Œuvres posthumes de Béranger, en un seul volume, contenant les dernières Chansons et Ma Biographie, avec un appendice et un grand nombre de notes inédites de Béranger sur ses chansons. 1 vol. in-32. . . 3 fr. 50

Chansons et Poésies de Désaugiers nouvelle édition précédée d'une notice sur Désaugiers, par Merle, avec portraits et vignettes. 1 fort volume in-32. . . . . 5 fr.

Chansons et Poésies de Pierre Dupont. Troisième édition, augmentée de chants nouveaux. 1 vol. in-18, 3 fr.; relié en toile, tr. dor. 4 fr. 50

Lettres d'Amour, avec portraits et vignettes. 1 vol. . . . . . . 5 fr.

Drôleries poétiques, avec portraits et vignettes. 1 vol. . . . . . 5 fr.

Académie des Jeux, contenant l'histoire, la marche, les règles, conventions et maximes des jeux. 1 volume illustré. . . . . 5 fr.

La Goguette ancienne et moderne, choix de chansons guerrières, bachiques, philosophiques, joyeuses et populaires. Joli vol. orné de portraits et vignettes. . . . . 5 fr.

Chansons populaires du comte Eugène de Lonlay. Nouvelle édition, ornée du portrait de l'auteur par Mouilleron. 1 vol. grand in-18 jésus. . . . . 5 fr. 50

ATLAS

ATLAS DE GÉOGRAPHIE ANCIENNE ET MODERNE, à l'usage des colléges et de toutes les maisons d'éducation, dressé par MM. Monnin et Vuillemin ; recueil grand in-4 ; cet atlas comprend, outre les cartes ordinaires : *la Cosmographie, la France en 1789, l'Empire français, la France actuelle, l'Algérie, l'Afrique orientale, occidentale*, et toutes les cartes de la *Géographie ancienne*. C'est le plus *complet* de tous les Atlas *classiques*. . . 12 fr.

ATLAS CLASSIQUE DE GÉOGRAPHIE MODERNE (extrait du précédent), à l'usage des jeunes élèves des deux sexes ;. composé de 20 cartes. . . . . 7 fr. 50

ATLAS DE GÉOGRAPHIE ÉLÉMENTAIRE, *destiné aux commençants* (extrait du précédent), composé de 8 cartes doublées la mappemonde, les cinq parties du monde et la France, cartonné. . . . . 4 fr.

PARIS — IMP. SIMON RAÇON ET COMP., RUE D'ERFURTH.

www.ingramcontent.com/pod-product-compliance
Lightning Source LLC
Chambersburg PA
CBHW060415200326
41518CB00009B/1360